Guido F. Gebauer

A Perfect Match?

Online-Partnersuche aus
psychologischer Sicht

edigo
VERLAG

Impressum

1. Auflage 2022
Umschlaggestaltung & Satz: Silvia Kretschmer, Düsseldorf
Autorenfoto: Thilo Nass
Druck: oeding print GmbH, Braunschweig

ISBN 978-3-949104-10-7
ISBN eBook 978-3-949104-11-4
www.edigo-verlag.de

Die Zertifizierung mit dem V-Label garantiert ein 100 % veganes Druckprodukt.
Alle Bestandteile wie Papiere, Farben, Lacke und Klebstoffe sind frei von tierischen Inhaltsstoffen.

Bibliografische Information der Deutschen Nationalbibliothek:
Die Deutsche Nationalbibliothek verzeichnet diese Publikation in der Deutschen Nationalbibliografie; detaillierte bibliografische Daten sind im Internet über http://dnb.d-nb.de abrufbar.

Inhalt

Übereinstimmung als Basis des Beziehungsglücks • Brainstorming für Ihre Partnersuche • Liebe: Formen, Gestaltung und Einflüsse • Trauer, Trennung und Partnersuche • Aus der Vergangenheit lernen • Die richtige Einstellung für die Online-Partnersuche

Kostenpflicht als Qualitätsmerkmal • Kein Einsatz von Chatmoderatoren • Faire Gebührenmodelle • Seriosität der Plattform • Bewährt lohnt sich • Passung der Zielgruppe

Einleitung

Partnerschaft und Liebe gehören zu den wichtigsten Faktoren des individuellen Beziehungsglücks. Von vielen Singles werden sie entsprechend schmerzhaft vermisst. Oft tritt sogar Torschlusspanik auf. „Werde ich noch die Liebe finden?" Entsprechend boomt der Markt der Partnerbörsen im Internet. Aber lohnt sich die Partnersuche im Internet wirklich?

Dieses Buch zeigt in vier Abschnitten, wie Sie im Internet erfolgreich nach einem Partner suchen:

1. Vorbereitung auf die Partnersuche: In diesem Abschnitt geht es darum, die eigenen Lebensvorstellungen und Beziehungswünsche zu reflektieren. Es gilt herauszufinden, ob Sie wirklich eine Partnerschaft möchten und wenn ja, welche Art von Person und Beziehung Sie suchen. Es geht auch darum, sich selbst besser zu verstehen und weiterzuentwickeln, um möglichen Ballast abzuwerfen und zum Beispiel eine Wiederholung ungünstiger alter Beziehungsmuster zu verhindern.

2. Die richtige Plattform wählen: Dieser Abschnitt gibt Ihnen Hinweise, wie Sie die für Sie geeignete Plattform zur Partnersuche im Internet finden können. Dazu werden die Unterschiede zwischen Dating-Apps, Singlebörsen und Partnervermittlungen erklärt, und es werden Qualitätskriterien von Dating-Anbietern herausgearbeitet. Hierzu werden auch einige Mythen der Online-Partnersuche einer kritischen Analyse unterzogen, wie etwa die Annahme, dass besonders viele Partnervorschläge und Auswahlmöglichkeiten zu besonders hohen Vermittlungschancen führen würden.

3. Start der Online-Partnersuche: Dieser Abschnitt zeigt Ihnen, wie Sie ein effektives Suchprofil anlegen und mit welchen kommunikativen Strategien und Mitteln Sie die Online-Partnersuche zum Erfolg bringen können. Dazu bekommen Sie Empfehlungen zur Gestaltung Ihrer Selbstschilderung, zur Auswahl von Fotos, sowie zu Schreiben von Erstnachrichten und Folgenachrichten. Zudem behandelt dieser Abschnitt auch wesentliche Grundvoraussetzungen wie Offenheit, Geduld und einen gelassenen Umgang mit Enttäuschungen. Und er zeigt Ihnen, wie Sie sich gegen mögliche Schwierigkeiten oder negative Erfahrungen bereits von Anfang an immunisieren und sich schon vorab hilfreiche Bewältigungsstrategien überlegen. Abschließend bekommen Sie einige Ratschläge, wie Sie den Übergang von der Online-Kommunikation zum ersten direkten Treffen am besten bewerkstelligen können.

4. Von der Partnerwahl zum Beziehungserhalt: In diesem Abschnitt geht es darum, wie Sie erkennen können, dass Sie die richtige Person gefunden haben und wie Sie den nachfolgenden Beziehungsaufbau gestalten können. Sie erfahren von den entscheidenden Kriterien für die Partnerwahl Anziehung, Bindungsbereitschaft, gemeinsame Lebensziele und wechselseitige Veränderungsbereitschaft. Und Sie erfahren, warum radikale Ehrlichkeit miteinander das wichtigste Prinzip für ein weiteres Kennenlernen, den Beziehungsaufbau und die Beziehungsgestaltung ist. Der Abschnitt schließt mit Hinweisen ab, wie Sie die Liebe erhalten können.

Die hier vorgeschlagenen Strategien und die gegebenen Ratschläge beruhen auf meiner langjährigen Erfahrung als Mitgründer und Psychologe bei der Kennenlernplattform Gleichklang, der Durchführung zahlreicher Umfragen unter Gleichklang-Mitgliedern und Gleichklang-Paaren, der Auseinandersetzung mit Zuschriften und Erfahrungsberichten von Mitgliedern sowie der Sichtung des psychologischen Forschungsstandes zu Partnerschaft und Online-Dating.

Mit diesem Ratgeber fasse ich meine über die Jahre gewonnenen Erkenntnisse aus diesen Quellen zusammen, um den Leser:innen ein grundlegenderes Verständnis von Liebe, Partnerschaft, Partnersuche und Beziehungsgestaltung zu vermitteln sowie um gut anwendbare Tipps zu geben, die es den Leser:innen ermöglichen sollen, ihre Online-Partnersuche zum Erfolg zu bringen.

Abschnitt 1

Vorbereitung auf die Partnersuche

Bin ich für eine Partnerschaft bereit?

Dieses Kapitel soll Ihnen eine Entscheidungsgrundlage für die Beantwortung der Frage geben, ob Sie eine partnerschaftliche Beziehung tatsächlich wollen.

Gesellschaftliche Zwänge zu partnerschaftlichen Beziehungen gibt es nicht mehr. Auch ohne Partnerschaft ist ein glückliches Leben möglich. Alternative Lebensformen als Single ohne Einsamkeit, Isolation oder gesellschaftliche Stigmatisierung sind längst zu einer realen Möglichkeit geworden. Zudem ist Partnerschaft immer ein Geben und ein Nehmen, ein Gewinn, aber auch ein Verlust.

Überlegen Sie daher gut, ob für Ihre Person, Ihre Lebenskonstellation und Ihre Lebensziele eine Partnerschaft eine Bereicherung wäre oder nicht.

Haben Sie den Mut, sich für eine Beziehung, aber auch gegen eine Beziehung zu entscheiden, wenn Sie zu der Ansicht gelangen, dass dies die bessere Lebenskonstellation für Sie ist. Lassen Sie sich nicht zum Beispiel durch normative gesellschaftliche Erwartungen, die über Ihren Freundeskreis oder Ihre Familie an Sie herangetragen werden mögen, zu einer Beziehung drängen.

Machen Sie sich klar, dass es völlig normal ist, Single zu sein, und dass eine Partnerschaft nur dann sinnvoll ist, wenn Sie sich diese wirklich wünschen.

Manchmal mag es auch der bessere Weg sein, die Entscheidung für oder gegen eine Partnerschaft noch offen zu lassen. So stehen Sie nicht unter Zeitdruck und brauchen Ihre Entscheidungen nicht zu übereilen.

Sie selbst wissen am besten, ob und wann für Sie der Zeitpunkt gekommen ist, dass Sie sich eine partnerschaftliche Beziehung wünschen und von daher mit der Partnersuche beginnen können.

Ja, für die meisten Menschen ist Partnerschaft nach wie vor einer der wichtigsten Faktoren in ihrem Leben. Aber zunehmend gibt es eben ebenfalls Menschen, die als Single glücklich sind und die sich bewusst für ein Single-Leben entscheiden.

Was an partnerschaftlicher Intimität und Sicherheit als Single verloren geht, kann an Freiheit und Unabhängigkeit gewonnen werden. Dabei können zum Beispiel innige Freundschaften wichtige soziale Funktionen von traditionellen Partnerschaften übernehmen und teilweise ersetzen.

Wenn Sie keine Partnerschaft möchten, können Sie sich stattdessen überlegen, nach einer besten Freundin oder einem besten Freund zu suchen. Auch Gemeinschaften, in denen nicht verpartnerte Personen zusammenwohnen, sind eine Alternative zur Partnerschaft. Es macht Sinn, über solche Alternativen nachzudenken, um den für Sie besten Lebensweg zu finden.

Früher ging man eine Partnerschaft nicht selten aus gesellschaftlichem Zwang ein. Oft hatten die beteiligten Personen sogar gar kein oder nur ein begrenztes Mitspracherecht bei der Partnerwahl. Die wesentlichen Entscheidungen wurden von den Eltern getroffen. Wenn man so will, hatten Eltern früher die Rolle der heutigen Online-Partnervermittlungen inne – freilich mit dem Unterschied, dass die Eltern nicht nur Partnervorschläge offerierten, sondern auch über deren Ablehnung oder Annahme entschieden. Tatsächlich gibt es solche Praktiken nach wie vor in einigen Teilen der Welt.

Heute können aber in vielen Ländern der Welt Menschen selbst entscheiden, ob und wie sie partnerschaftlich gebunden sein möchten. Auch dienen, anders als früher, Partnerschaft und Kinder typischerweise nicht mehr der Absicherung im Alter. Heute stehen andere soziale Netzwerke wie Seniorenresidenzen oder ambulante Pflegedienste zur Verfügung, die diese Funktion übernehmen können.

Hieraus ergibt sich ein Freiheitszuwachs, bei dem Menschen keine Familie mehr begründen müssen, um sich gegenüber Pflege und Versorgung im Alter abzusichern.

An die Stelle traditioneller Matchmaker wie der Eltern ist heute die Online-Partnersuche getreten. Sie ermöglicht es, Menschen kennenzulernen, die man ansonsten niemals auf dem eigenen Radar gehabt hätte. Hieraus ergeben sich neue Chancen und Möglichkeiten, was sich auch darin zeigt, dass immer mehr Menschen online eine Partnerschaft finden. Sichere Zahlen gibt es nicht, geschätzt wird aber, dass aktuell jede dritte neue Beziehung online entsteht.

Sinn macht eine Online-Partnersuche jedoch nur, wenn Sie sich ganz sicher sind, dass Sie eine Partnerschaft möchten. Sie sollten sich daher ganz am Anfang und vor dem Beginn der Partnersuche zunächst ernsthaft mit dieser Frage auseinandersetzen.

Partnerschaft ist eben nicht nur Glück und Romantik, sondern erfordert Veränderungsbereitschaft, Kompromiss und Arbeit. Partnerschaft ist zudem nicht nur mit positiven Gefühlen verbunden. Sie bedeutet immer auch Enttäuschung und Konflikt.

Tatsächlich kann eine glückliche Partnerschaft nicht nur einer der wichtigsten Faktoren für das Lebensglück sein, eine unglückliche Beziehung kann auch zu immensem Leid führen. Im Extremfall zeigen Morde und Selbstmorde aus Liebeskummer beziehungsweise Unglück in der Beziehung, wie stark der seelische Schmerz werden kann.

Menschen, die in und an ihrer Beziehung leiden, wären besser beraten gewesen, auf diese Partnerschaft zu verzichten oder sich rechtzeitig zu trennen. Offenbar fehlte ihnen die notwendige innere Abgrenzungsfähigkeit und es war ihnen nicht möglich, rechtzeitig aus einer destruktiven Beziehungskonstellation auszusteigen. Als Single oder mit einer anderen Partnerschaft wären sie glücklicher geworden.

Und ja, grundsätzlich weisen Menschen in Partnerschaften im Durchschnitt eine höhere seelische und körperliche Gesundheit auf als Singles. Mit einem verlässlichen Menschen an der Seite lassen sich Probleme und Lebenskrisen besser bewältigen. Hilflosigkeit und Einsamkeit treten zurück und gemeinsame Aktivitäten und Ziele bringen Sinn in den Alltag und das eigene Leben.

Aber dieses helle Bild von Partnerschaft beleuchtet eben nur eine Seite. Ein genauerer Blick zeigt, dass Partnerschaft auch unglücklich machen kann. So gelangten Pieh et al. (2020) in einer Studie zum Einfluss von Partnerschaften auf das seelische Wohlbefinden während der Covid-19-Pandemie zu folgenden Beobachtungen:

- Menschen in Beziehungen mit hoher Beziehungsqualität wiesen die beste seelische Gesundheit auf.

- Am geringsten war die seelische Gesundheit von Menschen, die sich in destruktiven Beziehungen befanden.

- Die seelische Gesundheit von Singles bewegte sich im Mittelfeld zwischen Menschen in glücklichen und in unglücklichen Beziehungen.

Die positiven Auswirkungen partnerschaftlicher Beziehungen gelten also nur unter der Voraussetzung einer zufriedenstellenden Beziehung mit guter Beziehungsqualität. Singles stehen im Durchschnitt zwar schlechter da als Menschen in glücklichen Beziehungen, aber sie sind deutlich glücklicher als Menschen, die in destruktiven Beziehungen leben.

Bitte nicht falsch verstehen: Dieser Ratgeber möchte nicht das positive Bild von Liebe und Partnerschaft in Frage stellen, das viele haben, oder Sie gar von der Partnersuche abhalten. Es geht mir aber darum, Partnerschaften realistisch zu sehen. Es ist wichtig, nicht naiv zu sein, sondern alle Seiten zu betrachten. So können Sie die Frage, ob für Sie der Zeitpunkt für die Partnersuche gekommen ist, auf einer guten Grundlage beantworten.

PRÜFUNG DER EIGENEN BEZIEHUNGS-BEREITSCHAFT

Prüfen Sie anhand der folgenden drei Fragen, ob Sie gegenwärtig zu einer Partnerschaft bereit sind:

• Möchten Sie Ihr Leben verändern?

• Möchten Sie sich auf einen anderen Menschen wirklich einlassen?

• Wollen Sie sich binden?

Möchten Sie Ihr Leben verändern?

Ein neuer Mensch bringt Neues in den Alltag. Das Leben kann nicht einfach so fortgesetzt werden, wenn eine neue Liebe beginnt. Vieles mag bewahrt und beibehalten werden können, anderes wird aber zu verändern sein. Beziehungspartner:innen sind nicht lediglich Beiwerk.

Selbst bei hoher Passung werden doch Aspekte in Ihr Leben treten, die Veränderungen erforderlich machen. Sie werden Ihren Alltag nicht genauso fortführen können, wie Sie es derzeit als Single tun.

Nur wenn Sie zu solcher Veränderung bereit sind, mag der Zeitpunkt für eine neue Beziehung gekommen sein.

Möchten Sie sich auf einen anderen Menschen wirklich einlassen?
Die Liebe kann etwas Wunderschönes sein, aber sie verlangt auch einiges, und nicht alles, was sie an Schönem bringen kann, tritt automatisch ein.

Voraussetzung für die Liebe ist die Bereitschaft, einen anderen Menschen kennenzulernen, mit ihm vertieft zu kommunizieren, sich auf den anderen Menschen einzustellen und immer wieder an der Beziehung zu arbeiten.

Bei Beziehung geht es nicht nur um Freude, Leidenschaft und Glück.

Es geht um Verstehen und Akzeptanz, die Person mit ihren Fehlern so zu nehmen, wie sie ist. Es geht um Fürsorglichkeit, Kompromisse, Problemlösung und Beziehungsarbeit.

Verliebtheit ist ein bisschen wie Verrücktheit. Alles löst sich auf und Sie schweben auf Wolke 7. Da mögen viel Irrationalität, Illusionen, ja sogar Besessenheit hinzukommen. Die Wichtigkeit der Person, in die man verliebt ist, steigt und die Wichtigkeit anderer Dinge sinkt.

Dies kann durchaus ein gutes Zeichen sein, wenn es auch jenseits der Euphorie eine Passung gibt und ein gemeinsamer Weg gefunden werden kann.

Aber selbst im besten Fall werden bald die Ecken und Kanten der neuen Person sichtbar werden. Probleme, Konflikte und Enttäuschungen bleiben in der Liebe nicht aus. Im besten Fall lassen sich Konflikte lösen und die positiven Erfahrungen überwiegen die negativen Erfahrungen. So bleiben Beziehungen erhalten und können sogar an Tiefe zunehmen, selbst wenn die Leidenschaft abnimmt.

Hierfür müssen Sie aber bereit sein, an Verstehen, Kompromissen und Akzeptanz zu arbeiten.

Manchmal nehmen Konflikte trotzdem destruktive Formen an und toxische Beziehungen entstehen. Hier ist es wichtig, sich rechtzeitig abzugrenzen und eine Beziehung gegebenenfalls auch zu beenden. Nur wenn Ihnen all diese Erfordernisse und natürlich auch Möglichkeiten bewusst sind und Sie dennoch den Wunsch nach einer Beziehung bejahen, mag es für Sie sinnvoll sein, mit der Suche nach einem Partner zu beginnen.

Wollen Sie sich binden?

Partnerschaften können monogam oder nicht-monogam sein. Was das eine Paar eng sieht, sieht das andere locker und erweitert so die Erlebnismöglichkeiten. Viele Paare leben zusammen. Andere wählen das Modell der getrennten Wohnungen. Ebenso gibt es Fernbeziehungen und Wochenendbeziehungen. Manche Paare führen gar Interkontinental-Beziehungen über das Internet. Alle diese Beziehungen können glücklich werden.

Bei aller Vielgestaltigkeit gilt aber eine Grundregel für alle Beziehungsformen:
• Ganz ohne Verbindlichkeit kann eine Beziehung nicht überleben. Wer beim ersten Hindernis schon aufgibt, wird nicht langfristig zusammenbleiben. Wer bei Konflikten sofort die Segel streicht, braucht sie gar nicht erst zu hissen.

Für eine dauerhafte Beziehung sind Bindung, Verlässlichkeit, Einsatz und Fürsorge unverzichtbar. Dies unterscheidet eine Beziehung von lockeren Bekanntschaften oder unverbindlichen Erotik-Kontakten.

Bindung beinhaltet die Bereitschaft, auch schwierige Zeiten gemeinsam durchzustehen. Bei Problemen, Krisen oder Krankheiten von Beziehungspartner:innen mögen auch Hingabe und Aufopferung notwendig werden.

Nur wenn die Bereitschaft zur Bindung mit allen ihren Konsequenzen bei Ihnen vorhanden ist, ist eine partnerschaftliche Beziehung für Sie das richtige Lebensmodell.

Ihre Antworten
Gehen Sie jetzt die drei Fragen noch einmal durch und beantworten Sie sie mit „Ja" oder „Nein".

Sie verneinen eine oder mehrere der drei Fragen?
- Womöglich ist für Sie das Modell eines glücklichen Single-Daseins derzeit der bessere Weg.

- Lockere Bekanntschaften und unverbindlichere erotische Kontakte sind möglich und können durchaus mit einer hohen Lebenszufriedenheit einhergehen.

- An die Stelle von Partnerschaft mögen Freundschaft oder alternative Modelle von Wohnen und Gemeinschaft treten.

Bejahen Sie alle drei Fragen aus ganzem Herzen?
- Partnerschaft ist für Sie das richtige Lebensmodell und dem Beginn der Partnersuche steht nichts im Weg.

Sie verspüren eine Unsicherheit und können bei einer oder mehreren der Fragen weder „Ja" noch „Nein" sagen?
- Ein „Jein" ist keine gute Basis für Partnersuche und Beziehungsbeginn. Nutzen Sie aber die folgenden Kapitel, um im Anschluss noch einmal Ihre aktuelle Beziehungsbereitschaft zu prüfen.

Wer bin ich und wen suche ich?

Im vorherigen Kapitel haben Sie für sich geklärt, ob Sie tatsächlich derzeit zu einer Beziehung bereit sind oder nicht. In diesem Kapitel sollen Sie nun angeregt werden, über sich selbst, Ihre partnerbezogenen und beziehungsbezogenen Wünsche nachzudenken und diese zu reflektieren.

Sie sollen verschiedene Möglichkeiten von Liebe und Beziehungsgestaltung entdecken, um womöglich Ihren Horizont zu erweitern und so für sich das richtige Beziehungsmodell zu finden.

Im Sinne von Realismus und Machbarkeit wird es bei der Partnerwahl auch darum gehen, das Unverzichtbare von Verhandelbarem zu trennen. Ziel ist es, für die Partnersuche Kriterien herauszuarbeiten, die zu Ihrer eigenen Person passen und realitätsgerecht sind.

Womöglich werden Sie dabei feststellen, dass verschiedene Beziehungsmodelle für Sie denkbar sind, wodurch Ihre Suchflexibilität wächst.

Sich selbst zu kennen, ist eine große Hilfe, um die Merkmale zu verstehen, auf die Sie achten sollten, während Sie einen anderen Menschen kennenlernen. Über sich selbst nachzudenken, wird Ihnen helfen, die passende Person besser finden und sich für sie entscheiden zu können.

Über sich selbst nachzudenken kann Ihnen auch Dinge zeigen, die Sie bei sich selbst und in Ihrem Lebensstil verändern möchten. Verfallen Sie nicht in das Muster, alles auf morgen zu verschieben, sondern beginnen Sie mit den Veränderungen in dem Moment, in dem Sie sie als wünschenswert erkannt haben. So kann eine neue Beziehung sogleich unter einem guten Stern starten.

ÜBEREINSTIMMUNG ALS BASIS DES BEZIEHUNGSGLÜCKS

Im Volksmund heißt es „Gleich und gleich gesellt sich gerne". Oder gilt doch „Gegensätze ziehen sich an"?

Aus psychologischer Sichtweise lässt sich diese Frage folgendermaßen beantworten:

- Gegensätze können kurzfristig belebend sein, eine Übereinstimmung in zentralen Merkmalen hält aber zusammen. Gegensätze mögen zu einer gewissen Faszination führen, Übereinstimmungen führen jedoch zu langfristigen Beziehungen.

Woran liegt dies?

Eine Beziehung ist umso glücklicher und dauerhafter, je mehr Möglichkeiten es für gemeinsame positive Erlebnisse gibt. Sicher, die Faszination eines Gegensatzes kann belebend sein. Gibt es aber keine gemeinsamen Bezugspunkte, geht jeder seinen eigenen Weg. So entstehen Unzufriedenheit oder Konflikte. Am Ende steht nicht selten das Beziehungs-Aus.

Worin sollte Übereinstimmung bestehen, um gemeinsam in einer Beziehung glücklich werden zu können?

Nicht alle Unterschiede müssen problematisch sein, zudem ist eine Beziehung ohne Unterschiede kaum vorstellbar. Wenn jedoch unüberbrückbare Gegensätze in Bereichen bestehen, die für die alltägliche Lebensführung und die Beziehung bedeutsam sind, wird keine hohe Beziehungsqualität entstehen.

Umgekehrt sind Unterschiede in weniger zentralen oder nebensächlichen Merkmalen für die Beziehungszufriedenheit nicht problematisch.

Modelle der Beziehungsgestaltung

Zentral für eine Beziehung sind sicherlich die grundlegenden Beziehungsmodelle:

- Soll eine Beziehung sexuell monogam sein?

- Wird eine konsensuelle Nicht-Monogamie[1] angestrebt?

- Soll die Beziehung polyamorös[2] gestaltet werden?

- Wird eine Beziehung ohne Sexualität gewollt?

Zu den Beziehungsmodellen gehört auch die Frage nach einer möglichen Familiengründung oder den Geschlechterrollenerwartungen:

- Steht für eine Person die Familiengründung mit leiblichen Kindern als zentrales Ziel im Vordergrund, wird die Beziehungszufriedenheit gering sein, wenn die andere Person eine Familiengründung ablehnt.

- Vertritt eine Person klassisch-traditionelle Geschlechterrollenerwartungen, während die andere Person für Gleichberechtigung und die Überwindung der Geschlechterrollen eintritt, werden sich ebenfalls mit erhöhter Wahrscheinlichkeit Konflikte ergeben.

Auch das Ausmaß von Gemeinsamkeit versus Eigenständigkeit, das in einer Beziehung gewünscht wird, fällt unter die Beziehungsmodelle:

- Manche Menschen vertreten symbiotische Beziehungsmodelle, bei denen Beziehungspartner:innen alle Zeit, die möglich ist, miteinander verbringen. Andere präferieren Beziehungen, in denen besonders viele Möglichkeiten für Eigenständigkeit und Unabhängigkeit der Beziehungspartner:innen vorgesehen sind.

- Symbiotisch orientierte Personen werden den Wunsch nach Eigenständigkeit ihrer Beziehungspartner:innen als Zurückweisung erleben. Umgekehrt mag bei stark auf Eigenständigkeit ausgerichteten Personen mit symbiotischen Beziehungspartner:innen ein Gefühl der Einengung entstehen.

Besteht Übereinstimmung in den Beziehungsmodellen, wird es einfacher sein, die Vorstellungen der Beziehungspartner:innen harmonisch umzusetzen, sodass allen Beteiligten ein Maximum an Erfüllung möglich wird.

Stimmen demgegenüber die Beziehungsmodelle nicht überein, wird eine Seite zurückstecken müssen oder es entstehen wechselseitige Unzufriedenheit und Konflikte. Fremdgehen und Eifersucht mögen weitere Folgen sein.

Zentrale Überzeugungen

Ein weiterer zentraler Bereich ist der Bereich der ethisch-moralischen Überzeugungen und der mit ihnen verbundenen Lebenspraktiken:

- Je stärker bestimmte alltagsprägende ethisch-moralische Überzeugungen vorliegen, desto mehr Spannung, Unzufriedenheit und Konflikt wird entstehen, wenn die Werthaltungen von Beziehungspartner:innen unvereinbar miteinander sind.

Ethische Überzeugungen sind bedeutsam, weil sie eng an unsere emotional-motivationalen Prozesse angebunden sind und weil sie wichtig für das Erleben von Sympathie sind. Grundsätzlich sind uns Menschen, die unsere moralischen Haltungen teilen, sympathischer als Menschen, die sich gegen unsere moralischen Prinzipien wenden. Was mit unseren ethisch-moralischen Überzeugungen übereinstimmt, wird als positiv und anziehend, was ihnen widerspricht, als negativ und abstoßend erlebt.

Moralische Überzeugungen sind tiefer in Prozesse der Sympathiebildung eingebettet als beispielsweise rein ästhetische Geschmacksurteile, wo ein Abweichen eher als vielleicht sogar unwichtig erlebt werden mag. Ob eine Person lieber Apfelsaft oder Orangensaft mag, ist letztlich für eine Beziehung unerheblich. Unterschiede brauchen hier nicht zu trennen. Die Volksweisheit „über Geschmack lässt sich nicht streiten", macht die Relativierbarkeit von Geschmacksunterschieden gut deutlich. Für moralische Überzeugungen gilt dies jedoch nicht.

Politisch-gesellschaftliche Überzeugungen, religiöse Überzeugungen und immer mehr auch Ernährungsstile sind eng mit ethisch-moralischen Werturteilen verbunden, sodass es für eine partnerschaftliche Beziehung hilfreich ist, hier übereinzustimmen.

- Ein Beispiel: Personen, die aus ethischer Überzeugung kein Fleisch essen oder vegan leben, werden mit hoher Wahrscheinlichkeit Dissonanz in Beziehungen mit Menschen erleben, die sehr gerne Fleisch essen und daran auch festhalten wollen oder die gar in der Nutztierindustrie arbeiten.

Der Grund hierfür ist, dass sie das Verhalten ihrer Beziehungspartner:innen als moralisch falsch und verwerflich bewerten. Die Fleisch essenden Beziehungspartner:innen wiederum mögen grundsätzlich mit der veganen Ernährung ihrer veganen Beziehungspartner:innen keine Schwierigkeiten haben, da eine pflanzenbasierte Ernährung zwar ihren Gewohnheiten und ihrem Geschmack widersprechen mag, es sie aber nicht grundlegend stören muss, wenn ihr eigener Fleischkonsum nicht hinterfragt würde. Stören wird es sie allerdings, wenn die veganen Beziehungspartner:innen aufgrund ihrer moralischen Überzeugung den Fleischkonsum moralisch verurteilen oder auf einer Änderung bestehen, obgleich sie dies selbst nicht einsehen.

Wesentlich geringere Probleme wären demgegenüber zwischen veganen Personen und Fleischessern zu erwarten, wenn die sich vegan ernährenden Personen dies nur aus Fitnessgründen oder rein geschmacklichen Gründen tun würden. Zwar mögen sich auch hier Anpassungserfordernisse im Alltag ergeben, die aber einfacher zu bewältigen sein werden, weil es sich um keine tieferen ethischen Differenzen handelt.

Es gibt viele Möglichkeiten, Differenzen in Beziehungen zu bewältigen, wenn diese vorhanden sind. Bei ethisch-moralischen Differenzen werden sich aber, gerade wenn diese sich in der Alltagspraxis zeigen, Unzufriedenheit oder gar Konflikte nicht ganz vermeiden lassen.

Hierfür zeigten sich auch klare Hinweise in einer Umfrage des Portals vegan.eu[3] unter 5 173 vegan lebenden Personen:
* Lediglich 21 % derjenigen Befragten, die aktuell oder in der Vergangenheit eine Beziehung mit einer Fleisch essenden Person hatten, bewerteten den Fleischkonsum der Beziehungspartner:innen für die Beziehung als unproblematisch. 45,6 % berichteten über Konflikte wegen des Fleischkonsums der Beziehungspartner:innen. 74,1 % gaben an, dass sie gehofft hätten oder weiterhin hofften, die Beziehungspartner:innen würden zur veganen Lebensweise wechseln.

Es ist jedoch davon auszugehen, dass es vorwiegend bei zentralen Überzeugungen schwierig sein mag, entgegengesetzte Haltungen zu vereinbaren. Bei weniger wichtigen Überzeugungen dürften Gegensätze entsprechend weniger schwerwiegend sein. Wie sehr es zu Differenzen in Überzeugungen kommen mag, hängt also von dem individuellen Wert ab, den die Beziehungspartner:innen diesen Grundüberzeugungen zuweisen.

Zentrale Überzeugungen gehen nicht nur mit emotional-kognitiven Bewertungsprozessen und einer Entwicklung von

Sympathie oder Antipathie einher, sondern greifen oft auch in den Alltag ein.

Gut lässt sich dies an religiösen Überzeugungen verdeutlichen:
* Starke religiöse Überzeugungen werden oft dazu führen, an religiösen Praktiken und Ritualen teilhaben zu wollen. Ebenfalls wird meistens der Wunsch entstehen, mögliche gemeinsame Kinder nach den eigenen religiösen Prinzipien zu erziehen. Treffen nicht vereinbare religiöse Überzeugungen aufeinander, können sich hieraus Probleme ergeben.

Das Gleiche gilt für politische Überzeugungen:
* Politische Überzeugungen mögen zu aktivem politischem Engagement führen, wobei dieses einen erheblichen Teil des Alltags einnehmen kann. Stimmen die politischen Einstellungen überein, kann es hierfür leichter Akzeptanz und Einigkeit geben, als wenn die politischen Einstellungen einander zuwiderlaufen.

Haben Überzeugungen einen starken Alltagsbezug, wirken sie sich auch oft prägend auf soziale Netzwerke und Freundschaften aus. Dies wiederum hat einen Einfluss darauf, wie gut Beziehungspartner:innen in bestehende eigene soziale Netzwerke und Freundeskreise integriert werden können oder wollen.

Umgang mit Unterschieden
Übereinstimmungen sind weniger wichtig in Lebensstilen oder Gewohnheiten, die sich nicht durch tiefgreifende moralische, religiöse oder politische Überzeugungen begründen.

Beispiele hierfür wären ein gesunder Lebensstil, Sport und Fitness, Reisen, musische oder künstlerische Interessen.

Bei solchen weniger zentralen Differenzen wird es einfacher sein, sich wechselseitig abzustimmen, als bei tiefgreifenden Gegensätzen in zentralen Überzeugungen. Dennoch können sich auch hieraus Herausforderungen ergeben, und zwar besonders dann, wenn diese Differenzen den Alltag deutlich prägen, beibehalten werden und gemeinsam ausgeübt werden sollen.

Aus diesen Überlegungen folgt auch, dass zum Beispiel unterschiedliche religiöse oder spirituelle Praktiken von Fall zu Fall durchaus leichter zu bewältigen sein mögen: Wenn etwa die Überzeugung besteht, dass jeder nach eigener Fasson selig werden kann. In diesem Fall brauchen religiöse Differenzen nicht hinderlich zu sein.

Besteht allerdings das Bedürfnis, gemeinsam an Ritualen teilzunehmen oder Spiritualität auf einer emotional-geistigen Ebene gemeinsam zu erleben, wäre eine Übereinstimmung sehr hilfreich, selbst wenn grundsätzlich jedem der eigene Weg zur Seligkeit zugestanden wird.

Auch rein äußerliche Faktoren, wie der Wohnort, können sich erleichternd oder erschwerend auf Beziehungen auswirken, vor allem wenn auf keiner Seite ein Interesse daran besteht, sich regional zu flexibilisieren oder über andere Beziehungsmodelle, wie eine Fernbeziehung, nachzudenken.

Gerade weil diese Schwierigkeiten nicht aus echten inneren Differenzen resultieren, lautet hier die Empfehlung, eine Flexibilisierung der eigenen Vorstellungen und Gewohnheiten zu erwägen, anstatt eine ansonsten womöglich tragfähige Beziehung von vornherein auszuschließen oder aufzugeben.

Übereinstimmungen zwischen Beziehungspartner:innen sind also nur bei den zentral bedeutsamen Dingen des Lebens erforderlich.

Dies veranschaulicht auch das folgende Beispiel:
* Erika tanzt für ihr Leben gerne und kann sich ein Leben ohne Tanzen nicht vorstellen. Ihr Traum ist eine Beziehung mit einem ebenso tanzwütigen Partner, mit dem sie auch gerne andere tanzende Paare kennenlernen möchte. Bernd hat noch nie gerne getanzt und kann mit dem Hobby von Erika nichts anfangen. Er teilt aber mit Susanne ihr Interesse an Natur, Wandern und Waldspaziergängen. Susanne tanzt auch sehr gerne, der Aufenthalt in der Natur ist ihr aber viel wichtiger. Demgegenüber ist Mark ein Tanzfanatiker wie Erika, aber ein ziemlicher Naturmuffel.

Wer passt zu wem?
* Erika und Mark passen zueinander, weil das Tanzen zu ihrem zentralen Lebensinhalt gehört. Ebenso passen Bernd und Susanne zueinander, weil der Aufenthalt in der Natur zentrale Bedeutsamkeit für sie hat. Zwar tanzt Susanne sehr gerne und Bernd überhaupt nicht. Dies ändert aber nichts an ihrer Passung, weil Tanzen für Susanne weitaus weniger zentral ist als Unternehmungen in der Natur.

Das Beispiel greift ein Interesse (Tanzen) heraus. Interessen und Hobbys sind manchmal sehr wichtig, aber oft kann man sie auch ändern oder sie sind, anders als im Beispielfall, meistens nicht so zentral. Beziehungen können durchaus glücklich werden, wenn die Beziehungspartner:innen ihren Hobbys getrennt nachgehen, sofern andere Aspekte sie miteinander verbinden.

Haben Sie also keine Angst vor einer Beziehung, in der sich die wechselseitigen Hobbys unterscheiden. Meistens ist dies unproblematisch und es wird im Verlauf einer Beziehung gelingen, zusätzlich gemeinsame Hobbys zu finden.

Zentraler als Interessen sind, wie schon gesagt, Werthaltungen, wie auch das nächste Beispiel noch einmal verdeutlicht:
* Sascha lebt vegan und der Schutz der Tiere vor Ausbeutung, Schmerz und Tötung liegt ihm am Herzen. Er möchte sein Leben nach diesen Grundsätzen ausrichten. Besonders gerne isst er indische Gerichte, wobei er Milch durch Sojasahne ersetzt. Rafael isst ebenfalls sehr gerne indisch, aber vor allem Fleisch. Mit der veganen Lebensweise hat er nichts am Hut und die Tötung von Tieren gehört für ihn eben dazu. Sergio kann mit indischem Essen gar nichts anfangen. Er liebt aber Tiere und isst kein Fleisch.

Wer passt zu wem?
* Als Partner sind Sascha und Rafael nicht füreinander geeignet. Die tiefgreifende Inkompatibilität der Werthaltungen kann durch die gemeinsame Begeisterung für indisches Essen nicht einmal im Ansatz ausgeglichen werden. Sascha und Sergio passen dagegen zueinander. Der unterschiedliche Geschmack spielt als oberflächliches Merkmal keine Rolle, die Haltung zu Tieren verbindet. Zwar lebt Sergio noch nicht vegan, sondern erst vegetarisch, die gemeinsame Grundeinstellung ist aber bereits vorhanden und aller Wahrscheinlichkeit nach wird er gerne zur veganen Lebensweise wechseln.

Noch einmal zusammengefasst:
Unterschiede sind für eine Beziehung an sich kein Problem. Sie brauchen nicht nach einer identischen Person zu suchen, die es ohnehin nicht gibt.

Anders ist dies jedoch bei zentralen Merkmalen. In zentralen Merkmalen, die Ihnen sehr wichtig sind und die für Ihren Lebenswandel und Ihre Zufriedenheit unverzichtbar sind, sollte eine Übereinstimmung bestehen, damit eine Beziehung glücklich wird:

- Der strikt vegane Sascha, der Tiere schützen möchte, wird mit dem begeisterten Fleischesser Raffael, für den das Töten von Tieren normal ist, nicht glücklich werden. Der Unterschied ist zentral und steht einer ausgeglichenen Beziehung daher fundamental entgegen.

- Bei Sergio und Sascha wird dagegen die gemeinsame Wertschätzung für das Leben von Tieren und der Verzicht auf Fleisch beide miteinander verbinden, während die Geschmacksdifferenzen als oberflächliche Unterschiede keine Rolle spielen werden.

Machen Sie dies zu Ihren Merkgrundsätzen:

- Unterschiede in nicht-zentralen, oberflächlichen Merkmalen stehen einer gemeinsamen Beziehung nicht im Wege.

- Bei zentralen Merkmalen, die für Ihre Lebensführung unverzichtbar sind, ist Übereinstimmung aber eine gute Voraussetzung für eine ausgeglichene Beziehung.

Für die Beantwortung der Frage „Wer bin ich und wen suche ich?" geht es vor allem um diese zentralen Merkmale, während weniger wichtige Aspekte höchstens eine Nebenrolle spielen sollten.

Aber wird es nicht langweilig, wenn Beziehungspartner:innen einander zu ähnlich sind?

Die Angst vor Langeweile ist unbegründet. Übereinstimmung bedeutet, gemeinsam Dinge unternehmen zu können und so die Langeweile zu vertreiben. Im Übrigen bedeutet ähnlich nicht identisch. Menschen sind niemals in allen Merkmalen gleich. Es bleiben genug Unterschiedlichkeiten bestehen, die immer wieder ein gemeinsames Aushandeln der Lebensgestaltung nötig machen werden.

Machen Sie sich Ihre zentralen Werte, Überzeugungen, Beziehungsmodelle und Lebensziele bewusst, damit Sie einen Menschen suchen können, der zu Ihnen passt.

Übertreiben Sie es aber nicht und suchen Sie keine Kopie von sich selbst, die es nicht gibt. Setzen Sie bei der Partnersuche Anforderungen, setzen Sie diese Anforderungen aber nicht zu hoch, sondern konzentrieren Sie sich auf das Wesentliche.

BRAINSTORMING FÜR IHRE PARTNERSUCHE

Brainstorming ist ein Prozess, bei dem Sie frei assoziativ verschiedene Gedanken zulassen und sammeln, ohne sie dabei sofort zu bewerten. Oft sind wir nämlich schon im Vorhinein festgelegt und übersehen daher die vielen Alternativen, die sich uns im Leben bieten. Brainstorming kann uns dabei helfen, diese verdrängten Alternativen sichtbar zu machen.

Um zu wissen, welche Art von Beziehungsgestaltung Sie suchen, ist es zunächst einmal notwendig, Klarheit darüber zu gewinnen, wer Sie selbst sind und was Ihnen wichtig ist. Im Anschluss können Sie auf dieser Basis darüber nachdenken, welche Person Sie suchen und welche Art von Beziehung Sie führen möchten.

Es gibt keine Selbstverständlichkeiten und es macht daher Sinn, sich mit diesen Fragen zu beschäftigen.

Brainstorming: Was ist Ihnen wichtig im Leben?

Schreiben Sie in Stichpunkten alles auf, was Ihnen wichtig ist. Betrachten Sie Ihr gesamtes Leben und machen Sie keine Abstriche. Aber schreiben Sie nur auf, was wirklich zentral ist.

Ihre Stichpunkte sollten also alles umfassen, was Sie als bedeutsam erleben, von Religion, Musik, Sport, Ernährung und Gesundheit bis hin zu Sexualität, Arbeit und Beruf, Finanzen, Wohnsituation und Lebensziele. Alles, was Ihnen nicht oder weniger wichtig ist, können Sie auslassen.

Lassen Sie Ihre Stichworte jetzt einfach liegen, wir werden später auf sie zurückkommen.

Brainstorming: Wie stellen Sie sich die zu Ihnen passende Person vor?

Lassen Sie Ihren Gedanken erneut freien Lauf. Ihre Stichpunkte können alles umfassen, was Sie gerne bei Beziehungspartner:innen sehen möchten: Alter, Aussehen, Einkommen und Beruf, Wohnort, Persönlichkeit, Sexualität, Religion, politische Überzeugungen, Humor, Hobbys, Ernährung, Beziehungsmodell, Kommunikation und Lebensziele.

Nutzen Sie gegebenenfalls nicht nur „und", sondern auch „oder", falls Sie sich verschiedene Alternativen vorstellen können.

Lassen Sie Ihre Stichworte erneut liegen, bis wir später noch einmal auf sie zurückkommen werden

Brainstorming: Was ist Ihr Beziehungsmodell?

Viele wünschen sich eine traditionelle Zweierbeziehung mit sexueller Treue. Andere träumen von einer offenen Beziehung oder einer polyamorösen Liebe, die erotische und liebesbezogene Erlebnisse mit mehreren Personen erlaubt.

Viele Liebende leben zusammen in einer Wohnung oder einem Haus. Andere entscheiden sich für getrennte Wohnungen am gleichen Ort. Manche Liebende führen Fernbeziehungen, die sogar die Grenzen der Kontinente überschreiten.

Viele Paare haben einen Kinderwunsch, andere möchten kinderlos glücklich werden oder der Kinderwunsch ist beispielsweise aus Altersgründen nicht mehr aktuell. Adoptivkinder oder Pflegekinder sind eine weitere Möglichkeit.

Eine Reihe von Personen verbringen in Beziehungen einen großen oder sogar den größten Teil ihres Alltags zusammen. Manche arbeiten sogar zusammen. Andere legen Wert auf Freiräume und unternehmen vieles getrennt und nur manches zusammen.

Oft legen Paare Wert auf Konstanz, bauen beispielsweise ihr eigenes Haus, in dem sie jahrzehntelang leben und welches sie womöglich an ihre Kinder vererben. Andere setzen auf Abenteuer, Veränderungen, wandern in ferne Länder aus.

Für manche sind Sexualität und Erotik zentral, andere wünschen sich umgekehrt eine platonische oder asexuelle Beziehung.

Viele Menschen wollen mit ihren Beziehungen gesellschaftlich integriert und anerkannt sein. Hierzu mag die Heirat ein wichtiger Schritt sein. Andere wollen aussteigen und gesellschaftliche Begrenzungen hinter sich lassen.

Diese Vorrede sollte Ihnen Denkanstöße für Ihr Brainstorming geben. Denn oft sind unsere Beziehungsmodelle sehr eingefahren und traditionell, ohne dass wir über sie weiter nachdenken.

Schreiben Sie jetzt in Stichworten alles auf zum Thema „So soll meine Beziehung sein!".

Lassen Sie die Stichpunkte erneut zunächst ruhen, bis wir auf sie zurückkommen.

LIEBE: FORMEN, GESTALTUNG UND EINFLÜSSE

Häufig glauben Menschen, schnell zu wissen, wer sie sind, wie eine andere Person sein sollte und wie sie sich eine Beziehung vorstellen.

Wir denken oft wenig darüber nach, dass es verschiedene Gestaltungsmöglichkeiten von Leben und Beziehung gibt.

Täten wir es, würden sicherlich manche zu dem Schluss gelangen, dass sie zu schnell ein Standard-Modell voraussetzten, obgleich sie mit einem alternativen Modell genauso glücklich oder gar glücklicher geworden wären.

Viele unserer Überzeugungen, wie eine Beziehung gelebt werden sollte, haben kein festes Fundament. Sie beruhen oft auf ungeprüften Grundannahmen, der Übernahme gesellschaftlicher Normen oder einem Mangel an Fantasie, Selbstreflexion und Offenheit. Auch Ängste und Hemmungen können Ursache für vorschnelle Festlegungen und den Ausschluss alternativer Möglichkeiten sein.

Über den Horizont hinauszudenken, kann uns vor vorschnellen Festlegungen und selbstauferlegten Fesseln schützen. Deshalb geht es jetzt darum, Ihr Brainstorming noch einmal zu reflektieren, zu überprüfen und gegebenenfalls zu korrigieren.

Bitte lesen Sie die folgenden ausführlichen Informationen und Anregungen aufmerksam durch, um für den abschließenden Überprüfungsprozess neue Erkenntnisse zu erwerben.

Stellen Sie sich dabei beim Lesen kontinuierlich die Frage, ob das, was Sie gelesen haben, auch auf Sie zutrifft und ob es auch für Sie eine Möglichkeit für eine glückliche Lebens- und Beziehungsgestaltung sein könnte.

Achten Sie sowohl auf Ihr Gefühl wie auf Ihren Verstand, ohne vorschnell Möglichkeiten zu verwerfen. Versuchen Sie, Offenheit zu entwickeln und gegebenenfalls sogar verschiedene Konstellationen für sich zu identifizieren, in denen Sie glücklich werden könnten.

Manchmal mag der Verstand Dinge verbieten oder als unmöglich erscheinen lassen, die sich jedoch bei genauerem Nachdenken als möglich und erstrebenswert entpuppen. Oder es mögen Ablehnungsgefühle auftreten, die sich ändern, wenn Sie zu einer neuen geistig-kognitiven Bewertung gelangen.

Umgekehrt mögen sich anfänglich positive Gefühle verändern, wenn Sie die Grundlagen, auf die diese sich beziehen, in einem Prozess der Selbstreflexion neu bewerten.

Hilfreich können Imaginationsübungen sein, in deren Verlauf Sie die Augen schließen, sich entspannen und sich in diesem entspannten Zustand die jeweiligen Konstellationen vorstellen und sich sodann selbst fragen, ob diese für Sie denkbar wären.

Solche Imaginationsübungen können dazu verhelfen, Denk-Blockaden aufzulösen, Gefühle zu überprüfen oder zu verändern und neue Erlebnismöglichkeiten für sich zu entdecken. Ebenso mag es aber natürlich vorkommen, dass Ihnen auf diese Weise deutlich wird, dass eine bestimmte Konstellation für Sie ganz sicher nicht in Frage kommt.

Menschen sind vielschichtig und können oft auf verschiedene Art und Weise glücklich werden.

Ein Beispiel: Vielleicht denken Sie gerade, zu Ihrem Glück gehören berufliche Anerkennung, Prestige und ein hohes Einkommen.

Sind Sie sich aber sicher, dass Sie nicht ebenso glücklich sein können, wenn Sie einfach, bescheiden und naturnah leben würden?

Tatsächlich wird immer wieder beschrieben, dass Menschen, die sich nach den Prinzipien von Einfachheit, Selbstgenügsamkeit und Minimalismus ausrichten und sich so von Ballast befreien, zu größerer Leichtigkeit und zu einem Mehr an Lebensglück finden (Lloyd und Pennington, 2020). Hätten Sie das gedacht?

Manche Menschen finden nach dramatischen biografischen Brüchen zu einem ungekannten Lebensglück. Andere setzen einen wenig ausfüllenden Alltag unverändert fort, ohne ihn zu hinterfragen, sodass sie sich am Ende fragen mögen, wofür sie überhaupt gelebt haben.

Mit anderen Worten: Mit der Partnersuche beginnen und eine Beziehung eingehen zu wollen, ist auch ein guter Zeitpunkt, um noch einmal über die eigenen Werte nachzudenken und Veränderungsmöglichkeiten zu erwägen.

Findet diese Reflexion nämlich nicht statt, besteht die Gefahr, dass Sie vorschnell und automatisch Erwartungen an Beziehungspartner:innen und Beziehungen herantragen, die zu einer Konservierung eines unbefriedigenden Status quo führen können.

Erkennen Sie daher Ihre derzeitige Partnerlosigkeit als Chance und nutzen Sie die Zeit der Partnersuche als eine bedeutsame Phase in Ihrer Entwicklung, die Veränderungspotenziale sichtbar machen kann.

Als Sie gerade Ihre Stichworte zu sich selbst, der anderen Person und der gesuchten Beziehung festhielten, hatten Sie da bereits an alle diese Sachverhalte gedacht und mögliche Alternativen erwogen?

Im folgenden Abschnitt wird es darum gehen, dass es die eine einzig wahre Liebe gar nicht gibt. Achten Sie auch hier darauf, ob Sie beim Lesen Aspekte und Themen erkennen, auf die Sie in der Vergangenheit wenig oder gar nicht geachtet haben und die Sie nun in einer neuen Beziehung mehr in den Vordergrund rücken möchten.

Verschiedene Varianten der Liebe

Die eine einzig mögliche wahre Liebe gibt es nicht. Denn: So wie sich Menschen von anderen Menschen darin unterscheiden, was sie sich von einer Partnerschaft wünschen und wie sie sie gestalten möchten, so gibt es diese Unterschiede auch innerhalb des eigenen Selbst. Deshalb können auch Sie auf ganz unterschiedliche Art und Weise glücklich werden.

Ein Partnerglück kann möglich sein, selbst wenn die potenziellen Partner völlig verschiedene Eigenarten haben. Auch sehr verschiedene Arten, eine Beziehung zu gestalten, mögen zum Beziehungsglück führen.

Lassen Sie sich im Folgenden von drei verschiedenen psychologischen Modellen der Liebe anregen:
* Sechs Liebesstile nach Lee (1976)

* 33 Dimensionen der Liebe nach Karandashev und Clapp (2014, 2016)

- Leidenschaftliche und kameradschaftliche Liebe nach Hatfield und Rapson (1993, 1996)

Fragen Sie sich beim Lesen immer, wie sehr die dargestellten Aspekte der Liebe ihre vergangenen Beziehungen zum Guten oder zum Schlechten prägten. Fragen Sie sich ebenfalls, welche Modelle und Merkmale Sie künftig in einer neuen Liebesbeziehung entwickeln wollen, aber auch, worauf Sie künftig verzichten möchten und was für Sie ganz sicher nicht (mehr) in Frage kommt.

Betrachten Sie die folgenden ausführlichen Darstellungen zur Liebe nicht als eine reine Informationsvermittlung, sondern halten Sie immer wieder inne und beziehen Sie das Geschilderte auf Ihre eigenen partnerschaftlichen Erfahrungen, Wünsche und Planungen.

Liebesstile nach Lee

Der kanadische Soziologe John Alan Lee unterschied bereits 1976 zwischen den sechs Liebesstilen der *romantischen Liebe, freundschaftlichen Liebe, besitzergreifenden Liebe, pragmatischen Liebe, spielerischen Liebe* und der *aufopferungsbereiten Liebe.*

Sechs Stile können in ihrer im zeitlichen Verlauf schwankenden Kombination bereits zu großer individueller Vielfalt führen:

- Wenn wir vereinfacht annehmen, dass ein Liebesstil nur gegeben oder nicht gegeben sein kann, ergeben sich aus der reinen Kombination von sechs Stilen bereits 720 unterschiedliche Möglichkeiten. So groß ist also die theoretische Vielfalt möglicher Partnerschafts-Formen, die sich aus einem scheinbar so einfachen Modell ergeben.

Folgendermaßen definieren sich die sechs Liebesstile nach Lee:

- **Romantische Liebe:** Dies ist die Liebe, wie sie oft in Romanen beschrieben wird. Eine intensive sexuell-erotische und seelische Anziehung ist kennzeichnend. Die romantische Liebe ist geprägt durch Zärtlichkeit, Erotik und Innigkeit.

- **Freundschaftliche Liebe:** Einander sehr gut kennen, sich verstehen, gemeinsam das Leben gestalten, sich wertschätzen und wirklich mögen, fürsorglich miteinander umgehen, dies sind die Komponenten der freundschaftlichen oder auch kameradschaftlichen Liebe.

- **Besitzergreifende Liebe:** Himmelhochjauchzend, wenn die Liebe sicher ist, zu Tode betrübt, wenn Beziehungspartner:innen nicht da sind oder Konflikte entstehen. Hohe Gefühle auf der einen Seite, keine Langeweile, aber auch viel Leid, Eifersucht und Liebesschmerz. Irrationalität bis hin zu Besessenheit kann diese Liebesform prägen.

- **Pragmatische Liebe:** Beziehung als Kosten-Nutzen-Abwägung. Die Gefühle sind wenig intensiv und die erotische Leidenschaft ist nicht oder nur eingeschränkt gegeben. Wenn die Vorteile die Nachteile einer Beziehung überwiegen, kann eine Partnerschaft dennoch fortgesetzt und sogar als wertvoll erlebt werden. Sicherheit, Finanzen, Kinder, aber auch die grundsätzliche Zufriedenheit mit der Alltagsroutine sind Faktoren, die zu einer pragmatischen Beziehungsentscheidung führen können.

- **Spielerische Liebe:** Die Liebe genießen wie ein gutes Essen und nicht traurig sein, wenn sie vorbei ist – das ist die spielerische Liebe. Flirten, Spaß und Sex, aber möglichst ohne Drama und Liebesqualen. Wenn beide es so sehen, kann die spielerische Liebe funktionieren. Kommen weitere Komponenten hinzu, mag sie sogar bestehen bleiben, meistens löst sie sich aber irgendwann auf.

- **Aufopferungsbereite Liebe:** Alles für Beziehungspartner:innen tun und das eigene Glück vom Glück der anderen Person abhängig machen. Beziehungspartner:innen beistehen und zusammenbleiben, nicht nur in guten und schweren, sondern sogar in schwersten Zeiten.

Freudenfeld (2002) gelangte in einer Untersuchung zu dem Ergebnis, dass insbesondere die romantische Liebe, aber auch die aufopferungsbereite Liebe mit einer erhöhten Beziehungszufriedenheit einherging. Demgegenüber war die spielerische Liebe mit einer geminderten Beziehungszufriedenheit assoziiert. Die besitzergreifende Liebe ging ebenfalls in geringerem Ausmaß und nur in Teilkomponenten mit einer geringeren Beziehungszufriedenheit einher. Keine Zusammenhänge bezüglich einer Beziehungszufriedenheit gab es für die pragmatische und die freundschaftliche Liebe.

Allerdings fanden in einer umfangreichen Metastudie Acevedo und Aron (2009) heraus, dass nicht nur die romantische Liebe, sondern auch die freundschaftliche Liebe positiv mit der Beziehungszufriedenheit zusammenhängt, und zwar in längeren Beziehungen noch stärker als in kürzeren Beziehungen.

Wie erklären sich diese Befunde?
Romantische Liebe ist mit tiefer Zuneigung und Zärtlichkeit verbunden, welche von Menschen positiv erlebt werden.

Aufopferungsbereite Liebe vermittelt das Gefühl, sich aufeinander verlassen zu können.

Freundschaftliche Liebe ermöglicht eine friedliche gemeinsame Lebensführung mit gemeinsamen Aktivitäten.

Spielerische Liebe ist kurzfristig fraglos schön, es mangelt ihr aber an der Bindungskomponente, sodass sie gerade bei langfristigen Beziehungen, wo eben auch Krisen und Stress hinzutreten, meist wenig tragfähig ist.

Besitzergreifende Liebe mag als leidenschaftlich wahrgenommen werden, kann aber auch mit negativen Gefühlen, Eifersucht und Konflikten einhergehen.

Pragmatische Liebe ist emotional eher neutral, was erklären mag, dass sie weder einen ausgeprägt negativen noch einen ausgeprägt positiven Effekt auf die Beziehungszufriedenheit erzielt.

Bei unterschiedlichen Personen und Beziehungen kann der gleiche Stil zu verschiedenen Ergebnissen führen:

- Bei einigen Beziehungen mag besitzergreifende Liebe keine oder nur begrenzt negative Auswirkungen auf die Beziehungsqualität haben oder die Beziehung sogar leidenschaftlicher machen. Bei anderen Beziehungen mag die besitzergreifende Liebe jedoch zur Zerrüttung der Liebe bis hin zu Mord und Totschlag führen.

- Und manche Menschen mögen bereits so viele aufrüttelnde Krisen in Beziehungen erlebt haben, dass sie ein stärker auf Sicherheit setzendes, im Allgemeinen ja eher emotional neutrales pragmatisches Beziehungsmodell deutlich präferieren und damit sehr zufrieden werden. Andere Menschen werden wiederum mit einer pragmatischen Liebe unerfüllt bleiben und die Intensität der Gefühle vermissen.

Zudem mag ein Stil zwar insgesamt eher ungünstig sein, aber doch temporär oder in Teilaspekten zu positiven Ergebnissen führen:

- So mögen Paare durch spielerische Komponenten in ihrer Beziehung aus einer Schwere herauskommen, selbst wenn die spielerische Liebe allein in der Regel mit einer geringeren Dauerhaftigkeit einhergeht.

Wie ist Ihre Position zu den Liebesstilen?
Welche Liebesstile sind für Sie denkbar? Wie festgelegt sind Sie auf einen Stil oder eine bestimmte Kombination? Haben Sie bereits die Erfahrung verschiedener Stile in Ihrer Biografie gemacht? Gibt es Stile, die Sie bei sich oder Beziehungspartner:innen auf keinen Fall mehr dulden möchten? Gibt es umgekehrt Stile, die Sie vermisst haben? Können Sie von einzelnen Stilelementen profitieren, ohne dass diese die Beziehung prägen sollten?

Bei aller Individualität werden meistens folgende Daumenregeln zutreffen – wobei Sie die genannten Empfehlungen als Anregungen verstehen sollten, die nicht immer zu gelten brauchen:

Spielerisch bleibt oft ein Spiel
Je stärker Sie sich durch die spielerische Liebe angesprochen fühlen, desto sinnvoller mag es für Sie sein, von einer Suche nach einer festen Partnerschaft noch abzusehen und zunächst eher nach kürzeren Flirts oder unverbindlichen Erotik-Kontakten zu suchen. Wenn Sie damit offen umgehen, können Sie Menschen kennenlernen, die dies ebenso erleben.

Sie fühlen sich von spielerischer Liebe angezogen, haben aber ebenso das Bedürfnis nach einer festen Beziehung im romantischen Sinn?

Sie könnten nach einer Beziehung suchen, in der erotische Offenheit herrscht und Sie getrennt oder gemeinsam gelegentlich erotisch-spielerische Formen der Liebe mit anderen Personen erleben.

Tatsächlich mag der überdauernde Wunsch nach dem Spielerischen deutlich machen, dass eine traditionell-monogame Beziehung nicht das geeignete Beziehungsmodell für Sie ist.

Besitzergreifung kritisch reflektieren

Fühlen Sie sich durch die besitzergreifende Liebe positiv angesprochen?

Dies ist selten, aber es mag eintreten und auf eine besondere Bedürfniskonstellation hinweisen. Womöglich vermissen Sie etwas in Ihrem Leben, welches Sie durch den sehr starken Fokus auf eine andere Person kompensieren möchten. Nehmen Sie dies zum Ausgangspunkt, um über Veränderungen in Ihrem Alltag nachzudenken.

Oder war es in der Vergangenheit so gewesen, dass intensiv-beglückende Erfahrungen mehrfach in besitzergreifenden Konstellationen auftraten? So mag bei Ihnen zufällig eine Assoziation entstanden sein zwischen Besitzergreifung und Glück, die es nicht zu geben braucht, da Glück auch ohne Besitzergreifung möglich ist.

Verlernen können Sie diese Assoziation, indem Sie künftig nach beglückenden Erfahrungen ohne Besitzergreifung suchen.

Suchen Sie die besitzergreifende Liebe nicht, aber fürchten Sie sich vor sich selbst, weil Sie Ihre eigene Eifersucht kennen?

Arbeiten Sie an einem stabileren Selbstwert und der Bewältigung von Verlustängsten. Üben Sie in Gedanken und imaginativ, loszulassen. Nehmen Sie sich fest vor, von Kontrollen, Einschränkungen und Eifersuchtsszenen Abstand zu nehmen. Üben Sie dieses geistige Probehandeln ein und arbeiten Sie so an Ihrem Selbstmanagement.

Sie könnten, in Absprache mit Beziehungspartner:innen, sogar mit offenen Beziehungskonstellationen experimentieren, um die quälende Eifersucht zu überwinden.

Oder ist Ihre Neigung zur Eifersucht zu stark und hat bereits vorher Beziehungen zerstört? Suchen Sie sich in diesem Fall psychotherapeutische Hilfe, bevor Sie mit der Partnersuche beginnen.

Sorgen Sie sich umgekehrt, auf eine Person zu treffen, die besitzergreifend und eifersüchtig ist? Haben Sie womöglich bereits Erfahrungen mit Kontrolle, Einschränkungen, Stalking oder gar physischer Gewalt gemacht?

Erkennen Sie die Signale und grenzen Sie sich sofort ab, wenn sich eine ähnliche Konstellation anzubahnen beginnt.

Allzu oft lassen sich Menschen immer wieder auf die gleiche destruktive Beziehungskonstellation der Vergangenheit ein. Machen Sie sich dies bewusst und wehren Sie den Anfängen.

Aufopferung gehört zur Liebe

Haben Sie keine Angst vor aufopferungsbereiter Liebe, wenn diese wechselseitig ist. Hingabe und Aufopferung sind wichtige Komponenten von Liebe. Wir lassen diejenigen nicht im Stich, die wir lieben.

Manchmal müssen wir eigene Bedürfnisse zurückstecken, weil die Situation von Beziehungspartner:innen es verlangt. In einer durch Liebe getragenen Beziehung werden wir hierfür jedoch vielfach belohnt.

Achten Sie aber darauf, dass keine Einseitigkeit auftritt. Denn bei Einseitigkeit kann Aufopferung in Ausnutzung übergehen, sodass eine toxische Beziehungskonstellation entsteht.

Lassen Sie sich daher auf keine Beziehung ein, in der Sie bereits bald feststellen, dass alles von Ihnen, aber wenig von der anderen Person kommt. Doch wenn Sie auf Wechselseitigkeit achten, stärkt die aufopferungsbereite Liebe das Beziehungsglück.

Manchmal hilft Pragmatik

Wenige Menschen sehnen sich nach einer pragmatisch geprägten Liebesbeziehung. Aber diejenigen, die schon viele Verwerfungen, Aufruhr und Schmerzen in Beziehungen erlebt haben, mögen dies anders sehen.

Es kann hilfreich sein, pragmatische Überlegungen nicht zu kurz kommen zu lassen und die rationale Analyse von Beziehungschancen und -risiken in die Überlegungen mit einzubeziehen. Dies kann ergänzend geschehen und muss zu anderen Stilen der Liebe nicht im Widerspruch stehen.

Auch jenseits großer Gefühle kann es viele Gründe geben, zusammenzubleiben. Selbst Gewohnheiten oder die materielle Situation können legitime Gründe sein, die das Leben zusammen zufriedener machen als eine Trennung. Seien Sie ehrlich miteinander, benennen Sie die Situation so, wie sie ist, und geben Sie sich gegenseitig Freiräume für andere Erlebnismöglichkeiten.

Freundschaft und Kameradschaft sind zentral

Schätzen Sie die freundschaftliche Liebe nicht gering. Selbst wenn magieartige Anziehung und Leidenschaft abnehmen, können Freundschaft, Kameradschaft, Wertschätzung und Gemeinsamkeit weiter wachsen.

Nicht alle Beziehungen beginnen mit großen Anziehungsgefühlen, Verliebtheit oder sexueller Leidenschaft. Sympathie, Begegnung und Verstehen können sich schrittweise zu Liebe, Fürsorge und Geborgenheit vertiefen. Geben Sie diesem Prozess eine Chance.

Für die Partnersuche ist eine freundschaftliche Konstellation durchaus ein guter Startpunkt, aus dem mehr entstehen kann. Verbauen Sie sich Chancen nicht durch zu hohe Gefühls-Erwartungen, die gleichzeitig den Wert freundschaftlicher oder kameradschaftlicher Verbundenheit geringschätzen.

Sehnsucht nach Romantik

Starke Gefühle, Nähe, Verbundenheit, Intimität, Zärtlichkeit, Sexualität und Leidenschaft werden in der romantischen Liebe integriert. Romantische Liebe ist das, was die meisten suchen. Oft wird sie auch gefunden, was jedoch nicht bedeutet, dass ihr romantischer Charakter in voller Stärke immer erhalten bleibt.

Achten Sie von vornherein darauf, dass Aspekte von Freundschaft, Kameradschaft, Verstehen, gemeinsame Aktivitäten, Lebensziele und Kompatibilität nicht zu kurz kommen, sondern sich gemeinsam mit der romantischen Verbundenheit entwickeln.

Tritt die romantische Liebe ein, sind die Gefühle so stark, dass Sie es kaum übersehen können. Dies unterscheidet sie von der freundschaftlichen oder auch pragmatischen Liebe, die durchaus nicht sofort wahrgenommen werden müssen.

Machen Sie sich erneut klar, dass nicht jede Beziehung mit Romantik beginnt. Gerade im mittleren oder höheren Lebensalter nehmen freundschaftlich-kameradschaftliche oder auch pragmatische Aspekte stärkeren Raum ein.

Fixieren Sie sich daher nicht auf Ihre Vorstellung von Romantik, sondern seien Sie offen für einen anderen Beginn, der ebenso wertvoll sein mag.

33 Dimensionen der Liebe nach Karandashev und Clapp

Victor Karandashev und Stuart Clapp (2014) haben in umfangreichen sprachlichen und statistischen Analysen 33 Merkmale identifiziert, die sich in unterschiedlicher Ausprägung bei Liebenden und in ihren Beziehungen beobachten lassen.

Eine Reihe dieser Merkmale werden Sie aus der Darstellung der sechs Liebesstile nach Lee wiedererkennen, es finden sich aber zusätzlich viele weitere Einzelmerkmale und Spezifizierungen.

Legen wir zugrunde, dass sich Liebesbeziehungen in jedem dieser 33 Merkmale mehr oder weniger stark unterscheiden können, wird erneut deutlich, wie enorm groß die Anzahl möglicher Konfigurationen in unserem Liebeserleben und der Gestaltung unserer partnerschaftlichen Beziehungen ist. Wenn Sie sich die Liste der Merkmale durchlesen, wird Ihnen auffallen, dass viele dieser Merkmale mit Chancen verbunden sind, manche aber auch Risiken und Gefahren beinhalten. Es kommt auf Ihre Achtsamkeit und die Offenheit der partnerschaftlichen Kommunikation an, ob sich eher die Chancen oder eher die Risiken durchsetzen.

Bei Ihrer Partnersuche sollten Sie darauf achten, dass eine Grundpassung in den für Sie zentralen Aspekten der Gestaltung Ihrer Liebesbeziehung gegeben ist. Selbst wenn dies der Fall ist, bedeutet es jedoch noch lange nicht, dass die Passung immer bestehen bleiben wird.

Keine Beziehung ist statisch. In jeder Beziehung werden im Verlauf Fluktuationen und Verschiebungen in der Ausprägung dieser Merkmale auftreten.

Es wird daher auch nach erfolgreichem Abschluss der Partnersuche weiterhin zur Beziehungsarbeit gehören, Passung und Kompatibilität in Ihrer Beziehung zu erhalten, wiederherzustellen oder weiterzuentwickeln.

So sehr wir geneigt sein mögen, im Sinne eines Schwarz-Weiß-Denkens die Merkmale sofort als gut oder schlecht zu klassifizieren, so sehr hängt es tatsächlich von der individuellen Lebenssituation und den beteiligten Personen ab, ob Chancen, Gefahren oder beides aus einem Merkmal oder einer Konfiguration entstehen.

Ebenso mag ein zutage tretender Mangel an Balance in einem oder mehreren Merkmalen durchaus durch wichtige Übereinstimmungen in anderen Merkmalen kompensiert werden.

Das Ziel von Partnersuche und Beziehungserhalt und -entwicklung liegt also nicht darin, eine perfekte Übereinstimmung in allen Merkmalen zu gewährleisten, sondern eine hohe Gesamtbalance zu erreichen.

Durch die Auseinandersetzung mit den verschiedenen Gestaltungsarten der Liebe können Sie noch vor der Partnerfindung Ihre eigenen Bedürfnisse, aber auch Ängste klären und so leichter die richtigen Schritte für Partnerwahl und Beziehungsaufbau in die Wege leiten.

Wenn Sie gleich die Liste der 33 Dimensionen der Liebe nach Karandashev und Clapp durchlesen, lassen Sie doch Ihre Beziehungen Revue passieren und überlegen Sie immer, inwiefern diese Merkmale in ihren bisherigen Beziehungen vorhanden waren oder nicht.

Gab es zu viel oder zu wenig von einigen der Merkmale? Waren die Merkmale ausgeglichen zwischen Ihnen und Ihren Beziehungspartner:innen verteilt oder gab es einen Mangel an Balance? Wie wirkte sich dieser aus? Wie können Sie einen solchen Mangel an Balance rechtzeitig erkennen? Und auf welche Merkmale wollen Sie in einer künftigen Beziehung besonders achten?

Dies sind die 33 Merkmale oder Gestaltungsformen der Liebe nach Karandashev und Clapp:

- **Akzeptanz**: Unterschiede und Störendes können angenommen werden.

- **Begehren**: Körperlich-sexuelle Anziehung, Wunsch nach Zärtlichkeit und Berührung.

- **Besessenheit**: Fixierung auf Person mit permanenter Fokussierung von Gedanken, Gefühlen und Fantasien.

- **Besitz:** Eifersüchtige Überwachung, Einschränkung der Kontakte zu anderen Personen.

- **Bewunderung:** Beeindruckt sein, Verzauberung und Faszination.

- **Bindung:** Dauerhafte innere Verpflichtung, zusammenzubleiben und für die andere Person einzustehen.

- **Bindungsangst:** Ständige Verlustangst mit klammerndem Verhalten.

- **Dankbarkeit:** Dankbarkeit und Wertschätzung für Beziehung und gemeinsame Zeit.

- **Einfühlungsvermögen:** Mitgefühl, emotional bedeutsame Erfahrungen der anderen Person werden miterlebt.

- **Einzigartigkeit:** Die Person wird als einzigartig und bemerkenswert erlebt.

- **Gemeinsame Aktivitäten:** Gemeinsame Interessen und Alltagsgestaltung.

- **Glaube:** Überzeugung, mit der richtigen Person zusammen zu sein, Glaube an ihre Ehrlichkeit und Aufrichtigkeit.

- **Hingabe:** Einsatz für die andere Person bis hin zur Aufopferung.

- **Hochgefühl:** Euphorie und Leichtigkeit beim Zusammensein.

- **Idealisierung:** Selektive positive Fokussierung der Wahrnehmungs- und Bewertungsprozesse, in allem nur das Gute sehen.

- **Interesse:** Neugierig und interessiert sein an der anderen Person.

- **Intimität:** Tiefe Gefühle von Verbundenheit und Vertrautheit gegenüber der anderen Person. Keine Angst vor eigener Verletzlichkeit, Selbst-Offenlegung, Austausch aller privaten Informationen und Gefühle.

- **Irrationalität:** Lieben gegen den gesunden Menschenverstand.

- **Kommunion:** Sich als symbiotische Einheit mit der Person erleben und ideelle und materielle Güter teilen wollen.

- **Kompatibilität:** Person wird als passend wahrgenommen.

- **Reziprozität:** Ein ausgeglichenes, gerechtes Geben und Nehmen für beidseitigen „Vorteil". Gleichwertigkeit und Gerechtigkeit prägen die Beziehung.

- **Schützen wollen:** Etwas tun, um das Wohlbefinden der Person zu erhalten. Verantwortung und Sorge bei allen körperlichen oder seelischen Beeinträchtigungen übernehmen. Für das Wohlbefinden der anderen Person eintreten und ihr keinen Schaden wünschen oder zufügen.

- **Sehnsucht:** Starker Wunsch nach Nähe und enger Verbundenheit. Vermissen, wenn andere Person abwesend ist.

- **Selbst-Verbesserung:** Erleben von Kraft, Sinn und Selbstoptimierung durch die andere Person.

- **Sorge für das Wohlergehen:** Besorgt sein, wenn das Wohlergehen der anderen Person beeinträchtigt ist. Aufgebracht sein, wenn Person von anderen angegriffen oder bedroht wird.

• **Trost und Stärkung:** Gefühl von Minderung körperlicher und seelischer Beschwerden durch die andere Person. Das Zusammensein mindert Ängste und die körperliche Nähe stärkt das Wohlbefinden.

• **Verantwortungs-Übernahme:** Rat geben, Probleme lösen, Wünsche erfüllen und die andere Person in allen Bereichen unterstützen.

• **Verbunden-Sein:** Ekstatisches Gefühl der Verbundenheit und Gemeinsamkeit.

• **Vergebung:** Die andere Person mit ihren Fehlern akzeptieren. Hierzu gehört es, Schwächen annehmen zu können, keinen Groll zu hegen und auch echtes Unrecht zu verzeihen.

• **Verlassen können:** Sich verlassen können, sich geschützt fühlen, sich verstanden fühlen.

• **Verstehen:** Wertschätzendes Verständnis der Gefühle, Gedanken, Handlungen und Bedürfnisse der anderen Person.

• **Vertrauen:** Vertrauen in die Person haben, ihr glauben, was sie berichtet, sie um Hilfe bitten können, die eigenen Gefühle offen und authentisch ausdrücken können, sich dabei sicher fühlen.

• **Zuneigung:** Stabiles Gefühl der Zuneigung gegenüber der Person.

Wenn Sie diese 33 Dimensionen der Liebe in Bezug setzen zu den sechs Liebesstilen nach Lee, werden Sie eine Reihe von Überlappungen finden. Beide Modelle sind im Grunde mit unterschiedlichen Methoden zu ähnlichen Ergebnissen gelangt:

- Besitz im Modell von Karandashev und Clapp entspricht am ehesten dem besitzergreifenden Liebesstil nach Lee, wobei bei diesem Stil aber zusätzlich Verlustangst, geringes Vertrauen, Sehnsucht, Irrationalität und womöglich Besessenheit hinzutreten. Bei Karandashev und Clapp werden die Liebesstile sozusagen noch einmal feingliedriger betrachtet.

- Die romantische Liebe nach Lee zeigt sich bei Karandashev und Clapp beispielsweise in Begehren, Intimität, Zuneigung, Hochgefühlen, dem ekstatischen Eindruck des geteilten Lebens.

- Die freundschaftliche Liebe manifestiert sich bei Karandashev und Clapp in Einfühlungsvermögen, gemeinsamen Aktivitäten, Interesse, Trost und Stärkung, Vertrauen, aber auch – gemeinsam mit dem romantischen Stil – in Intimität und Zuneigung.

- Der pragmatische Liebesstil zeigt sich in Kompatibilität und Akzeptanz, wobei Kompatibilität jedoch auch weniger rational, sondern gefühlvoll ekstatisch wahrgenommen werden kann.

- Der aufopferungsbereite Liebesstil konvergiert mit den Dimensionen der Hingabe, wobei Schützen wollen, Trost und Stärke, die Sorge um das Wohlergehen und Bindung hinzutreten.

Kaum vertreten ist demgegenüber in den Dimensionen von Karandashev und Clapp der spielerische Liebesstil. Im Grunde bezieht sich dieser Stil auch eher auf Flirten und Erotik und nicht auf eine partnerschaftliche Beziehung im engeren Sinne. Andererseits können spielerische Elemente in Beziehungen durchaus vorhanden sein. Im Modell von Karandashev und Clapp fehlen sie.

Umgekehrt sind eine Reihe von Dimensionen nach Karandashev und Clapp, wie Bewunderung, Einzigartigkeit, Glaube, Verzeihen oder Selbstverbesserung, im Modell der Liebesstile von Lee kaum oder höchstens ansatzweise repräsentiert.

Beiden Modellen gemeinsam ist die Vorstellung von Liebe als einem hochgradig komplexen Konstrukt, welches durch eine Vielzahl von Merkmalen zusammengesetzt ist und damit unzählige individuelle Ausdrucksmöglichkeiten hat.

Weil es also die eine Liebe nicht gibt, liegt es an Ihnen, herauszufinden, welche Art von Liebe Sie erstreben und bei Ihrer Partnersuche finden möchten.

Womöglich gibt es verschiedene Alternativen, mit denen Sie glücklich werden könnten. Es lohnt sich, zu wissen, was wir suchen, weil wir es sonst womöglich nicht erkennen, wenn wir es gefunden haben. So leiden viele Menschen noch lange daran, wenn sie eine sich ihnen bietende Chance auf Liebe und Beziehung in der Vergangenheit nicht wahrgenommen haben.

Leidenschaftliche und kameradschaftliche Liebe

Stehen im Zentrum des Modells von Lee sechs Liebesstile und im Zentrum des multidimensionalen Modells von Karandashev und Clapp 33 Dimensionen der Liebe, unterscheiden Hatfield und Rapson (1993, 1996) in ihrer Theorie der leidenschaftlichen und kameradschaftlichen Liebe zwei breite Grundtypen der Liebe.

Hatfield und Rapson erachten die leidenschaftliche Liebe und die kameradschaftliche Liebe als in allen Kulturen nachweisbare Makro-Gestaltungsformen der Liebe, die maßgeblich verantwortlich sind für die emotional-geistigen und verhaltensbezogenen Ausdrucksprozesse des menschlichen Liebeslebens.

Folgendermaßen sind leidenschaftliche und kameradschaftliche Liebe definiert:
- **Leidenschaftliche Liebe** geht einher mit hoher Intensität der Gefühle und starker Aktivierung. Im Zentrum steht der intensive Wunsch nach ekstatisch erlebter Verbindung, Zusammensein, körperlicher Nähe, Zärtlichkeit und Sexualität. Im Fall von Trennung oder mangelnder Erwiderung kann leidenschaftliche Liebe schnell umschlagen in quälende Sehnsucht, Eifersucht, Verlustangst und Verzweiflung. Es kann zu einem starken Auf und Ab der Gefühle kommen, wobei Hatfield und Rapson (1993) aber betonen, dass bei sicherer Bindung und Wechselseitigkeit die leidenschaftliche Liebe eine äußerst mächtige positive Erfahrung sein könne, die nur bei mangelnder Erwiderung und Trennung in extremem Stress resultiere.

- **Kameradschaftliche Liebe** kennzeichnet sich nicht vorwiegend durch ein dranghaft-ekstatisches Moment, sondern durch eine wesentlich ruhigere, aber tiefe geistig-emotionale Zuneigung und Verbundenheit, die mit Vertrauen, erlebter innere Nähe, Gemeinschaftlichkeit und Füreinander-Einstehen einhergeht. Kameradschaftliche Liebe umfasst dabei auch Bindung und Stabilität sowie die Ausrichtung an dem langfristigen Wohlergehen von Beziehungspartner:innen.

Hatfield und Rapson (2013) haben Fragebögen zur Erfassung der leidenschaftlichen Liebe und der kameradschaftlichen Liebe entwickelt.

Dieser Auszug von jeweils zwei Fragen macht beide Typen der Liebe noch einmal gut in ihrem Kern verständlich:

Fragebogenauszug „Leidenschaftliche Liebe"
* Ich würde tiefe Verzweiflung empfinden, wenn ____ mich verlassen würde.

* Manchmal habe ich das Gefühl, dass ich meine Gedanken nicht kontrollieren kann; sie sind zwanghaft auf ____ gerichtet.

Fragebogenauszug „Kameradschaftliche Liebe"
* Ich erwarte, dass meine Liebe zu ____ für den Rest meines Lebens anhalten wird.

* Ich fühle mich ____ emotional nahe.

Leidenschaft und Kameradschaft im Modell von Karandashev und Clapp

Wie lassen sich leidenschaftliche und kameradschaftliche Liebe mit den 33 Dimensionen der Liebe nach Karandashev und Clapp verbinden?

Hierzu haben Karandashev und Clapp (2016) die Zusammenhänge zwischen leidenschaftlicher und kameradschaftlicher Liebe in einer Stichprobe von 413 Personen untersucht, die sich alle in einer Liebesbeziehung befanden.

Mithilfe eines statistischen Klassifizierungsverfahrens (Clusteranalyse) konnten die Teilnehmenden in zwei Gruppen eingeteilt werden, die sich als leidenschaftlich Liebende und kameradschaftlich Liebende identifizieren ließen:
* Die leidenschaftlich Liebenden kennzeichneten sich vorwiegend durch die Dimensionen der Sehnsucht, Bewunderung, Einzigartigkeit, unmittelbar erlebter Dankbarkeit und einer

gefühlsmäßig, geradezu magisch erlebten Reziprozität und Passung. Stärker mit leidenschaftlicher Liebe gingen aber auch Irrationalität und Besessenheit einher.

• Die kameradschaftlich Liebenden kennzeichneten sich umgekehrt vorwiegend durch eine stärkere Ausprägung in den Dimensionen der Gemeinsamkeit, Fürsorge, Schutz und des Interesses an der anderen Person. Komponenten der Bindung und Verlässlichkeit waren ebenfalls stärker ausgeprägt.

Das sehr hohe Gewicht, welches Einzigartigkeit und Passung bei den leidenschaftlich Liebenden zugewiesen wird, erklären die Autor:innen mit einer „phantastischen Wahrnehmung" der leidenschaftlich Liebenden.

Einzigartigkeit und Passung werden demnach bei der leidenschaftlichen Liebe weniger objektiv aus Beobachtungstatsachen abgeleitet, sondern ergeben sich quasi automatisch aus der Dominanz der Gefühle, die ohne weitergehende kognitive Verarbeitung den Eindruck von Einzigartigkeit, Passung und Reziprozität erzeugen.

In den statistischen Analysen der Autor:innen zeigte sich außerdem ein gegensätzliches Verhältnis von freundschaftlichem Interesse an der Person und romantischen Aspekten der freudigen Zuneigung und unmittelbaren Präsenz bei den leidenschaftlich Liebenden. Dies bedeutet, dass bei der leidenschaftlichen Liebe also eine erhöhte freudige, romantische Zuneigung im Durchschnitt mit einem reduzierten freundschaftlichen Interesse an der Person einherging. Bei der kameradschaftlichen Liebe gingen demgegenüber romantisch-freudige Zuneigung und freundschaftliches Interesse miteinander einher.

Die Autor:innen folgern hieraus, dass leidenschaftliche Liebende romantische und freundschaftliche Aspekte nicht gut miteinander integrieren könnten. Dies markiere einen weiteren Unterschied zu der kameradschaftlichen Liebe, die Freundschaft und Romantik, Gegenwart und Zukunft, Begehren und Bindung besser miteinander verknüpfen könne.

Während bei der leidenschaftlichen Liebe eine Dynamik und Widersprüchlichkeit erkennbar wird, wird bei der kameradschaftlichen Liebe eine sehr viel ausgeglichenere Beteiligung der 33 Dimensionen sichtbar. Die kameradschaftliche Liebe erscheint so wie ein geistig-emotionaler Ruhepol, während der leidenschaftlichen Liebe jederzeit Stürme bevorstehen.

Allerdings zeigt sich die kameradschaftliche Liebe in den Analysen von Karandashev und Clapp nicht nur in Beziehungsinvestment und Fürsorge, sondern beinhaltet auch einen prägnanten Faktor, der durch Hochgefühle, Zuneigung und Begehren geprägt wird.

Romantik ist also auch in der kameradschaftlichen Liebe sehr wohl eingeschlossen. Es fehlen lediglich die Besessenheit und die Irrationalität.

So entpuppt sich die kameradschaftliche Liebe tatsächlich als eine kameradschaftlich-romantische Liebe, in der Aspekte von Leidenschaft ihren Platz haben, auch wenn diese weniger dominieren und nicht durch Besessenheit und Irrationalität gekennzeichnet sind.

Wer liebt mehr?
Karandashev und Clapp (2016) baten alle Teilnehmenden, die Stärke ihrer Liebe anzugeben.

Das Ergebnis war eindeutig:
- Die kameradschaftlich-romantisch Liebenden gaben höhere erlebte Liebe an als die leidenschaftlich Liebenden.

Die kameradschaftlich-romantische Liebe erscheint so als die letztlich vollständigere Liebe, die auf einem festen Fundament von Zuneigung, Bindung, Verlassen-Können, Gemeinsamkeit, Verstehen, Verzeihen und Kompatibilität beruht, zu dem – im individuell unterschiedlichen Ausmaß – Begehren, Ekstase und Leidenschaft hinzutreten können.

Hierzu passt auch das Ergebnis einer Metastudie von Acevedo und Aron (2009), die zwischen romantischer Liebe ohne zwanghaft-besessene Komponenten und leidenschaftlicher Liebe mit zwanghaft-besessenen Komponenten unterschieden. Es zeigte sich, dass die romantische Liebe ohne Besessenheit sowohl bei erst kürzer als auch bei bereits länger bestehenden Beziehungen mit einer erhöhten Beziehungszufriedenheit einherging. Für die leidenschaftliche Liebe mit zwanghaft-besessenen Komponenten zeigte sich demgegenüber zwar ebenfalls eine positive Wirkung bei erst kürzer bestehenden Beziehungen, aber eine negative Wirkung bei länger bestehenden Beziehungen.

Welche Liebe suchen Sie?

Viele Menschen denken bei der Partnersuche an Schmetterlinge im Bauch, Verliebtsein und große Gefühle. Manche denken an sich verzehrende Sehnsucht, euphorische Hochstimmung, Eifersucht und Besessenheit.

Mit Liebe verbinden wir vor allem den romantischen Liebesstil nach Lee (1976), die Komponente des Begehrens, der Einzigartigkeit oder der überwältigenden Passung bei Karandashev und Clapp (2014, 2016), die leidenschaftliche Liebe nach Hatfield und Rapson (1993, 1996) oder gar Eifersucht und Besitzergreifung.

Die Literatur ist voll von Geschichten zur sehnsuchtsvollen, leidenschaftlichen, romantischen, aber auch der eifersüchtigen, tragischen oder gar gewalttätigen Liebe.

Wesentlich weniger kommen uns demgegenüber kameradschaftliche Aspekte in den Sinn, wenn wir an Liebe denken. Dabei sind es gerade kameradschaftliche Aspekte in Verbindung mit romantischer Zuneigung, die Liebesbeziehungen stabil und glücklich machen.

Als Singles im mittleren oder höheren Alter erinnern sich Menschen nicht selten an die erste große Liebe, die meistens besonders leidenschaftlich war. Singles mittlerer und älterer Jahrgänge wollen implizit oft noch einmal die Jugend erneut erleben. Manche anderen Singles wollen womöglich etwas nachholen, weil sie auf eine Lebensgeschichte zurückblicken, bei der sie die Leidenschaft vermissten. Nicht selten langweilen sich Singles in einem durch Routine geprägten Alltag und wünschen sich von der Liebe Abwechslung und Abenteuer.

Viele denken also bei der Partnersuche intuitiv an Leidenschaft, intensives Glück, Glückseligkeit.

Tatsächlich überschneiden sich im Gehirn die Pfade der Verliebtheit und die Pfade euphorisierender Drogen:

• So beobachteten Bartels und Zeki (2000) mit bildgebenden Verfahren, dass Liebesgefühle mit der Aktivierung der gleichen Gehirnregionen einhergingen wie der Konsum von Opiaten oder Kokain. Es ist also durchaus wörtlich zu verstehen, wenn Menschen sich an der Liebe berauschen wollen.

Es spricht nichts dagegen, sich das großartige Gefühl der leidenschaftlichen Liebe zu gönnen und dies zu genießen, wenn es entsteht.

Wichtig ist es aber, mögliche ungünstige Nebenwirkungen zu vermeiden und sich außerdem nicht durch eine Fixierung auf eine unbedingt angestrebte Leidenschaft andere Beziehungschancen zu verbauen, die eine hohe Tiefe und Tragfähigkeit erreichen können.

Glauben Sie daher nicht, dass es nur oder vorwiegend die Leidenschaft, das Begehren oder die Einzigartigkeit sind, die dauerhaft tragen.

Achten Sie auf die Entwicklung der tatsächlich die Liebe erhaltenen Komponenten des Verstehens, der Gemeinsamkeit, der Fürsorge, des Schutzes und der Bindung, damit auf ekstatisches Glück nicht Trauer, Verzweiflung und Schmerzen folgen. Erlauben Sie sich auch pragmatische Überlegungen, damit die Liebe in gute Bahnen kommt und bleibt. Hierzu gehört die Akzeptanz für Unterschiede, Schwächen und Fehler von Beziehungspartner:innen, da es perfekte Menschen in der Wirklichkeit nicht gibt. Hierzu gehört auch, sich für eine Beziehung zu entscheiden, wenn diese insgesamt vorteilhaft ist, auch wenn sie einige Defizite wie beispielsweise einen Mangel an Leidenschaft hat.

Wenn Sie ein stark leidenschaftliches Modell von Liebe haben, ergänzen Sie es um andere wichtige Komponenten wie Verstehen, gemeinsame Aktivitäten, auch stärker rational definierte Kompatibilität, Interesse, Zukunftsplanung, Verlässlichkeit und Bindung. Erkennen Sie den Wert von Freundschaft und Kameradschaft, die auch in einer romantischen Beziehung eine wichtige Rolle spielen.

Bedenken Sie, dass Leidenschaft am Anfang einer Beziehung stehen kann, aber nicht muss. Beziehungen können ruhiger beginnen und dennoch im Verlauf zu großer Liebe, Stabilität und Glück führen.

Für die Partnersuche kann es daher hilfreich sein, das eigene Modell von Liebe so zu flexibilisieren, dass insbesondere auch der Freundschaft und der Kameradschaft ein größerer Raum zugewiesen wird. Ohne diese Erweiterung mag es passieren, dass Sie ausgerechnet diejenige Person abweisen, mit der Sie sehr glücklich geworden wären, auch wenn am Anfang die Leidenschaft nicht sofort entbrannte.

Räumliche Gestaltung von Beziehungen

Oft gehen wir mit einer sehr klaren Vorstellung an die Partnersuche heran. Dabei kann es jedoch passieren, dass wir andere Optionen für eine befriedigende Beziehungskonstellation womöglich übersehen.

Im Folgenden geht es um die Beziehungsmodelle gemeinsames Wohnen, getrennte Wohnungen am gleichen Ort und Fernbeziehung. Alle diese Beziehungsformen können zu einer ausgeglichenen und zufriedenen Beziehung führen.

Lesen Sie diesen Abschnitt daher unter dem Blickwinkel, für sich selbst neue Beziehungsmöglichkeiten zu entdecken, die Sie vielleicht ansonsten ausgeschlossen hätten. Bestätigen sich umgekehrt Ihre Beziehungsvorstellungen, ist diese Bekräftigung natürlich trotzdem ein gutes Ergebnis.

Traditionell möchten Menschen meistens als Beziehungspartner:innen zusammenleben. Aber ebenso gibt es Modelle mit getrennten Wohnungen, die von einigen Paaren als ein Kompromiss zwischen Alleinsein und Verlust an Freiheit erlebt werden. Außerdem gibt es Fernbeziehungen, die bis zu Interkontinental-Beziehungen gehen können, bei denen die Beziehungspartner:innen auf unterschiedlichen Kontinenten wohnen und sich in der Regel nur sehr selten außerhalb von Telefonaten und dem Internet begegnen.

Die meisten Fernbeziehungen sind aber keine Interkontinental-Beziehungen, sondern es liegen maximal einige hundert Kilometer zwischen den Beziehungspartner:innen. In der Regel treffen sich solche Paare an Wochenenden.

Viele Menschen stehen Fernbeziehungen negativ gegenüber. Sie vermuten, dass die Beziehungszufriedenheit und die Stabilität in Fernbeziehungen geringer sind.

Ist dies die Realität oder nur ein Vorurteil?

Auch gegen getrennte Wohnungen am gleichen Ort mag sich die Ansicht wenden, dass getrennte Wohnungen eher für die Anfangsphase einer Beziehung das geeignete Modell seien, wenn sich die Betreffenden noch nicht sicher seien, ob sie wirklich zusammenbleiben möchten.

Ist diese Ansicht schlüssig oder kann ein Modell mit getrennten Wohnungen auch dauerhaft glücklich machen?

Zusammenwohnen ist das Standard-Modell von Partnerschaft. Als Vorteile werden die Nähe und die Gemeinsamkeit gesehen. Aber gibt es auch mögliche Nachteile?

Der folgende Abschnitt wird Antworten auf diese Fragen geben.

Wie sehen Sie es selbst?

Nehmen Sie sich Zettel und Stift zur Hand und schreiben Sie es auf, bevor Sie weiterlesen.

Zufriedenheit in Fernbeziehungen

Die Psychologen Goldsmith und Byers (2018) verglichen die Zufriedenheit von Paaren, die zusammenlebten oder eine Fernbeziehungen führten:

- Es ergab sich, dass sich Beziehungszufriedenheit und Beziehungsqualität nicht zwischen zusammenlebenden Paaren und Paaren in Fernbeziehungen unterschieden. Keinerlei Unterschiede wurden zwischen zusammenlebenden Paaren und Paaren in Fernbeziehungen auch in den Merkmalen Stress, emotionale Nähe, Bindung, Kommunikationsgüte, sexuelle Kommunikation und sexuelle Zufriedenheit beobachtet.

Eine Untersuchung von Dargie et al. (2014) kommt zu einem sehr ähnlichen Ergebnis:

- Befragt wurden 474 Frauen und 243 Männer in Fernbeziehungen sowie 314 Frauen und 111 Männer, die mit ihren Beziehungspartner:innen zusammenwohnten. Beim Vergleich der beiden Beziehungsmodelle zeigten sich vergleichbare Ausmaße an Beziehungszufriedenheit, Bindung, Kommunikation und sexueller Zufriedenheit. Dieser Befund ließ sich bei Männern und bei Frauen beobachten.

Diese Ergebnisse mögen für viele dem ersten Anschein nach verblüffend sein, weil sich die meisten Menschen keine Fernbeziehung wünschen. Höchstens wird eine Fernbeziehung akzeptiert aus Mangel an Alternativen, das gewollte Modell ist sie jedoch nur selten.

Offensichtlich werden Fernbeziehungen also eher kritisch bewertet. Dem stehen aber die psychologischen Befunde gegenüber, die zeigen, dass Paare, die in Fernbeziehungen leben, mit ihren Beziehungen genauso zufrieden sind wie Paare, die zusammenleben.

Fernbeziehungen werden demnach nur in der Vorstellung der Nicht-Betroffenen als besonders stressreich erlebt. Die Lebenswirklichkeit der Paare, die Fernbeziehungen praktizieren, ist eine andere. Es gelingt vielen Paaren in Fernbeziehungen, die Entfernung zwischen ihnen auszugleichen und mit anderen Formen der Kommunikation und Beziehungspflege ihre Bindung zu stabilisieren.

Manche Paare in Fernbeziehungen können die Distanz zwischen ihnen sogar gezielt nutzen, um sich stärker auf das Wesentliche und Verbindende in ihren Beziehungen zu konzentrieren, anstatt sich über kleineren Alltagsstress zu ärgern.

Natürlich ist der Preis von Fernbeziehungen ein Weniger an gemeinsamer Zeit. Doch ist Beziehungszeit ja nicht allein quantitativ zu betrachten, sondern es kommt auf die Qualität der gemeinsam verbrachten Zeit an. Sicherlich entfällt bei Fernbeziehungen die Möglichkeit, die Gesamtheit des Alltags miteinander zu verbringen. Aber das muss ja nicht nur eine Belastung sein, sondern kann auch eine wertvolle Erfahrung sein.

So stehen sich also mögliche Gewinne und Verluste gegenüber, wobei die Netto-Summe offenbar null ist. Fernbeziehungen und gemeinsames Leben in einer Wohnung nehmen sich im Durchschnitt nichts im Hinblick auf die Beziehungsqualität.

Worauf gründet sich dann die weitverbreitete Skepsis gegenüber Fernbeziehungen?

Vermutlich liegen die Ursachen in unserer Tendenz, das, was am häufigsten auftritt, als selbstverständlich, normal und gut zu bewerten. Was wir häufiger sehen oder hören, erleben wir als sympathischer als das, was selten ist oder abweicht.

Ein anderer Faktor mag sein, dass vielen Menschen die direkte Erfahrung fehlt oder aber umgekehrt, dass für das Scheitern einer Fernbeziehung die Tatsache der Fernbeziehung verantwortlich gemacht wird, weil dieser besonders gut zu erkennen und eher ungewöhnlich ist. Demgegenüber machen die wenigsten für das Scheitern einer klassischen Beziehung mit gemeinsamem Wohnen die Wohnform verantwortlich.

Letztlich neigen also viele Menschen dazu, die möglichen positiven Seiten von Fernbeziehungen zu unterschätzen und ihre möglichen negativen Auswirkungen zu überschätzen, während sie gleichzeitig die möglichen Probleme von Beziehungen mit gemeinsamem Wohnen unterschätzen und ihre möglichen Vorteile überschätzen.

Vorteile und Nachteile des Zusammenlebens

• Leben Paare zusammen, haben sie direkten täglichen Kontakt. Die Beziehungspartner:innen stehen einander im Alltag unmittelbar zur Verfügung. Häufige gemeinsame Unternehmungen, die Pflege gemeinsamer sozialer Kontakte und

Interessen sowie körperlich-sexuelle Nähe sind ohne Weiteres und hochfrequent möglich.

• Wenn ein Paar Kinder hat, sind beide Eltern in der Erziehung auch örtlich und im Zusammenleben präsent.

Der tägliche Kontakt ist aber auch mit Nachteilen verbunden:
• Nicht selten klagen Paare über Routine und Langeweile. Auch treten häufig Konflikte im Alltag auf, die sich eigentlich nur auf Kleinigkeiten beziehen, die aber dennoch belastend sind und schnell eskalieren können.

• Das Zusammenleben allein schützt nicht vor einem Verlust von Intimität, Zärtlichkeit und Sexualität im Beziehungsverlauf. Sättigung und Langeweile mögen im Gegenteil schneller eintreten, wenn Beziehungspartner:innen jeden Tag zusammen sind.

Paare in Fernbeziehungen

• Paare in Fernbeziehungen schildern oft, dass die direkten Begegnungen etwas Besonderes bleiben, worauf sie sich freuten. Seltenere Begegnungen können als romantischer erlebt werden und zu einer Aufrechterhaltung der sexuellen Attraktivität beitragen.

• Paare in Fernbeziehungen schildern zudem häufig, dass sie sich weniger über kleine Alltagsprobleme streiten und sich mehr auf das emotional und thematisch Wesentliche konzentrieren. Zudem werden gemeinsame Urlaube in Fernbeziehungen als besondere Highlights erlebt.

Es gibt jedoch ebenso Nachteile von Fernbeziehungen:

- Viele Paare in Fernbeziehungen vermissen das tägliche Miteinander, die unmittelbare Unterstützung durch Beziehungspartner:innen und den gemeinsam geteilten Alltag.

- Die häufigen Reisen, um Beziehungspartner:innen zu treffen, und die hierfür erforderlichen Planungen können als anstrengend und kostspielig erlebt werden. Ein Gewinn an Freiheit und Eigenständigkeit steht einem Verlust an direkt miteinander geteilter Gemeinsamkeit im Alltag gegenüber.

Beziehungen mit gemeinsamer Wohnung und Fernbeziehungen sind also beide jeweils mit möglichen Vor- und Nachteilen verbunden.

Letztlich liegt es an den Beziehungspartner:innen selbst, was sie aus ihren Beziehungen machen und was sie tun, um das Beziehungsglück zu erhalten. Dauerhaft glückliche Beziehungen sind sowohl möglich, wenn Paare zusammenleben, als auch in Fernbeziehungen.

Sicherlich spielen auch Persönlichkeitsmerkmale, geistige Flexibilität und die eigenen Einstellungen zu partnerschaftlichen Beziehungen eine wichtige Rolle dabei, ob eine Fernbeziehung in Frage kommt oder nicht.

Was aus Fernbeziehungen wird

Viele Paare in Fernbeziehungen ziehen letztlich zu einem späteren Zeitpunkt doch zusammen. Dies liegt fraglos auch daran, dass für die meisten Paare das Modell der Fernbeziehung keine Liebeswahl, sondern eher eine Wahl aus der Not oder der Macht der Fakten heraus gewesen ist.

Ausbildungen, Arbeitsplätze, familiäre Verpflichtungen und minderjährige Kinder aus vorherigen Beziehungen sind häufige Gründe, warum sich Paare dafür entscheiden, eine Fernbeziehung zu führen. Entfallen diese Faktoren, entscheiden sie sich dafür, zusammenzuziehen.

Das Zusammenziehen nach langer Fernbeziehung, selbst wenn sich Paare bereits lange darauf gefreut haben, kann dabei durchaus zur Herausforderung werden. Während die Nachteile der Fernbeziehung nun wegfallen und die Vorteile des gemeinsamen Lebens verfügbar werden, fallen ebenso Vorteile der Fernbeziehung weg und die Nachteile des gemeinsamen Wohnens treten hinzu.

Übrigens geht das auch umgekehrt: Sich verändernde Lebenssituationen, aber auch Beziehungsstress, Alltagsprobleme und eine erlebte Einengung können langjährig zusammenlebende Paare dazu bringen, sich in Richtung einer Fernbeziehung zu verändern.

Viele Paare können solche Veränderungen meistern und können die Vorteile des jeweiligen Beziehungs-Modells aktivieren und seine Nachteile begrenzen oder bewältigen. Manche Beziehungen zerbrechen allerdings auch an den Veränderungen. Doch selbst eine Trennung kann ein positives Ergebnis sein, wenn Beziehungen sich perspektivlos entwickeln und beiden Seiten die Motivation für neuen Schwung und Beziehungsarbeit fehlt.

Online-Dating und Fernbeziehungen

Es hat seinen Grund, dass in diesem Ratgeber zum Online-Dating dem Thema der Fernbeziehung so viel Raum gewidmet wird:

- Über Online-Dating können sich Beziehungspartner:innen kennenlernen, die sich niemals außerhalb des Internets getroffen hätten. Selbst weite Entfernungen sind kein Hindernis für Menschen, einander zu begegnen und miteinander glücklich zu werden.

Durch das Online-Dating und die damit verbundene Ausdehnung des geografischen Suchraumes erhöhen sich die Chancen, die Partnersuche ganz auf die Passung von Werthaltungen und die wirklich wesentlichen Merkmale zu beziehen und dabei von oberflächlichen Merkmalen, wie der initialen räumlichen Entfernung, abzusehen.

Bedenken Sie, dass der passende Mensch für eine langfristige Beziehung nicht unbedingt in Ihrer direkten Wohnortnähe leben muss. Durch Online-Dating können Sie diese Person dennoch kennenlernen. Oft wird in so einem Fall aber eine Beziehung mindestens zunächst als Fernbeziehung beginnen.

Die Entscheidung liegt bei Ihnen, aber die psychologische Empfehlung lautet, sich für eine Fernbeziehung als Möglichkeit zu öffnen, weil Fernbeziehungen die gleichen Aussichten auf eine hohe Beziehungszufriedenheit haben wie Beziehungen, bei denen ein Paar zusammenlebt. Zudem braucht die Fernbeziehung nicht für alle Ewigkeit zu bestehen, da Paare aus Fernbeziehungen meistens später zusammenziehen.

Getrennte Wohnungen am gleichen Ort

Das Modell der getrennten Wohnung am gleichen Ort liegt im Hinblick auf die räumliche Nähe zwischen dem gemeinsamen Wohnen und der Fernbeziehung.

Die Zeiten sind vorbei, wo getrennte Wohnungen lediglich als Erprobungszeit und Übergangszeit vor dem Zusammenziehen praktiziert wurden. Soziologische Untersuchungen (Ayuso, 2018) zeigen, dass es zunehmend Paare im mittleren und höheren Lebensalter gibt, die sich für das Modell der getrennten Wohnungen am gleichen Wohnort entscheiden.

Hintergrund hierfür ist auch, dass das Thema der Familiengründung ab einem bestimmten Lebensalter typischerweise entfällt, was ansonsten oft einen starken Anreiz darstellt, um zusammenzuziehen.

Zwar ist nach den Befunden von Ayuso (2018) weiterhin die große Mehrheit der Paare, die in getrennten Wohnungen leben, im jüngeren Alter. Von diesen jungen Paaren wird dies jedoch nahezu immer nur als ein Übergangsmodell gesehen, während im höheren Lebensalter die Anzahl der Paare steigt, die dauerhaft in getrennten Wohnungen leben möchten.

Warum wollen Paare lieber in getrennten Wohnungen leben?

Ein psychologischer Hauptfaktor für den Wunsch nach getrennten Wohnungen ist, dass Nähe zu viel werden kann. Dies gilt besonders für Menschen, die einen großen Wert auf Unabhängigkeit und Eigenständigkeit legen.

Würden Sie sich durch das tägliche Zusammenleben in der gleichen Wohnung womöglich eingeengt fühlen?

In diesem Fall könnte das Modell mit getrennten Wohnungen für Sie eine gute Lösung sein.

Qualitative Studien (Funk und Kobayashi, 2014; Bawin-Legros und Gauthier, 2001) mit Paaren mit getrennten Wohnungen haben viel über das Erleben der Betreffenden herausgearbeitet:

- Paare, die in getrennten Wohnungen leben, schildern als Vorteile, dass sie durch das getrennte Wohnen das Besondere der Beziehung besser aufrechterhalten und wertschätzen könnten – eine Erfahrung, die viele Menschen auch in Fernbeziehungen machen.

- Paare berichten ebenfalls, dass sie durch getrennte Wohnungen den belastenden Aspekten der Routine des Alltags eher entkommen und ihre Beziehung für besondere Momente reservieren könnten.

- Wird der Alltag punktuell gemeinsam geführt, geschieht dies bei Paaren, die in getrennten Wohnungen leben, nicht aus Zwang oder Notwendigkeit, sondern aus dem Wunsch heraus, den Alltag gemeinsam zu erleben. Dabei ist auch hohe emotionale Nähe möglich. Gleichzeitig stehen Rückzugsmöglichkeiten jederzeit zur Verfügung.

In der Untersuchung von Ayuso (2018) zeigte sich allerdings, dass manche Paare, die vorher in getrennten Wohnungen lebten, später zusammenzogen, weil sie dem sozialen Druck durch Familie und Freunde nicht standhielten.

Achten Sie deshalb darauf, sich von vornherein gegen normativen Druck von außerhalb der Beziehung zu immunisieren. Maßstab für das von Ihnen gewählte Beziehungsmodell sollten allein Ihre Lebenszufriedenheit und die wechselseitige Beziehungszufriedenheit sein.

Beziehungszufriedenheit bei getrenntem Wohnen

In welchem Beziehungsmodell werden Paare typischerweise glücklicher oder weniger glücklich?

Eine psychologische Studie von Hagemeyer et al. (2015) gelangt zu dem Schluss, dass es hierfür keine allgemeinverbindliche Antwort gibt. Vielmehr ergeben sich folgende Einordnungen:

Typischerweise berichten Paare, die zusammenleben, über eine höhere Beziehungszufriedenheit als Paare, die nicht zusammenleben. Das traditionelle Modell des gemeinsamen Wohnens ist also keineswegs ein Auslaufmodell. Nach wie vor geht dieses Modell bei vielen Paaren mit einer hohen Beziehungszufriedenheit einher.

Allerdings braucht es nicht unbedingt am gemeinsamen Wohnen zu liegen, dass die durchschnittliche Zufriedenheit dieser Paare höher ist. So wäre eine plausible Alternativerklärung, dass es sich hier bereits um eine positive Auswahl handelt, da unzufriedene Paare seltener zusammenziehen dürften als Paare, die mit ihrer Beziehung zufrieden sind.

Vermutlich sind beide Erklärungen richtig:

Das Zusammenleben kann demnach bei einzelnen Paaren die Zufriedenheit erhöhen, andererseits ziehen aber auch eher Paare zusammen, die bereits mit ihrer Beziehung zufrieden sind. Vor allem aber zeigen die Befunde von Hagemeyer et al. (2015), dass der Einfluss des Zusammenlebens auf die Beziehungszufriedenheit von Persönlichkeitsmerkmalen abhängt:

• Mit zunehmenden Eigenständigkeits-Motiven nimmt in der Studie von Hagemeyer et al. (2015) der positive Einfluss des Zusammenlebens auf die Beziehungszufriedenheit ab. Dies kann sogar so weit gehen, dass einzelne Paare das gemeinsame Zusammenleben als Belastung erleben und dadurch die Beziehungszufriedenheit sinkt.

Ob Paare gemeinsam oder getrennt voneinander leben, greift fraglos in starkem Ausmaß in den Alltag ein. Es lohnt sich daher, sich rechtzeitig Gedanken zu diesem Thema zu machen, um nicht in eine Konstellation hineinzuschlittern, die mit den eigenen Bedürfnissen womöglich nicht vereinbar ist.

Welches räumliche Beziehungsmodell kommt für mich in Frage?

Nutzen Sie die Imagination, um die für Sie richtige Form des Zusammenseins zu finden:

• Stellen Sie sich imaginativ verschiedene Formen der Beziehungsgestaltung vor – gemeinsame Wohnung, getrennte Wohnungen am gleichen Wohnort, Fernbeziehung. Versuchen Sie, für jede Beziehungsform positive Aspekte zu finden, aber achten Sie auch auf negative Reaktionen, die Sie bei sich wahrnehmen.

Stellen Sie bei dieser Übung fest, dass für Sie mehrere Modelle denkbar sind, erhöht dies Ihre Flexibilität bei Partnersuche und Beziehungsaufbau und mag Ihnen so die Partnerfindung erleichtern.

Ist Ihnen aber umgekehrt völlig klar, dass für Sie nur ein gemeinsames Wohnen oder nur getrennte Wohnungen in Frage kommen, sollten Sie diese Klarheit zum Maßstab Ihrer Partnersuche machen, um von Anfang an gute Voraussetzungen für Ihr Beziehungsglück zu schaffen.

Klare Kommunikation zu Ihren Zielen ist hier bereits in frühen Phasen des Kennenlernens zu empfehlen, damit es erst gar nicht zu einer Konstellation kommt, in der die Gestaltungswünsche der Beziehung unvereinbar werden.

Allerdings sollten Sie, selbst wenn für Sie nur ein Modell in Frage kommt, sich doch überlegen, ob ein Kompromiss für eine Übergangszeit möglich ist. Die gewünschte Konstellation müsste bei einem Kompromiss nicht sofort vorhanden sein, sondern es würde eine Übereinstimmung des Ziels genügen: So mögen Sie eine Fernbeziehung, die Sie eigentlich ablehnen, als Übergang akzeptieren, sofern von vornherein Übereinstimmung herrscht, dass Sie später zusammenziehen werden.

Schauen Sie nun zum Abschluss dieses Abschnittes noch einmal auf den Zettel, auf dem Sie sich aufgeschrieben haben, was für Sie in Frage kommt – gemeinsames Wohnen, getrennte Wohnungen oder eine Fernbeziehung.

Haben sich nach all dem, was Sie seither gelesen haben, Veränderungen in Ihrer Sichtweise ergeben? Wenn ja, schreiben Sie sie auf den Zettel dazu.

Sexualität und Beziehung
Für die meisten Paare gehören Sexualität und Partnerschaft zusammen. Es ist wichtig, miteinander über dieses Thema zu sprechen:
- So beobachteten Roels und Janssen (2020), dass bei jungen heterosexuellen Paaren ein enger Zusammenhang bestand

zwischen offenen Gesprächen über Sexualität und der Beziehungszufriedenheit.

Schamhaftigkeit kann offene Gespräche zwischen Partnern über Sexualität allerdings blockieren und zu einer geringen sexuellen Zufriedenheit führen:

* Marcinechová und Záhorcová (2020) beobachteten einen negativen Effekt von Schamgefühlen auf die sexuelle Zufriedenheit, wobei Schamgefühle in dieser Studie mit religiösen Überzeugungen einhergingen, die mit Verboten und sexualfeindlichen Einstellungen verbunden sind.

Sexualität von Paaren ist nicht nur auf die Befriedigung eigener Bedürfnisse ausgerichtet, sondern ist eingebettet in Romantik, Zuneigung und Gefühlsausdruck:

* Pascoal et al. (2013) gelangten in einer Befragung mehrerer hundert Frauen und Männer zu dem Ergebnis, dass die wechselseitige Befriedigung im Zentrum partnerschaftlicher Sexualität steht. Sexualität in einer Partnerschaft ist also kein vorwiegend individuell-egozentrischer, sondern ein gemeinsamer Erlebnisprozess.

Sexualität kann sogar eine Rolle bei Versöhnungsprozessen spielen, wie eine Studie von Dailey et al. (2020) herausfand, die Paare in On-Off-Beziehungen[4] und andere Paare direkt nach einer Trennung im Hinblick auf die Häufigkeit von nachfolgender Sexualität miteinander verglich. Paare aus solchen On-Off-Beziehungen hatten viermal häufiger nach einer Trennung erneut Sex miteinander als Paare, die keine On-Off-Beziehung geführt hatten. Zudem wurde diese Sexualität nach der Versöhnung als besonders befriedigend erlebt.

Dies lässt vermuten, dass es auch die sexuelle Begegnung ist, die Paare in On-Off-Beziehungen sich immer wieder zusammenfinden lässt. Gleichzeitig macht dieser Befund freilich deutlich, dass Sexualität allein als Basis für eine stabile Beziehung nicht genügt. Es besteht sogar die Gefahr eines sich selbst aufrechterhaltenden Teufelskreislaufes, bei dem Konflikte und Trennungen immer wieder durch Sex belohnt werden und so zu einem Muster werden.

Versöhnung mit Sex allein genügt also nicht, sondern sollte ergänzt werden um eine lösungsorientierte Klärung von Konflikten und die Herausarbeitung von für beide Seiten akzeptablen Kompromissen.

Grøntvedt et al. (2020) untersuchten bei 92 norwegischen Paaren den Zusammenhang zwischen Häufigkeit von Sexualität, Leidenschaft, dem Wunsch nach Sex außerhalb der Beziehung sowie der Beziehungsdauer.

Aus ihren Beobachtungen wurde deutlich, dass die Häufigkeit von sexueller Aktivität stark mit Leidenschaft korrelierte, wobei Leidenschaft, die mit Beziehungspartner:innen erfahren wird, wiederum den Wunsch nach Sex außerhalb der Beziehung reduzierte. Mit der Beziehungsdauer nahm die Häufigkeit von sexueller Aktivität allerdings typischerweise ab.

Die Bedeutung von Sexualität als einer wesentlichen Triebkraft macht es offensichtlich, dass man sich Gedanken darüber machen sollte, wie in einer Partnerschaft mit Sexualität umgegangen werden soll. Es ist empfehlenswert, sich mit dieser Frage zu beschäftigen – zumal viele Beziehungen an sexuellen Unstimmigkeiten und Fremdgehen scheitern:

• So ergab eine Beobachtungsstudie von verheirateten Paaren über einen Zeitraum von 17 Jahren (Previti und Amato, 2004), dass außerehelicher Sex die Ehezufriedenheit senkte und die Wahrscheinlichkeit einer Scheidung erhöhte, wobei allerdings zuvor bereits vorhandene Überlegungen, sich scheiden zu lassen, die Wahrscheinlichkeit für außerehelichen Sex erhöhten.

Wird dieses Ergebnis mit dem Befund von Grøntvedt et al. (2020) in Verbindung gebracht, wonach die Leidenschaft in einer Beziehung das Interesse an Sex außerhalb der Partnerschaft vermindert, ist zu vermuten, dass bei den betroffenen Paaren insbesondere auch die Leidenschaft bereits vor dem Fremdgehen gelitten hatte. Dies wiederum passt gut zu dem Befund der Abnahme von Sexualität im Verlauf einer Beziehung.

In vielen Beziehungen sinkt fraglos die sexuelle Leidenschaft im Verlauf ab. Hierdurch können Unzufriedenheit und ein Anreiz für Sex außerhalb der Beziehung entstehen, wodurch wiederum eine Beziehung in ihrem Bestand gefährdet werden kann.

Eine Strategie, dieser Entwicklung entgegenzuwirken, könnte die Wahl eines nicht-traditionellen Beziehungsmodells jenseits der monogamen Zweierbeziehung sein.

So selbstverständlich und unhinterfragt die traditionelle monogame Zweierbeziehung für die meisten Partnersuchenden, Paare und überhaupt für die meisten Gesellschaften ist, so mag es dennoch sinnvoll sein, über Alternativen im Bereich von konsensueller Nicht-Monogamie und Polyamorie nachzudenken.

Monogame und nicht-monogame Beziehungen

Das traditionelle Beziehungsmodell ist das einer monogamen Beziehung von zwei Menschen mit vereinbarter sexueller Treue. Nach wie vor ist dies das Modell von romantischer Beziehung, nach dem eine große Mehrheit der Menschen sucht, die sich eine Beziehung wünschen.

Dies Modell wird auch von der großen Mehrheit von Paaren tatsächlich oder vorgeblich gelebt.

Die hohe Popularität der monogamen Zweierbeziehung ist trotz aller gesellschaftlicher Veränderungen und der 68er-Bewegung nach wie vor gegeben.

Bei den großen bekannten Online-Partnervermittlungen im deutschsprachigen Raum werden alternative Beziehungsmodelle für die Suche nicht einmal angeboten. Alles dreht sich um die monogame Zweierbeziehung.

Bei Gleichklang kann auch nach nicht-monogamen und polyamorösen Beziehungen gesucht werden. Hier zeigte eine Auswertung aus dem Jahr 2020[5], dass 86 % der bei Gleichklang teilnehmenden weiblichen Singles und 71 % der männlichen Singles nach einer monogamen Zweierbeziehung mit sexueller Treue suchten.

Deutlich anders fielen allerdings die Präferenzen von nonbinären Singles aus, von denen lediglich 35 % eine monogame Beziehung präferierten. Bei non-binären Personen handelt es sich um Menschen, die sich in ihrer geschlechtlichen Identität weder eindeutig als Frau noch als Mann erleben.

Ersichtlich wird hieraus, dass die monogame Zweierbeziehung weiterhin das dominante Partnerschaftsmodell ist, dass es andererseits aber auch den Wunsch nach Alternativen zum Mehrheitsmodell der monogamen Zweierbeziehung gibt.

Aufgrund der menschlichen Tendenz, gesellschaftliche Erwartungen automatisch zu erfüllen, ist es möglich, dass einige Singles und Paare das Modell der sexuellen Treue nicht aus ihrem eigenen Bedürfnis heraus wählen, sondern ihm unreflektiert nachfolgen.

Lassen Sie sich deshalb nicht dazu verleiten, einfach sozial normativ zu handeln, sondern beobachten Sie Ihre eigenen Bedürfnisse, Wünsche und Sehnsüchte, damit Sie diese bei Partnerwahl und Beziehungsgestaltung zum Tragen bringen können. Fragen Sie sich, während Sie den weiteren Text lesen, in welcher Beziehungskonstellation Sie am ehesten glücklich werden können.

Welche Gestaltungsmöglichkeiten gibt es?

Hangen et al. (2019) haben sich umfassend mit der Thematik von sexueller Monogamie und sexueller Nicht-Monogamie befasst und konnten mithilfe statistischer Strukturanalysen fünf Beziehungsmodelle identifizieren, die sich im Hinblick auf Monogamie versus Öffnung, Konsens und Beziehungszufriedenheit unterscheiden lassen:

- **Konsensuelle stabile Monogamie:** Diese Paare leben tatsächlich monogam, wobei diese Monogamie für beide Seiten so selbstverständlich ist, dass mögliche andere sexuelle Kontakte nahezu keine Rolle in der gemeinsamen Kommunikation spielen.

- **Konsensuelle dynamische Monogamie:** Diese Paare leben weitgehend monogam, wobei die Selbstverständlichkeit und Stabilität der Monogamie aber etwas geringer ist. Entsprechend kam es in der Vorgeschichte häufiger zu, allerdings eher geringfügigen, sexuellen Kontakten außerhalb der monogamen Beziehung. Es wird daher über diese Thematik auch häufiger miteinander diskutiert.

- **Konsensuelle Nicht-Monogamie:** Diese Paare berichten über offen konsensuelle sexuelle Kontakte zu anderen Personen außerhalb der Beziehung. Typischerweise bringen Beziehungspartner:innen keinen Wunsch nach Monogamie zum Ausdruck.

- **Ambivalent-Widersprüchliche Monogamie:** Diese Paare zeigen eine oberflächlich-ambivalente Haltung zur Monogamie. Zwar wird typischerweise bejaht, in einer monogamen Beziehung zu leben, andererseits liegen untereinander weniger klare Ansprachen vor und bei den Analysen wird häufig über sexuelle Kontakte außerhalb der Beziehung berichtet.

Untereinander kommunizieren die Beziehungspartner:innen nur eingeschränkt über diese sexuellen Außenkontakte.

- **Fremdgehen einer Person bei vereinbarter Monogamie:** Diese Paare berichten, dass Beziehungspartner:innen sich nicht an die vereinbarte Monogamie halten und häufig sexuelle Kontakte zu anderen Personen außerhalb der Beziehung pflegen.

Bezüglich der Beziehungsqualität beobachteten die Autor:innen sehr klare Zusammenhänge in Abhängigkeit von der Transparenz und Ehrlichkeit, mit der die Paare untereinander mit ihrer Sexualität umgingen:

- Sowohl Personen in konsensuell stabiler Monogamie als auch Personen in konsensueller Nicht-Monogamie berichteten von einer durchschnittlich hohen Beziehungsqualität mit einer hohen allgemeinen und sexuellen Zufriedenheit und einer geringen innerpsychischen Belastung.

- Personen in dynamisch konsensuell-monogamen Beziehungen wiesen zwar eine ähnliche Beziehungszufriedenheit auf wie Personen in stabiler Monogamie, waren aber altersmäßig jünger und berichteten häufiger von Alkohol- oder Drogenkonsum an Wochenenden. Insofern handelte es sich hier um weniger gefestigte Beziehungen, die sich noch am Anfang ihrer Beziehungsentwicklung befanden.

- Interessanterweise befanden sich unter den konsensuellen nicht-monogamen Beziehungen besonders viele langfristige Partnerschaften sowie ein höherer Anteil bisexueller und heteroflexibler Personen, also Personen, die sich grundsätzlich als heterosexuell verstehen, aber eine erhöhte Offenheit für Sexualität mit anderen Geschlechtern haben.

- Die geringste Beziehungszufriedenheit, deutlich mehr Belastung und Instabilität sowie die kürzeste Beziehungsdauer wiesen Personen auf, die mehr oder weniger verdeckt nicht-monogam oder in Beziehungen mit einseitigem Fremdgehen lebten. Solche Personen zeigten auch häufiger Bindungsvermeidung und Einsamkeitserleben.

Unehrlichkeit und Intransparenz machen unglücklich

Ableitbar ist aus diesen Ergebnissen, dass sowohl monogame als auch nicht-monogame Beziehungen glücklich werden können.

Abträglich für das Beziehungsglück wirken sich dagegen mangelnde Transparenz und Unehrlichkeit aus. Beziehungen, die häufiges oder systematisches nicht-monogames Verhalten unter dem Mantel der Monogamie verdecken, erreichen typischerweise nur eine geringe Beziehungsqualität.

Zwischen Fremdgehen und nicht-monogamem Verhalten ist damit klar zu unterscheiden:

- Fremdgehen untergräbt die Vertrauensbasis und schadet der Beziehungsqualität.

- Konsensuelles nicht-monogames Verhalten ist kein Vertrauensbruch und führt zu keinen Einbußen der Beziehungsqualität.

Der Befund, dass sich unter den konsensuell nicht-monogamen Beziehungen besonders viele langjährige Beziehungen fanden, widerlegt zudem eine oftmals geäußerte Vermutung, dass sexuell offene Beziehungen zu geringerer Dauerhaftigkeit tendieren würden.

Arten konsensueller Nicht-Monogamie

Rubel und Bogaert (2014) befassten sich in einem Überblicksartikel mit unterschiedlichen Varianten konsensuell nicht-monogamer Beziehungen und deren Auswirkungen auf psychisches Wohlbefinden und Beziehungsqualität.

Der Artikel differenziert zwischen drei Arten von konsensuellen, nicht-monogamen Partnerschaften:

- **Swinger-Paare,** die an festgelegten Orten (z. B. Swinger-Clubs) Sex mit anderen Paaren oder Einzelpersonen haben.

- **Offene Beziehungen,** in denen Paare gemeinsam oder als Einzelpersonen wechselseitig sexuelle Kontakte zu anderen Personen haben, ohne dass dies an dafür vorgesehene Orte oder Veranstaltungen gebunden wäre.

- **Polyamorie,** in der mehr als zwei Personen miteinander eine Liebesbeziehung führen, die insofern nicht nur Sex, sondern auch andere romantische Gefühle und Dimensionen der Beziehungsgestaltung umfasst.

Im Hinblick auf Beziehungsqualität und Wohlbefinden gelangen Rubel und Bogaert (2014) zu einem ähnlichen Ergebnis wie Hangen et al. (2019):

- Personen in non-monogamen Beziehungen können eine vergleichbare Beziehungsqualität und ein ähnliches psychisches Wohlbefinden erreichen wie Personen, die in traditionell monogamen Beziehungen leben.

- In den Bereichen Spannung und Aktivierung mögen non-monogame Beziehungen sogar zu einer höheren Zufriedenheit führen, wofür sich spezifisch bei Swinger-Beziehungen Anzeichen zeigen.

Das eigene Modell finden

Es ist also nicht notwendig, sich im eigenen Beziehungsmodell an traditionellen Vorstellungen zu orientieren, um eine glückliche und stabile Beziehung finden und aufrechterhalten zu können.

Vielmehr zeigen psychologische Studien, dass mit dem Modell der konsensuellen Nicht-Monogamie eine tragfähige und durchaus potenziell beziehungsförderliche Alternative zum Modell der monogamen Zweierbeziehung zur Verfügung steht.

Demgegenüber ist Fremdgehen ein Vertrauensbruch, der aus Vereinbarungen zur Monogamie entsteht, die nicht eingehalten werden.

Natürlich ist konsensuelle Nicht-Monogamie nicht für jeden das richtige Beziehungsmodell. Und der normative Druck zur Monogamie sollte nicht einfach durch einen normativen Druck zur Nicht-Monogamie ersetzt werden.

So haben manche Mitglieder der 68er-Generation und Teilnehmende diverser alternativer Lebensformen und Gemeinschaften tatsächlich bereits die bittere Erfahrung gemacht, dass non-monogame Beziehungsmodelle zu neuem Zwang und Einengung führen können, wenn sie durch Gruppendruck auferlegt werden.

Deshalb können nur Sie entscheiden, ob Sie lieber in einer konsensuell monogamen oder einer konsensuell nicht-monogamen Beziehung leben möchten, indem Sie sich Ihre sexuellen und romantischen Bedürfnisse bewusst machen und sich auf dieser Grundlage verschiedene Beziehungs-Konstellationen vorstellen.

Auf jeden Fall ist von einer Beziehungskonstellation abzuraten, in der die Monogamie nur als formaler Deckmantel dient und in Wirklichkeit Sie, die andere Person oder beide ein sexuelles Doppelleben führen. Hier zeigt der Forschungsstand deutlich, dass solch ein Leben nicht glücklich macht.

Damit ergeben sich eine Reihe von Fragen, die Sie sich selbst stellen können, um für sich das richtige Beziehungs-Modell zu finden:

- Wie sehr können Sie sich persönlich ein Beziehungsglück in den verschiedenen Modellen einer konsensuellen monogamen oder nicht-monogamen Beziehung vorstellen?

- Sind Ihre Präferenzen reflektiert und frei von gesellschaftlichem Druck?

- Wie ehrlich können Sie mit sich selbst und der anderen Person in einer konsensuellen monogamen oder nicht-monogamen Beziehung sein? Sind Sie bereit und in der Lage, eine monogame Beziehung in Aufrichtigkeit und ohne Hintergehen zu leben?

- Wie sexuell zufrieden werden Sie voraussichtlich werden in einer monogamen oder in einer nicht-monogamen Beziehung? In welcher Beziehungsform werden Sie sexuelle Erfüllung erreichen?

- Wie steht es bei Ihnen mit der Eifersucht? Wie wird sich diese in monogamen und nicht-monogamen Beziehungen auswirken und wie gut können Sie sie regulieren?

- Wie würden Sie eine sexuell offene Beziehung bewerten, in der die Übereinkunft besteht, dass Sexualität außerhalb der Beziehung auf sexuelle Abenteuer beschränkt bleibt?

- Wie bewerten Sie im Vergleich die Optionen *Sex nur monogam in der Beziehung, Sex mit anderen Personen nur gemeinsam, Sex mit anderen Personen nur getrennt, Sex mit anderen Personen je nach Situation gemeinsam oder getrennt?*

- Finden Sie das Modell einer polyamorösen Liebesbeziehung mit mehr als zwei Beteiligten für sich attraktiv?

- Haben Sie bereits Erfahrungen aus der Vergangenheit, die die eine oder die andere Beziehungsform betreffen und die Ihnen etwas über Ihr eigenes Erleben in den verschiedenen Konstellationen sagen?

- Vertreten Sie moralische oder religiöse Werte, die Sie nicht ändern oder erweitern möchten und die eine nicht-monogame Beziehung ausschließen?

- Halten Sie in Abhängigkeit von der Konstellation und den beteiligten Personen für sich sowohl eine konsensuelle monogame als auch eine konsensuelle nicht-monogame Beziehung für möglich?

Definieren Sie jetzt Ihr Beziehungs-Modell für Ihre Partnersuche:

- **Ihre Antworten sprechen ausschließlich für monogame Beziehung?** Suchen Sie bei der Partnersuche nach einer anderen Person, die ebenso Wert auf Monogamie legt wie Sie.

- **Sie präferieren eine nicht-monogame Beziehung?** Suchen Sie bei Ihrer Partnersuche nach einer anderen Person, die dies ähnlich erlebt.

- **Monogamie und Nicht-Monogamie sind beide möglich?** Halten Sie sich die Beziehungsform bei der Partnersuche in Abhängigkeit von der anderen Person offen.

- **Sie können nicht monogam sein?** Versuchen Sie es gar nicht erst und suchen Sie von Anfang an nach einer sexuell nicht-monogamen Beziehung. Lernen Sie, ehrlich mit sich selbst und anderen zu sein und halten Sie Ausschau nach einem Beziehungsmodell, in dem Sie diese Ehrlichkeit leben können.

- **Sie präferieren nicht-monogam, fürchten aber Ihre Eifersucht?** Lassen Sie in der Imagination die geliebte Person los. Lernen Sie, von Besitzdenken Abstand zu nehmen und der anderen Person und sich selbst sexuelle Erfahrungen zu gönnen. Wagen Sie den Versuch, seien Sie dabei aber von Anfang an offen und üben Sie gemeinsam, die Eifersucht zu zügeln.

Nicht-sexuelle partnerschaftliche Beziehungen

So wichtig Sexualität für die meisten Paare auch ist, so gibt es ebenso Menschen, die überhaupt keine sexuelle Interaktion wünschen.

Asexualität bezieht sich auf die Abwesenheit von sexuellem Verlangen, woraus sich der fehlende Wunsch nach Sexualität begründet. Asexualität ist ein wissenschaftlich noch wenig untersuchtes Phänomen, wobei eine Studie von Bogaert (2004) darauf hinweist, dass ungefähr ein Prozent der erwachsenen Bevölkerung asexuell ist.

Die Abwesenheit eines sexuellen Verlangens muss keineswegs einem Beziehungswunsch widersprechen. Auch der Wunsch nach körperlicher Zärtlichkeit und Nähe kann trotzdem vorhanden sein, wenn sexuelles Verlangen fehlt. Die Frage der Partnersuche stellt sich vor diesem Hintergrund für asexuelle Menschen grundsätzlich ebenso wie für andere Menschen.

Es kann auch andere Gründe außer Asexualität geben, warum Menschen nach einer Beziehung ohne Sexualität suchen:
- So gibt es Menschen, die zwischen Sexualität und Liebe trennen. Während manche Menschen die enge Vertrautheit mit

einem Menschen als sexuell erregend erleben, nimmt bei anderen die sexuelle Erregung mit der Vertrautheit ab und sie verlieren das Interesse an Sexualität mit vertrauten Personen.

- Einige Menschen haben sehr starke sexuelle Präferenz-Fixierungen, für die das Finden von Beziehungspartner:innen schwierig oder sogar unmöglich erscheinen mag. Ein Beispiel hierfür wäre das ausschließliche Interesse an Sexualität mit Personen, die für sie sehr attraktiv sind, die sie aber schwer oder gar nicht als Beziehungspartner:innen erreichen können. Es mag trotzdem einen partnerschaftlichen Beziehungswunsch mit einer anderen Person geben, der von Sexualität abgekoppelt wird.

- Manche Menschen mögen zwar nicht asexuell sein, ihr Interesse an Sexualität ist aber so niedrig oder hat so stark nachgelassen, dass sie sich sehr gut eine Beziehung ohne Sexualität vorstellen können oder diese sogar präferieren würden.

- Schließlich gibt es Menschen mit sexuellen Funktionsstörungen oder auch sexuellen Traumata, die an einer Überwindung dieser Beeinträchtigungen aus verschiedenen möglichen Gründen nicht (mehr) arbeiten möchten und von daher eine Beziehung ohne Sexualität anstreben.

- Genauso ist der Fall denkbar, dass zwei Menschen einfach sehr gut zueinander passen, aber wechselseitig das erotische Interesse aneinander fehlt. Dies mag bis zu besonderen Konstellationen gehen, wo Personen mit nicht aufeinander bezogenen oder gegenläufigen sexuellen Orientierungen Lebenspartnerschaften führen – beispielsweise eine Liebesbeziehung zwischen heterosexuellen und homosexuellen Personen.

Möchten Sie gerne eine Beziehung, aber keine Sexualität?

In diesem Fall sollten Sie dies bereits bei der Partnersuche sofort zum Thema machen. Sonst werden Kontakte in dem Moment, in dem Sie es ansprechen, abbrechen oder es wird eine ungünstige Beziehung entstehen, bei der die Sexualität im Wege steht.

Grundsätzlich können asexuelle Personen sowohl mit asexuellen wie auch mit nicht asexuellen Personen tragfähige Beziehungen führen, sofern ein Verzicht auf gemeinsame Sexualität vereinbart und von beiden angenommen werden kann.

Ist eine Person in solch einer Beziehung nicht asexuell, sollte besprochen werden, wie hiermit gegebenenfalls im Rahmen von sexuellen Kontakten zu dritten Personen umgegangen werden soll.

Oftmals wird bei asexuellen Personen aber das Bedürfnis bestehen, die asexuelle Orientierung mit Beziehungspartner:innen zu teilen. Wegen der geringen Anzahl asexueller Menschen wird dies freilich meistens bedeuten müssen, in anderen Merkmalen, wie bei der Entfernung, Kompromisse zu machen und sich zusätzlich auf eine längere Suchzeit einzustellen.

Sind Sie nicht asexuell, aber möchten keinen Sex wegen sexueller Funktionsstörungen oder Traumatisierungen?

Oft ist hier die Inanspruchnahme psychotherapeutischer Hilfe hilfreich und indiziert. Aber auch mit oder nach psychotherapeutischer Behandlung mag der Wunsch nach einer sexfreien Beziehung fortbestehen und ist völlig legitim.

Es gibt zahlreiche langjährige Paare, die nicht mehr sexuell miteinander verkehren, bei denen die Liebe aber weiterhin vorhanden ist. Es gibt keinen Grund anzunehmen, dass eine Beziehung mit einem solchen Zustand nicht auch bereits beginnen könnte.

So wichtig Sexualität für die meisten Paare ist, so gibt es eine große Anzahl an Dimensionen und Funktionen der Liebe, die sich auch ohne Sexualität voll entfalten können. In Erinnerung an die 33 Dimensionen der Liebe nach Karandashev und Clapp seien genannt:

- Akzeptanz, Bindung, Bewunderung, Dankbarkeit, Idealisierung, Einfühlungsvermögen, Einzigartigkeit, Gemeinsame Aktivitäten, Verbunden-Sein, Glaube, Hingabe, Hochgefühl, Intimität, Interesse, Selbst-Verbesserung, Kommunion, Kompatibilität, Reziprozität, Schützen wollen, Sehnsucht, Sorge für das Wohlergehen, Trost und Stärkung, Vergebung, Sich verlassen können, Verantwortungs-Übernahme, Vertrauen, Verstehen und Zuneigung.

Partnerschaftliche Beziehungen sind also ohne Sexualität möglich und können bei Aufbau einer tragenden und fürsorglichen Basis durchaus mit einer hohen Beziehungszufriedenheit einhergehen.

Dies vor Augen, mögen sich für Sie neue Perspektiven der Partnersuche und Beziehungsgestaltung ergeben, wenn Sie bei sich feststellen, dass ein Interesse an Sexualität in einer Partnerschaft bei Ihnen nicht besteht, nicht mehr besteht oder dessen Wichtigkeit für Sie so gering ist, dass Sex in einer Beziehung für Sie verzichtbar ist.

Je klarer Ihnen dies ist, desto besser können Sie Ihre Partnersuche gestalten und die passende Person finden.

Die Rolle der Attraktivität

In einer Studie von De Vries et al. (2008) mit Teilnehmenden einer großen Dating-Plattform ließ sich das Interesse, einen Teilnehmenden kennenzulernen, allein durch die Attraktivität des Fotos statistisch vorhersagen. Demgegenüber spielte der freie Text keinerlei Rolle.

Auch eine qualitative Studie von Jänkälä et al. (2019) über die Rolle von Fotos bei der Partnersuche von Personen, die Tinder nutzten, zeigt, wie wichtig Fotos für die Partnersuche sind:
- Fotos wurden sorgfältig ausgesucht, da sie maßgeblich darüber entschieden, ob andere Teilnehmende einem weiteren Kontakt zustimmten oder diesen blockierten.

Allerdings stimmt es nicht uneingeschränkt, dass körperlich attraktive Personen bevorzugt werden. Als weiterer Einflussfaktor kommt die eingeschätzte eigene Attraktivität hinzu:
- Je weniger attraktiv sich Menschen selbst erleben, desto mehr scheinen sie vor der Wahl attraktiver Dating-Partner:innen zurückzuschrecken.

Es wird vermutet, dass dies insbesondere mit der Befürchtung zusammenhängt, zurückgewiesen zu werden. Mit dieser Hypothese stimmen die Ergebnisse von zwei Experimenten von Greitmeyer (2010) überein:
- Es zeigte sich in diesen Experimenten, dass die Rückmeldung, dass jemand an der eigenen Person interessiert sei, auch das Interesse steigerte, selbst attraktive Personen zu kontaktieren. Demgegenüber führte die Rückmeldung, dass eine andere Person nicht an der eigenen Person interessiert sei, dazu, dass man selbst stärker an weniger attraktiven Personen interessiert war.

Demnach werden bevorzugt attraktive Personen gesucht, sofern keine eigene Angst vor Zurückweisung besteht. Unattraktive Personen werden dagegen häufiger abgelehnt, vor allem dann, wenn sie als weniger attraktiv als die eigene Person bewertet werden.

Im Ergebnis nähert sich der Attraktivitäts-Grad von Beziehungspartner:innen typischerweise aneinander an.

Das Phänomen der sogenannten Liebe auf den ersten Blick verdeutlicht ebenfalls, wie wichtig das Äußere für das Erleben von Anziehung sein kann:

- Zsok et al. (2017) befragten Personen online in einem Laborsetting und bei verschiedenen Dating-Events, ob sie bei Vorlage von Fotos oder Treffen mit anderen Personen das Gefühl von Liebe auf den ersten Blick gehabt hätten. Dabei zeigte sich, dass das Auftreten von Liebe auf den ersten Blick allein durch die eingeschätzte physische Attraktivität der entsprechenden Person vorhersagbar war.

Die hohe Bedeutsamkeit des Äußeren bei der Partnersuche wird zusätzlich durch die Beobachtung unterstrichen, dass beim Online-Dating Profile ohne Foto in der Regel keine oder nur eine geringe Resonanz finden.

Oft wird sogar in Profilen die direkte Aussage gemacht, dass kein Kontakt zu Teilnehmenden ohne Foto im Profil gewünscht sei oder dass diese zumindest alternativ bei der Kontaktaufnahme sofort ein Foto mitsenden sollten.

Trotzdem ist es ein Irrtum zu meinen, dass es am Ende bei der Partnersuche nur auf das Aussehen ankomme:

So werden körperlich attraktiven Personen viele weitere, mit der Körperlichkeit oft gar nicht zusammenhängende positive Eigenschaften zugeschrieben – die Psychologie spricht hier von dem sogenannten Halo-Effekt (Standing, 2004). Das heißt, dass das Interesse sich keineswegs nur auf das Aussehen beziehen muss. Vielmehr gehen viele Menschen unbewusst davon aus, dass körperlich attraktive Personen auch weitere positive Merkmale in ihrer Persönlichkeit und in ihrem Charakter aufweisen.

Dieser Schluss ist natürlich häufig falsch und kann daher zu fehlerhaften Beziehungsentscheidungen führen.

Immer falsch sein muss der Schluss aber nicht:

- So beobachteten Brand et al. (2012), dass Personen, deren Fotos als attraktiv eingeschätzt werden, häufiger Texte verfassten, die völlig unabhängig vom Foto ebenfalls als attraktiv eingeschätzt wurden. Möglicherweise treten Personen, die gemeinhin als attraktiv wahrgenommen werden, selbstsicherer auf, was wiederum gemeinhin ein attraktives Merkmal ist.

Als Warnung vor einer Fokussierung auf körperliche Attraktivität mögen jedoch Befunde von Ma-Kellams et al. (2017) dienen, nach denen Personen, die aufgrund ihrer Fotos in Schulabschlussjahrbüchern als besonders attraktiv bewertet wurden, sich später durch häufigere Scheidungen und kürzere Ehen kennzeichneten.

Wir sollten uns also davor hüten, zu viel Positives aus körperlicher Attraktivität zu schließen.

Schließlich kann sich sogar das, was wir als attraktiv erleben, ändern. So halten unsere frühen automatischen Bewertungsprozesse einer erneuten späteren Bewertung nicht immer stand. Bei einem genaueren Kennenlernen entstehen viele weitere Eindrücke und wir gewinnen mehr Informationen über eine Person, woraus sich eine Änderung in der Einschätzung des Äußeren, der Gesamtattraktivität und der erlebten Anziehung einer anderen Person ergeben mag.

Auch zeigen Studien (Swami et al., 2009), dass die Attraktivitätswahrnehmung von Liebespaaren subjektiv verzerrt zugunsten der Beziehungspartner:innen ausfällt. Bei vergleichbarer Attraktivität werden jeweils die Beziehungspartner:innen als attraktiver eingeschätzt als die eigene Person. Die Stärke dieses Effektes korreliert wiederum positiv mit der Beziehungszufriedenheit.

Penton-Voak et al. (2007) gingen noch einen Schritt weiter und manipulierten die Gesichtsbilder von Beziehungspartner:innen, indem sie diese attraktiver oder unattraktiver machten. Anschließend wurden die Teilnehmenden gebeten, das der Wirklichkeit entsprechende korrekte Bild herauszusuchen. Das interessante Ergebnis war, dass Personen, die mit ihrer Beziehung zufrieden waren, das attraktive Bild wählten, während mit der Beziehung unzufriedene Personen das unattraktive Bild auswählten.

Es hängt also nicht nur von den äußeren Merkmalen ab, ob wir einen Menschen attraktiv finden oder nicht. Die menschliche Wahrnehmung von Attraktivität ist flexibel und bei entsprechender Sympathie kann auch das Äußere von Beziehungspartner:innen wohlwollend betrachtet werden.

Dies ist eine deutliche Warnung davor, beim Online-Dating in ein Verhaltensmuster zu fallen, bei dem vorwiegend Bilder gesichtet und Auswahlentscheidungen allein von visuellen Reizen abhängig gemacht werden. Dies führt zu einer Informationsverkürzung, die kaum dazu geeignet ist, passende Entscheidungen zu treffen.

Wenn Sie bei Ihrer Partnersuche aufgrund blitzschneller Fotobewertung potenziell in Frage kommende Personen ausschließen, laufen Sie Gefahr, jemanden auszuschließen, den Sie in der Gesamtbilanz bei einem Kennenlernen als attraktiv erlebt hätten.

Zudem ist die Annahme, dass die Attraktivität allein durch das Äußere bestimmt wird, zu pessimistisch:

• So zeigte eine auf die ursprüngliche Untersuchung folgende weitere Untersuchung von De Vries (2010), dass der freie Text beim Online-Dating sehr wohl einen eigenständigen Einfluss auf das Interesse ausübte, eine Person kennenzulernen, wenn sichergestellt wurde, dass der Text auch vollständig gelesen wurde, Texte verschiedener Personen sich ausreichend unterschieden und keine Informations-Überlastung durch zu viele Profile und lange Texte stattfand.

Selbst im Bereich der Sexualität – wo das Äußere eine besonders große Rolle spielt – wäre es eine Verkürzung, sich ausschließlich auf das Äußere zu fokussieren. Denn auch sexuelles Begehren hängt in partnerschaftlichen Beziehungen von einer Vielfalt von Faktoren ab:

- In Interviews mit 20 Frauen konnten Murray und Milhausen (2012) beispielsweise zeigen, dass außer der physischen Attraktivität von Beziehungspartner:innen auch die sexuellen Wünsche von Partner:innen, ihre Aufmerksamkeit, emotionale Nähe, gemeinsam verbrachte Zeit oder die Kommunikation miteinander von Bedeutung waren. Hinzu kamen weitere persönliche Einflussfaktoren wie das emotionale Befinden, der körperliche Energielevel oder die Einstellung zur Sexualität. Ebenso ließen sich externe Faktoren wie die aktuelle Lebenssituation, der Gesundheitszustand, Gespräche über Sexualität mit Bezugspersonen oder die Einbettung in religiöse Überzeugungssysteme als Einflussfaktoren identifizieren.

Selbst wenn es nur um sexuelles Begehren ginge, wäre also eine Partnerwahl aufgrund rein physischer Attraktivität kein Garant für ein zufriedenes Sexualleben. Und natürlich gilt dies umso mehr für eine partnerschaftliche Beziehung, die ja weitaus mehr Dimensionen der Begegnung beinhaltet.

Fürsorge und Schutz, Verstehen, gemeinsame Aktivitäten, Einfühlung, emotionale Nähe und Intimität, Verantwortungsübernahme und viele weitere Merkmale von Beziehungen lassen sich nun einmal nicht aus physischer Attraktivität herleiten oder allein mithilfe physischer Attraktivität entwickeln und aufrechterhalten.

Ein weiterer Punkt: Sind Personen in Beziehungen glücklicher, wenn die Beziehungspartner:innen eine hohe physische Attraktivität aufweisen?

Unstrittig werden Partnerwahlentscheidungen auch auf der Basis von physischer Attraktivität getroffen:

- McNulty et al. (2008) besprechen eine Vielzahl von Studien, die aufzeigen, dass in der Phase der Beziehungsentstehung und ganz am Anfang einer Beziehung die physische Attraktivität von Beziehungspartner:inner. sich tatsächlich auf die Beziehungszufriedenheit auswirkt.

Die Autor:innen argumentieren allerdings, dass viele Paare in diesen anfänglichen Phasen noch wenig über einander wüssten, sich deshalb in ihrem Zufriedenheitserleben auf die direkt sichtbare körperliche Attraktivität fokussierten und dabei mangels ausreichender Informationen womöglich eher dazu neigten, vom Aussehen auf weitere Faktoren von Persönlichkeit und Verhalten zu schließen.

Wie aber stellt sich diese Situation dar, wenn sich Paare bereits gut kennen und soeben geheiratet haben?

- Dieser Frage gingen McNulty et al. (2008) in einer Untersuchung mit 82 Paaren nach und gelangten neben vielen anderen interessanten Befunden zu dem Ergebnis, dass die physische Attraktivität von Beziehungspartner:innen bei Frauen und Männern, die in den letzten sechs Monaten geheiratet hatten, keinen Einfluss ausübte auf die Beziehungszufriedenheit. Ob also Beziehungspartner:innen mehr oder weniger attraktiv waren, führte zu keiner höheren oder geringeren Beziehungszufriedenheit. Zudem beobachteten die Autor:innen ebenfalls keinen Einfluss von Attraktivitäts-unterschieden zwischen den Beziehungspartner:innen auf die Zufriedenheit der befragten neu verheirateten Frauen und Männer.

Der Forschungsstand ist komplex und es gibt auch andere Beobachtungen (Meltzer et al., 2014), in denen Männer im Gegensatz zu Frauen eine höhere Beziehungszufriedenheit aufwiesen, wenn sie attraktive Beziehungspartner:innen hatten. Aber auch hier war der Einfluss der äußeren Attraktivität auf die Beziehungszufriedenheit insgesamt betrachtet nur moderat.

Schlussendlich kommt der physischen Attraktivität für die Beziehungszufriedenheit nur eine begrenzte Rolle zu, wobei die anfänglich stärkeren Zusammenhänge für die initiale Partnerwahl durchaus mit Informationsdefiziten und illusorischen Erwartungen zusammenhängen mögen.

Insgesamt gesehen sagen Fotos bei Dating-Plattformen von daher sicherlich wenig bis nichts darüber aus, ob eine glückliche und stabile Beziehung zwischen zwei Menschen entstehen kann.

Abgesehen von der Gefahr, dass Fotos auch noch falsch oder verändert sein können, kann eine zu starke Fokussierung auf Fotos und äußerliche Attraktivität eben auch dazu führen, dass für eine Beziehung wichtigere Faktoren, die in Werthaltungen, Charakter oder Lebenszielen liegen, übersehen werden und so ungünstige Partnerwahlentscheidungen getroffen werden.

Schönheit liegt im Auge der Betrachter

Nebenbei: Gibt es eigentlich eine allgemeine physische Attraktivität?

Hierfür sprechen psychologische Befunde (Langlois et al., 2000), nach denen verschiedene Beurteiler physische Attraktivität oft sehr übereinstimmend beurteilten und nach denen diese hohe Übereinstimmung sogar erhalten blieb, wenn die Beurteiler aus verschiedenen Kulturen stammten und Personen aus unterschiedlichen Kulturen beurteilten.

Allerdings haben andere Autor:innen (Zhan et al., 2021) große Unterschiede in den Präferenzen von Gesichtern zwischen Beurteilern aus Westeuropa und Ostasien gefunden, wobei diese zusätzlich auch stark individuell, nicht nur kulturell geprägt ausfielen.

Glasser et al. (2009) beobachteten zudem, dass weiße Männer in den USA häufiger schlank-sportliche Frauen bevorzugten, während Afroamerikaner und Latinos häufiger fülligere Frauen bevorzugten.

Bekannt ist auch die Kulturabhängigkeit des Phänomens, helle oder dunkle Hautfarben zu bevorzugen:

• So bemühen sich in Ländern mit mehrheitlich hellen Hauttönen Millionen Menschen um eine dunklere Hautfarbe durch Bräunungsmittel und Sonnenbaden, während beispielsweise in weiten Teilen Asiens eine hellere Haut als Schönheitsideal gilt, wodurch eine ganze Bleichmittelindustrie hohe Umsätze erzielt. Und auch solche Kulturunterschiede waren nicht einfach immer da, sondern unterliegen ebenfalls Entwicklungsprozessen. Zum Beispiel galt auch in Westeuropa früher ein heller Hauttyp als vornehm, weil er darauf hindeutete, dass die Betreffenden keine körperliche Arbeit leisten mussten.

Wahrgenommene Attraktivität ist also eine hochgradig subjektive Zuschreibung. Selbst wenn wir häufig darin übereinstimmen, ob wir jemanden als grundsätzlich attraktiv oder weniger attraktiv bewerten, mag unser individueller Geschmack sich von diesem allgemeinen Attraktivitäts-Erleben unterscheiden.

Ein einfacher Blick in diverse Online-Foren genügt, um sich überzeugen zu können, dass es für absolut jede mögliche körperliche Eigenart Menschen gibt, die genau diese Eigenart als attraktiv erleben.

Um nur ein Beispiel zu nennen: Während der normative Standard in Westeuropa schlank-sportliche Frauen und athletische Männer als attraktiv bewerten mag, gibt es auch in Westeuropa unzählige andere Menschen, die dicke Frauen oder dicke Männer mögen.

Schönheit liegt also letztlich in den Augen der Betrachter und objektive Entscheidungskriterien lassen sich für solche subjektiv-ästhetischen Urteile nicht angeben.

Lernprozesse finden dabei nicht nur über die Generationen hinweg in kulturellen Kontexten statt, sondern wir werden in unserer Wahrnehmung von Attraktivität umgekehrt auch durch den unmittelbaren Zusammenhang beeinflusst. Zudem können sich Präferenzen auch während der individuellen Lebensspanne eines Menschen ändern:

- So zeigten Zhao und Zang (2019) in einem Experiment, dass ein zu beurteilendes Gesicht als attraktiver eingeschätzt wurde, wenn andere Gesichter eher weniger attraktiv waren, und umgekehrt als unattraktiver wahrgenommen wurde, je attraktiver andere Gesichter wurden. Unsere Attraktivitäts-Einschätzungen sind also nicht absolut, sondern werden durch den Kontext, den Zusammenhang beeinflusst.

Veränderungen von Präferenzen im Verlauf einer Lebensspanne lassen sich beispielsweise bei Paaren in hohem Lebensalter erkennen, die sich weiterhin attraktiv finden, die in jungem Lebensalter aber mit hoher Wahrscheinlichkeit keine Beziehungspartner:innen ihres jetzigen Alters attraktiv gefunden hätten.

Eine Studie aus Nicaragua (Boothroyd et al., 2020) macht sichtbar, wie individuelle Präferenz-Änderungen auch über Medien, die bestimmte Schönheitsideale vermitteln, gesteuert werden:

- Mit zunehmendem Fernsehkonsum stieg über drei Jahre bei Männern die Präferenz für schlanke Frauen. Auch die Präsentation von Bildern, die schlanke weibliche Modelle zeigten, konnte zu einer solchen Präferenz führen.

Beispiel Körpergröße

Frauen suchen große Männer, die größer als oder doch zumindest so groß sind wie sie selbst. Männer suchen Frauen, die kleiner oder höchstens so groß sind wie selbst sind.

Im Ergebnis haben es kleine Männer und große Frauen bei der Partnersuche besonders schwer und müssen mit viel Ablehnung rechnen.

Es handelt sich hier nicht um ein reines Klischee. Die dargestellten Präferenzen sind trotz aller Bemühungen um Geschlechter-Egalität weiterhin lebendig:

- Stulp et al. (2013) fanden heraus, dass der Idealpartner von heterosexuellen Frauen 21 cm größer ist als sie selbst. Männer sehen es nach dieser Studie etwas weniger eng und bevorzugen eine Partnerin, die 8 cm kleiner ist als sie selbst.

- Auch die Psychologen Yancey und Emerson (2014) kommen in einer Studie zu dem Ergebnis, dass die Größe eines Beziehungspartners für Frauen wichtiger ist als für Männer. Wenn man nach den Gründen für die starke Präferenz von Frauen für größere Männer fragt, liegen diese allerdings offenbar weniger in Erfahrungen und innerpsychisch tiefgreifend verankerten Motiven begründet, sondern scheinen zu einem großen Anteil durch gesellschaftliche Geschlechtsrollenbilder und sozialen Druck bedingt zu sein.

Werden Frauen mit größeren Partnern tatsächlich glücklicher als mit gleichgroßen oder kleineren Partnern?

In einer großen Studie aus Indonesien hat Sohn (2016) den Einfluss der unterschiedlichen Körpergröße zwischen Mann und Frau in Hinblick auf die Beziehungszufriedenheit der Frauen untersucht. In dieser Untersuchung zeigte sich, dass Frauen mit größeren Männern tatsächlich eine etwas höhere Beziehungszufriedenheit angaben, wobei dieser Effekt aber mit den Jahren der Beziehungsdauer abnahm und nach 18 Jahren ganz verschwand.

Möglicherweise ergibt sich dieser Effekt jedoch wiederum nur aus dem gesellschaftlichen Druck, der über die Reaktionen des sozialen Umfeldes bis in die Beziehungszufriedenheit hineinreicht, was konsistent wäre mit den oben dargestellten Befunden von Yancey und Emerson (2014). Es kann vermutet werden, dass die Betreffenden mit den Jahren immer besser lernten, sich von diesem gesellschaftlichen Druck abzugrenzen, sodass die Auswirkung der Größendifferenz auf die Beziehungszufriedenheit abnahm und schließlich ganz verschwand.

Argumente, die für eine Partnersuche nach Körpergröße sprechen, sind objektiv wenig überzeugend und wirken vorgeschoben. Weder gibt es Schwierigkeiten bei Sexualität, Zärtlichkeit und Küssen, noch ist das Erleben von Geborgenheit oder Sicherheit an die Körpergröße gebunden.

Sicherlich mögen sichtbare Abweichungen von der gesellschaftlichen Norm zu manchen Blicken oder Kommentaren durch das soziale Umfeld führen. Doch hieran können Sie wachsen und Ihr Selbstbewusstsein verbessern, wenn die Basis einer tragfähigen Liebe gegeben ist.

Die Journalistin Lilly Bittner berichtet in einem Artikel in der FAZ[6] über ihre Beziehung mit ihrem Partner, der einen halben Kopf kleiner ist als sie. Ihre Schilderung zeigt, wie sich ihre eigene Bewertung änderte von einem „Ich habe voll Angst, dass der Typ klein ist", bevor sie ihren Partner kennenlernte, hin zu einem gelassenen und positiven Umgang mit dieser nach wie vor nicht ganz typischen Größendifferenz.

Diese Erfahrung werden Sie ebenfalls machen, wenn Sie sich auf eine romantische Begegnung mit einer einfühlsamen und zu Ihnen passenden Person einlassen, deren Körpergröße außerhalb Ihres geschlechtstypischen Suchmusters liegt.

Ist keine tiefere Passung vorhanden, wird auch eine geschlechtstypische Körpergröße Ihre Beziehung nicht glücklich machen können. Liegt aber eine Passung der Werthaltungen, Partnermodelle und Lebensziele vor, wird die Körpergröße diese Passung nicht außer Kraft setzen.

Übrigens können heterosexuelle Partnersuchende von gleichgeschlechtlichen Paaren, wo es definitionsgemäß eine geschlechtstypische Suche nach Körpergröße nicht geben kann, viel lernen.

Was ergibt sich aus allen diesen Befunden für das Online-Dating? Physische Attraktivität ist zwar ein bei der Partnersuche gewünschtes Merkmal. Dieses hängt aber in vielfältiger Art und Weise von subjektiven Bewertungsprozessen ab, die von Kontext und individuellen Lernerfahrungen geprägt werden.

Noch einmal: Attraktive Beziehungspartner:innen sind kein Garant dafür, dass glückliche und stabile Beziehungen entstehen. Sich bei der Partnersuche auf körperliche Attraktivität zu fixieren, erhöht die Gefahr, dass falsche Entscheidungen getroffen werden.

Nehmen Sie beim Online-Dating daher Abstand von rein visuell gesteuerten Auswahlprozessen. Bemühen Sie sich, sich einen ganzheitlichen Eindruck von der möglichen Passung einer Person für ein gemeinsames Leben zu verschaffen. Oft ist dies erst durch die Aufnahme der direkten Kommunikation möglich, weshalb von einer verfrühten „Aussortierung" von Profilen abzuraten ist.

Wenn man sich dann kennenlernt, mag das gegenseitige Abtasten auf eine Passung und eine Veränderung der Perspektive dazu führen, dass sich auch die Bewertung der Attraktivität ändert. So mögen Personen plötzlich als attraktiv erscheinen, die zuvor unattraktiv wirkten, oder umgekehrt.

Selbstverständlichkeiten hinterfragen

Es gibt viele Dinge, die wir für scheinbar selbstverständlich halten. Wenn wir aber über sie nachdenken würden, könnten wir vielleicht zu ganz anderen Ergebnissen gelangen. Manchmal haben wir sogar feste implizite oder explizite Grundannahmen, die wir selbst dann voraussetzen und anwenden, wenn wir sie bei näherer Betrachtung eigentlich lieber ändern würden. Bei der Partnersuche kann dies bedeuten, Chancen zu verpassen.

Beispiele für Grundannahmen und ihre Hinterfragung:

- „Ich werde immer in der Heimat bleiben." Warum nicht mit der richtigen Person in das passende Land auswandern?

- „Eine vegane Person kommt nicht in Frage." Wieso eigentlich nicht? Könnte eine vegane Lebensweise nicht womöglich Ihre Gesundheit verbessern oder Sie in größere Konsistenz mit Ihren Werten bringen?

- „Ein Universitätsabschluss ist erforderlich." Tatsächlich? Gibt es nicht auch viele Menschen mit viel Wissen und Herzensbildung, die nicht einmal einen Schulabschluss haben?

- „Es müssen große Romantik und Schmetterlinge im Bauch sein." Warum nicht in tiefer freundschaftlicher Liebe glücklich werden?

- „Auf jeden Fall muss der Mann größer sein als ich." Sagt die Größe etwas aus über Charakter, Qualitäten oder gemeinsame Möglichkeiten zur Lebensgestaltung?

- „Beim Online-Dating müssen potenziell geeignete Personen in meiner Nähe leben." Wollen Sie den Menschen Ihrer Träume verpassen, weil er oder sie weiter entfernt lebt?

Eigene Grundannahmen identifizieren und hinterfragen
Identifizieren Sie Ihre Grundannahmen und stellen Sie sie in Frage. Dies hilft Ihnen, das Wichtige vom Unwichtigen zu trennen, sich selbst treu zu sein, aber gleichzeitig unnötige Begrenzungen aus dem Weg zu räumen.

Schreiben Sie Ihre Grundannahmen und die sich daraus ergebenden Fragen in Stichworten auf. Geben Sie sich im Anschluss daran selbst die Antwort, ob hinter den Grundannahmen unverzichtbare Sachverhalte oder verfrühte Festlegungen stehen.

Ihre Bilanz: Überprüfen und korrigieren Sie sich selbst!
In den zurückliegenden Kapiteln haben Sie sich auseinandergesetzt mit der Liebe, ihren verschiedenen Gestaltungsmöglichkeiten und den Einflüssen des Äußeren. Sie haben sich auch damit beschäftigt, was Ihnen selbst bei einer Partnersuche wirklich wichtig ist und wo Sie offener sein könnten.

Anfänglich hatten Sie sich Stichpunkte gemacht zu den drei Fragen:

- Was ist mir wichtig im Leben?

- Wie sollte die Person sein, mit der ich eine Beziehung führe?

- Wie sollte sich meine Beziehung gestalten?

97

Kommen Sie nun bitte noch einmal auf diese Stichpunkte zurück:
- Überprüfen Sie, ob alles so stehen bleiben soll, wie Sie es anfänglich aufgeschrieben haben.

Nehmen Sie hierzu einen roten Stift und gehen Sie Ihre Stichworte zu den drei Fragen noch einmal durch. Fragen Sie sich bei jedem Punkt, ob er weiterhin Bestand haben soll oder ob Sie darauf verzichten können. Streichen Sie die Punkte durch, für die Sie sich auch einen anderen Weg vorstellen können.

Entfernen Sie mit jeder Streichung unnötigen Ballast.

Machen Sie ebenfalls neue Stichpunkte zu alternativen Szenarien. Ergänzen Sie wichtige Themen und Aspekte, bei denen Ihnen nun auffällt, dass sie in Ihrer ursprünglichen Auflistung fehlten.

Ziehen Sie Ihr eigenes Resümee

Fassen Sie in einem kurzen, freien und prägnanten Text zusammen, was Ihnen wichtig ist im Leben, wie Sie sich die Person vorstellen, mit der Sie zusammen sein möchten, und wie eine solche Beziehung ablaufen könnte.

Berücksichtigen Sie für diese freie Selbstschilderung nur noch die Punkte, die Sie nicht durchgestrichen haben, und ziehen Sie die Alternativen und Ergänzungen mit heran.

Natürlich können Sie die Durchführung der Übung auch variieren. So können Sie zum Beispiel statt Stift und Papier einen Computer verwenden.

Wie auch immer, das Ergebnis sollte ein freier Text in drei Teilen sein, bei dem es nicht auf die Schönheit der Formulierung, sondern nur auf den Inhalt ankommt. Das, was Sie so erarbeiten, wird Ihnen helfen, Ihre Partnersuche effektiv anzugehen und zum gewünschten Erfolg zu bringen.

Der Text ist geschrieben? Gratulation, Sie haben bereits einen wichtigen Schritt geschafft!

TRAUER, TRENNUNG UND PARTNERSUCHE

Das Ende einer Partnerschaft bedeutet einen Verlust in vielerlei Hinsicht. Langfristig können sich aus solch kritischen Lebensereignissen aber auch positive Folgen und neue Lebensperspektiven ergeben. In diesem Kapitel lernen Sie, wie Sie herausfinden, wann der richtige Zeitpunkt für die Suche nach einer neuen Beziehung gekommen ist.

Der Verlust, der mit dem Ende einer Partnerschaft einhergeht, kann sich individuell unterschiedlich ausdrücken. Oftmals tritt ein Verlust an Nähe, Vertrautheit und Gemeinsamkeit ein, der Bezugspunkt fällt plötzlich weg. Die emotionale, aber auch die materielle Sicherheit kann verloren gehen. Gemeinsame Aktivitäten sind nicht mehr möglich. Manchmal wird gar die eigene Lebensplanung abgebrochen. Vorherige Lebensziele verlieren ihren Kontext oder scheinen nicht mehr relevant zu sein. Unverarbeitete Gefühle und Konflikte mit Beziehungspartner:innen können nun oft nicht mehr gelöst werden. Belastende Gefühle von Reue, Scham und Wut, Verletzung und Verbitterung können die Folge sein.

Es gibt jedoch auch positive Folgen von Trauer und Trennung, die aber oft zunächst nicht erkennbar sind, weil sie durch Verlustgefühle überdeckt werden, nicht im Fokus stehen oder sich nur langfristig äußern. Dennoch gibt es sie. So können sich neue Lebensperspektiven mit neuen Erfahrungen eröffnen. Eingefahrene Wege mögen hinterfragt und verändert werden. Die Frage mag erneut aufkommen, wie das Leben gestaltet werden soll. Erfordernisse zu Kompromiss und womöglich übermäßigem Entgegenkommen fallen weg. Jetzt gibt es wieder Raum für Neues und Veränderung. Ein neues soziales Bezugsnetz mit neuen sozialen Beziehungen mag entstehen.

Womöglich fällt auch eine tiefgreifend dysfunktionale, perspektivlose oder gar gewalttätige Beziehung weg.

Verlust durch Tod

Verena Kast (2009) hat, ausgehend von den Arbeiten von Elisabeth Kübler-Ross (2014), ein Phasenmodell der Trauer bei Verlust durch Tod entwickelt.

Die Grundannahme ist, dass Trauer positiv bewältigt werden kann. Für eine geglückte Trauer ist es aber nach Kast erforderlich, vier Phasen nacheinander und vollständig zu durchlaufen.

1. Schockzustand: Am Anfang befindet sich der trauernde Mensch in einem Schockzustand. Leugnen und nicht wahrhaben wollen treten auf. Der Schock überlagert die Verarbeitung und führt zur Ausblendung des Verlustes.

2. Intensiv aufbrechende Emotionen: Es folgt eine Phase intensiv aufbrechender Emotionen mit hoher Intensität. Trauer, Schmerz, Einsamkeit, Angst, Zorn und Wut prägen das Erleben. Auch Gefühle der Freude und Erleichterung können auftreten, gehen jedoch typischerweise mit Schuldgefühlen einher. Es folgen Selbstvorwürfe über Versäumtes. Auch mit dem eigenen Schicksal zu hadern, wird in dieser Phase oft beobachtet. Es dominieren die negativen Gefühle und die Belastung. Die emotional-geistige Verarbeitung ist deutlich eingeengt und eine Offenheit für neue Wege ist noch nicht vorhanden.

3. Trauerarbeit: Die dritte Phase kann als Suchen, Finden und Loslassen beschrieben werden. Es geht darum, bewusst die Verbindung mit dem Verstorbenen zu spüren und diese intensiv zu erleben, Orte aufzusuchen, innere Dialoge zu führen und Erinnerungstücke zu betrachten. Dieser Prozess geht mit positiven und negativen Gefühlen einher. Die Betreffenden lernen so, mit ihren Gefühlen in Kontakt zu kommen, mit ihnen umzugehen, widersprüchliche Gefühle zuzulassen und zu integrieren. Im Idealfall resultiert hieraus eine Bewältigung der Trauer und eine Aussöhnung mit dem Verlust.

4. Neuorientierung: Es folgt die Phase von Akzeptanz und Neuanfang. Der Verlust ist nun akzeptiert, die aktive Neugestaltung des Lebens beginnt. Es wird über Lebensziele nachgedacht. Neue Möglichkeiten werden erkannt und umgesetzt. Der Verstorbene ist nicht vergessen, aber der Verlust kann angenommen, verarbeitet, in das Leben integriert werden, sodass wieder Raum für Veränderungen und Weiterentwicklung entsteht.

Das Modell empfiehlt den Trauernden, sich allen Phasen zu stellen und auch in der Phase zwei, der Phase der intensiven Gefühle, diese Gefühle nicht zu unterdrücken, sondern sie zuzulassen, damit eine Bewältigung gelingen kann.

Das Modell von Kast wird von Betroffenen oft als hilfreich erlebt, spiegelt allerdings sicherlich nicht alle individuellen Trauerverläufe wider. Insgesamt haben sich in der Psychologie Phasenmodelle, die von dem Ablauf einer notwendigen Anzahl fixierter Zustände ausgehen, als nicht ausreichend komplex gezeigt, um individuelle Prozesse beschreiben zu können.

Trauerverarbeitung und -bewältigung mögen individuell sehr unterschiedliche Verläufe annehmen. Tatsächlich kann Trauer eher in Wellen als in Phasen kommen und es sind Vorbewegungen wie auch Rückbewegungen immer wieder möglich. Auch das Ausmaß von Neuorientierung und Veränderung nach Trauerprozessen unterscheidet sich stark.

Trotzdem ist das Modell hilfreich, um den eigenen Trauerprozess verstehen und gestalten zu können, und kann Ihnen als Denkmodell helfen, um festzustellen, ob und wann der richtige Moment für eine neue Partnersuche erreicht ist.

Wann kann eine neue Partnersuche beginnen?

Der Beginn der Partnersuche ist noch verfrüht, wenn Sie sich erst in Phase eins oder zwei befinden. Wenn Sie sich dem Verlust noch nicht gestellt haben oder noch vollständig überflutet werden von intensiven Gefühlen wie Trauer, Verzweiflung, Schuld, vielleicht auch Hass und Wut, könnte dies eine neue Beziehung ungünstig beeinflussen.

Es bestünde auch die Gefahr, dass Ihre Partnersuche zu sehr von negativen Gefühlen oder Ihrem Wunsch, diese möglichst schnell zu einem Erfolg zu führen, geleitet würde. Dies mag zu einer ungünstigen Partnerwahl (Verkennen von Chancen, Einlassen auf den Falschen) oder zu einem ungünstigen Beziehungsaufbau (Übertragung der unverarbeiteten Trauer auf die neue Partnerschaft) führen.

Gleichzeitig könnte so die Trauer unbewältigt bleiben und Sie später wieder einholen.

Sie brauchen aber nicht zu warten, bis Sie keine Trauer mehr verspüren. Je stärker die Liebe war, desto häufiger werden selbst nach Jahrzehnten Gefühle der Trauer oftmals nicht gänzlich versiegen. Sie können immer wieder hochkommen. Wenn Sie diese Gefühle aber ausreichend verarbeitet haben, gefährden diese auch nicht mehr Ihre innere Stabilität und Beziehungsfähigkeit.

Nur Sie selbst können feststellen, wann der richtige Zeitpunkt für die Partnersuche gekommen ist. Sie merken es daran, dass der Fokus auf den Verlust und die Vergangenheit abnimmt und Ihr Interesse sich verstärkt wieder auf den Alltag richtet, Sie sich wieder mit Lebenszielen befassen und der Wunsch nach einer neuen Beziehung aufkommt und stärker wird.

Selbst wenn die Trauer noch stark ist, können Sie bereits mit der Partnersuche beginnen, wenn Bewältigung und Neuorientierung Fortschritte gemacht haben.

Verlust durch Trennung

Der Verlust von Beziehungspartner:innen durch Trennung weist viele Gemeinsamkeiten mit dem Verlust durch Tod auf.

Es gibt jedoch auch Besonderheiten: Der Kontakt zu der anderen Person ist weiterhin möglich, manchmal sogar erforderlich. Eine durch Beziehungspartner:innen vollzogene Trennung mag auch mit besonderen Verletzungen einhergegangen sein, eine selbst gewählte Trennung kann zu Schuldgefühlen und Reue führen. Es können Schwierigkeiten auftreten, die Verantwortung für die Beendigung der Beziehung zu übernehmen. Hinzu kommen ggf. juristische Auseinandersetzungen zu Sorgerecht und Unterhalt.

Aber ebenso wie bei der Trauer durch Verlust geht es auch bei der Trennung darum, zu einer Verarbeitung und Bewältigung zu gelangen:

Kurzfristig steht oft das Verlorene im Vordergrund. Es treten starke Gefühle der Verzweiflung, Traurigkeit oder Angst auf. Grübeln, nicht wahrhaben wollen, Selbstvorwürfe, Wut, Ärger, Eifersucht, Hass, Rückzug von Aktivitäten und Freunden, kompletter Abbruch des Kontakts zu Ex-Partner:innen, Vermeidung von Erinnerungen und damit verbundenen Orten oder gegenteilig sogar Tendenzen zum Stalking-Verhalten können auftreten.

Mittelfristig kann es aber bei einer gelingenden Verarbeitung zu einer Neuorientierung mit Akzeptanz des Verlusts kommen.

Positiv kann ein Trennungsverlust auch Ausgangspunkt sein, um die Beziehung zu bilanzieren, sich neue Ziele zu setzen und Handlungsmöglichkeiten zu erkennen.

Hobbys und soziale Kontakte können aktiviert werden und es kann Abstand von Selbstvorwürfen und Schuldzuweisungen genommen werden. Traurigkeit und Angst, aber auch Hass und Wut können überwunden werden und es kann zu einer realistischen Bewertung der wechselseitigen Anteile am Scheitern der Beziehung kommen.

Ist der Verlust langfristig bewältigt, können Erinnerungen zugelassen werden und Sie können sich womöglich sogar an positiven Erinnerungen erfreuen. Eine Integration des Verlusts in das eigene innere Modell der Biografie ist nun gelungen. Oft sind auch Wiederannäherungen als Freunde möglich, auch gelegentliche Wehmut, Sehnsucht, aber auch Ärger und Wut können akzeptiert werden.

Ebenso wie bei der Trauer gibt es keine allgemeingültige Regel, wie eine Trennungsverarbeitung verlaufen muss. Stattdessen sind in der Realität vielfältige individuelle Verläufe mit Vor- und Rückschwankungen möglich.

Indem Sie sich aktiv mit dem Geschehen auseinandersetzen, Ihre Gefühle zulassen, aber auch Ihren Alltag und Ihre Ziele neu ausrichten, können Sie verhindern, dass Sie in einer Phase von Verzweiflung, Trauer, Ärger oder Wut verharren, aus der ansonsten anhaltende Verbitterung werden kann.

Für eine neue Partnersuche sind Sie – ähnlich wie bei der Trauer nach Tod – bereit, wenn Sie selbst merken, dass die Neuorientierung bereits begonnen hat. Wenn Sie beginnen, den Verlust zu akzeptieren und in die Zukunft zu blicken, öffnen Sie sich wieder für eine neue Beziehung. Jetzt kann Ihre Partnersuche beginnen.

Was kann die Bewältigungsprozesse gefährden?

Verlust durch Tod und Trennung gehören seit jeher zum menschlichen Leben. Entsprechend verfügen wir grundsätzlich als Menschen über ein Repertoire, um diese kritischen Lebensereignisse bewältigen und annehmen zu können. Dennoch gelingt die Bewältigung nicht in jedem Fall und manche Menschen verfallen in eine tiefe Depression oder hadern noch nach Jahrzehnten mit ihrem Schicksal.

Der Grund dafür ist oft, dass eine Auseinandersetzung mit den eigenen Gefühlen vermieden wurde, sodass es nicht zu den notwendigen Voraussetzungen für eine Bewältigung kommen konnte. Auch auf gedanklicher Ebene kann eine Akzeptanz des Verlustes verweigert und die notwendige Neuorientierung vernachlässigt werden. Zudem kann es bei Trennungen im Streit zu einer anhaltenden Ausblendung eigener Anteile und zu einer dysfunktionalen Fokussierung auf die Schuldfrage kommen. Dies kann zu Verbitterung führen.

Erkennen Sie sich hier wieder und ist Ihnen bisher eine Bewältigung des Verlustes nicht gelungen?

Seien Sie nicht verzweifelt, sondern geben Sie sich einen Ruck, um aus der Fixierung oder Verbitterung herauszukommen. Suchen Sie nach schönen Wahrnehmungen und Erlebnissen in Ihrem Alltag und richten Sie Ihre Aufmerksamkeit auf diese.

Stellen Sie sich eine erfüllende neue Beziehung und eine lohnenswerte Zukunft vor. Nehmen Sie in der Imagination noch einmal Abschied und lassen Sie die andere Person los. Oder geben Sie der Person in Ihrer Erinnerung oder in Ihrem Alltag einen festen imaginären Platz, der sich nicht mit Ihrer Ausrichtung auf die Zukunft überlagert. In manchen Kulturen ist es üblich, mit den Toten symbolisch zu leben, sodass ein Verlust durch Tod den Schrecken verliert. Hiervon können Sie lernen.

Haben Sie aber auch den Mut, sich Hilfe zu suchen, wenn die Verarbeitung nicht gelingt. Für Hilfe ist es nie zu spät. Selbst nach Jahren und Jahrzehnten kann eine Verarbeitung von Verlusten durch eine psychotherapeutische Behandlung noch möglich sein. Mithilfe einer Psychotherapie kann es Ihnen so gelingen, frei zu werden für neue Perspektiven. In diesem Fall sollten Sie die Partnersuche noch ein wenig aufschieben, bis Sie so weit sind.

Ist der richtige Zeitpunkt für die Partnersuche gekommen?
Prüfen Sie sich selbst:
- Haben Sie intensive, überflutende und Ihren Alltag beeinträchtigende Gefühle von Verzweiflung, Trauer, Angst, Hass, Ärger oder Wut bereits überwunden beziehungsweise fühlen Sie sich ihnen zumindest nicht mehr hilflos ausgeliefert?

- Gelingt es Ihnen, den Verlust als Tatsache zu akzeptieren und mit ihm zu leben?

- Möchten Sie sich neu orientieren und wünschen Sie sich eine neue Beziehung?

Sie beantworten alle Fragen mit ja oder eher ja?

Einer Suche nach einer neuen partnerschaftlichen Beziehung steht nichts mehr im Wege!

So kann Partnersuche die Bewältigung unterstützen
Bisher ging es nur darum, wie die Verarbeitung von Trauer und Verlust die Partnersuche beeinflussen kann und wann der richtige Zeitpunkt für den Beginn der Partnersuche gekommen ist.

Tatsächlich kann umgekehrt die Partnersuche auch einen wichtigen Beitrag zur Verarbeitung der Trauer und für die Neuorientierung leisten:

- In einer inhaltsanalytischen Studie haben Young und Caplan (2019) die freien Selbstschilderungen von 241 partnersuchenden Witwern und Witwen auf der Dating-Plattform Match. com untersucht. Dabei fanden sie Belege für Strategien der Trauerverarbeitung, die bei der Verarbeitung der Trauer helfen können, indem sie dem Verlust einen Sinn geben, Veränderungsmöglichkeiten aus dem Verlust erschließen und eine Vision für eine neue Partnerschaft erarbeiten. Allerdings wurden derartige Strategien wesentlich seltener in den 280 Profilen geschiedener Partnersuchender gefunden. Immerhin: Sowohl bei Verlust durch Tod als auch bei Geschiedenen zeigte sich ein positiver Zusammenhang zwischen der Erwähnung des Verlusts in der freien Selbstschilderung und der Benennung einer Vision für eine künftige Partnerschaft. Sich mit dem Verlust auseinanderzusetzen, scheint in diesem Sinne eine zukunftsweisende Funktion auszuüben.

AUS DER VERGANGENHEIT LERNEN

Sie haben vorherige Verluste durch Tod oder Trauer verarbeitet und möchten sich nun auf die Zukunft und Ihren Wunsch nach einer neuen Beziehung ausrichten?

Was aber, wenn Sie in Ihrer künftigen Beziehung in alte Beziehungsmuster zurückfallen, die Sie bereits früher unglücklich gemacht haben?

Bevor Sie mit Ihrer Partnersuche starten, sollten Sie bereits wissen, was Sie künftig gerne anders machen möchten. Deshalb sollen Sie in diesem Kapitel lernen, eigene Anteile am Scheitern früherer Beziehungen zu erkennen, sich auf diese Weise selbst zu verändern und dadurch einer künftigen Beziehung zu einer besseren Basis zu verhelfen.

Als Menschen neigen wir dazu, die gleichen Muster zu wiederholen. So haben die Psychologen Park und MacDonald (2019) herausgefunden, dass Menschen sich nach dem Ende von

Beziehungen häufiger neue Beziehungspartner:innen suchen, die Ähnlichkeiten mit ihren Ex-Partnern aufweisen. War die Beziehung erfüllt und glücklich, ist dies kein Problem. Die Autor:innen vermuten aber, dass diese Tendenz bei vorher unerfüllten Beziehungen zur Wiederholung von Beziehungsproblemen führen kann. Dann laufen Menschen Gefahr, sich durch die Partnerwahl immer wieder in den gleichen belastenden Beziehungskonstellationen wiederzufinden.

Partnersuche ist jedoch mehr, als einen Menschen für eine neue Beziehung zu finden. Meistens tragen an partnerschaftlichen Problemen alle Beteiligten Mitverantwortung. Es genügt daher nicht, eine ungünstige Partnerwahl zu vermeiden.

Wenn eigene Anteile zu partnerschaftlichen Konflikten oder Verwerfungen in der Vergangenheit beigetragen haben, besteht vielmehr das Risiko, dass diese sich in einer neuen Beziehung bald wieder zeigen. Schließlich ergibt sich die Zukunft zu einem guten Anteil aus der Vergangenheit. Nicht umsonst heißt es, der Mensch sei ein Gewohnheitstier.

Jedoch können wir unsere Gewohnheiten auch verändern. Gelingt es uns, problematische Verhaltensmuster aus der Vergangenheit zu erkennen, können wir uns Strategien zurechtlegen, um ihre Wiederholung zu verhindern. Dies gilt auch für unsere Liebesbeziehungen.

Werfen Sie daher nun noch einmal vor dem Beginn Ihrer Partnersuche einen Blick zurück auf Ihre vergangenen Beziehungen. Erkennen Sie Fehler, Schwächen und problematische Muster, die Sie künftig gerne vermeiden wollen.

Erinnern Sie sich bei der folgenden Übung an das, was in vergangenen Beziehungen gut und schlecht gelaufen ist. Richten Sie aber bei dieser Übung Ihre Aufmerksamkeit nicht nur auf die tatsächlichen oder möglichen Fehler und Versäumnisse Ihrer ehemaligen Beziehungspartner:innen, sondern vor allem auch auf sich selbst. Ex-Partner:innen können Sie nicht mehr ändern, sich selbst jedoch schon.

Versuchen Sie Antworten auf folgende Fragen zu finden:
- Was haben Sie selbst dazu beigetragen, dass vorherige Beziehungen sich ungünstig entwickelten?

- Wo sind Sie kompromisslos gewesen oder wo haben Sie vielleicht Ihre Grenzen nicht rechtzeitig gezeigt?

- Was würden Sie anders machen, wenn Sie noch einmal von Neuem beginnen könnten?

- Haben Sie eine falsche Partnerwahl getroffen – wenn ja, in welcher Weise?

Die Antworten auf diese Fragen sind nicht nur rein theoretischer Natur, sondern sie weisen in die Zukunft.

Je klarer Sie sich darüber werden, was Sie künftig anders handhaben möchten, desto eher wird es Ihnen gelingen, dies auch umzusetzen.

Übung: Extreme erkennen und ändern
Häufig sind es die Extreme, in welche Richtung auch immer, die das Glück in einer vergangenen Partnerschaft minderten oder diese gar ins Unglück stürzten.

Der Grundsatz für diese Übung lautet:
- Die Vergangenheit annehmen, aber aus den eigenen Fehlern lernen.

Im Folgenden finden Sie eine Auflistung möglicher Extreme. Der positive Begriff steht jeweils in der Mitte, ungünstige Übersteigerungen sind jeweils links und rechts eingetragen.

Nehmen Sie sich jetzt Ihre letzte wichtige partnerschaftliche Beziehung vor und schätzen Sie sich selbst ein:
• Wo lagen Sie im grünen Bereich, wo waren Sie in das eine oder andere Extrem verfallen?

Führen Sie sich Ihre letzte bedeutsame Beziehung vor Augen und kreuzen Sie an, wo Sie sich ungünstig verhalten haben. Übrigens ist es durchaus möglich, dass auch scheinbar gegensätzliche Problembereiche aufgetreten sind. So könnten Sie in einer Beziehung zwischen Distanziertheit, Rückzug und Klammern geschwankt haben. Menschen in Beziehungen mögen auch zwischen Unterwürfigkeit und Angriff wechseln. Kreuzen Sie in solchen Fällen beide Gegensätze an.

Ergänzen Sie die Liste um weitere Aspekte, die Ihnen einfallen:

_ Egoismus	_ Hilfsbereitschaft	_ Selbstaufopferung
– Rückzug	_ Eigenständigkeit	_ Abhängigkeit
_ Konfliktvermeidung	_ Konfliktbereitschaft	– Aggressivität
_ Ausblendung	– Problemlösung	_ Katastrophisieren
_ Distanziertheit	_ Nähe	_ Klammern
_Desinteresse	_ Freiheit	_ Kontrolle
_Selbstvergessen	_ Selbstfürsorge	_ Egozentrik
_ Selbstaufgabe	_ Selbstbehauptung	_ Dominanz
_ Getrennte Wege	_ Gemeinsamkeit	_ Einengung (Symbiose)
_ Sexualvermeidung	_ Sexualität	_ Sexsucht
_ Nachgiebigkeit	_ Lösungsfindung	_ Kompromisslosigkeit
_ Anschweigen	_ Gespräche	_ Vorträge halten
_ Zurechtweisung	_ Klärung	_ Anhimmeln

_ Festhalten	_ Gemeinsamkeit	_ Wegstoßen
_ Einseitig	_ Wechselseitigkeit	_ Auge um Auge
_ Gefühlsarm	_ Gefühlsausdruck	_ Überbordend
_ Um jeden Preis	_ Bindung	_ Vielleicht nur heute
_ Einfrieren	_ Veränderung	_ Sprunghaftigkeit
_ Unterwerfung	_ Gleichberechtigung	_ Beherrschen
_ Sich aufgeben	_ Rücksichtnahme	_ Rücksichtslosigkeit
_ Prüderie	_ Experimentierfreude	_ Grenzüberschreitung
_ Bindungslosigkeit	_ Eigenständigkeit	_ Abhängigkeit
_ Ausgrenzung	_ Familienbezug	_ Familienzwang
_ Nur Partner:in zählt	_ Freundschaften	_ Freunde sind wichtiger
_ Langeweile	_ Aktivität	_ Hyperaktivität
_ Vorwürfe	_ Verzeihen	_ Alles hinnehmen
_ Pessimismus	_ Positiv denken	_ Rosa Brille
_ Naiv	_ Realitätsgerecht	_ Argwöhnisch

Alles Zutreffende angekreuzt?

Schauen Sie sich Ihre Kreuze noch einmal genau an und erschließen Sie daraus ein eigenes Profil. Machen Sie sich bewusst, wo Ihre Schwächen lagen. Denn so tun Sie den ersten Schritt, um sie zu überwinden.

Machen Sie sich jetzt einen Plan, damit Sie künftig nicht in diese ungünstigen alten Muster zurückfallen.

Schreiben Sie hierzu auf der Grundlage Ihrer Kreuze zwei kurze Texte, die festhalten, was Sie früher falsch gemacht haben und worauf Sie künftig achten möchten.

Heben Sie diese Texte gut auf und schauen Sie sie sich immer wieder in Situationen an, in denen sie bedeutsam werden – ob bei einer sich anbahnenden partnerschaftlichen Beziehung oder bei Konflikten oder Unzufriedenheit in einer solchen Beziehung.

Beispieltexte:

Das war schiefgelaufen

- In der Beziehung mit Jan habe ich mich zu sehr aufgeopfert und dabei meine eigenen Bedürfnisse vernachlässigt. Dadurch bin ich in eine abhängige Position gekommen. Ich habe auch ganz am Anfang nicht klar genug gemacht, dass mir ausgeglichene Rollen wichtig sind und habe nicht sehen wollen, dass Jan hierzu womöglich von Anfang an nicht bereit war. Anstatt eine offene Klärung zu versuchen, habe ich geklammert, habe gleichzeitig aus Angst aus Mücken Elefanten gemacht (Katastrophisierung). Lange habe ich zu Konflikten geschwiegen und meinen Kopf in den Sand gesteckt, wenn mir dann aber alles zu viel wurde, bin ich ausgerastet (Konfliktvermeidung und Aggressivität). Ich habe auch versucht, alles einzufrieren und keine Veränderungen zuzulassen, gleichzeitig habe ich mir die Sache schöngeredet und bin naiv gewesen. Dadurch habe ich meine eigenen Grenzen nicht rechtzeitig erkannt und zum Ausdruck gebracht. Dies hat mir wiederum Möglichkeiten genommen, die bestehenden Probleme zu klären und zu einer Lösung zu gelangen.

Hierauf werde ich künftig achten

- Künftig möchte ich in einer Partnerschaft mich nicht mehr selbst nur aufopfern, sondern auch meine eigenen Bedürfnisse und Grenzen wahrnehmen und zum Ausdruck bringen. Ich möchte von Anfang an auf Wechselseitigkeit achten und bestehende Probleme und Konflikte ansprechen, um zu einer Lösung zu gelangen. Vorwürfigkeit und Aggressivität möchte ich dabei vermeiden. Stelle ich bereits kurz nach dem Kennenlernen fest, dass es nicht passt und die andere Person sich nicht einlassen will, grenze ich mich rechtzeitig ab. Ich möchte ein gemeinsames Leben aufbauen, jedoch soll jeder auch seine eigenen Freiräume haben und ich werde auf Eigenständigkeit achten. Ich werde nicht mehr den Kopf in den Sand stecken und auch nicht mehr aus Mücken Elefanten machen, sondern Schwierigkeiten aktiv angehen, um zu einer gemeinsamen Lösung zu gelangen. Dabei muss nicht immer alles so bleiben, wie es war und ist, sondern Veränderungsmöglichkeiten können erkannt, zugelassen und gemeinsam umgesetzt werden.

Gefahr erkannt – Gefahr gebannt?

Ganz so einfach ist es nicht. Trotzdem haben Sie mit Ihrem Veränderungsplan jetzt deutlich bessere Aussichten, vergleichbare Probleme künftig zu umschiffen.

Kein Mensch ist vollständig konsequent und es gelingt uns nicht immer, unsere Vorsätze einzuhalten. Seien Sie daher wachsam und beobachten Sie sich selbst. Wenn Sie feststellen, dass Sie wieder in ungünstige Muster zurückfallen, rufen Sie sich Ihre Vorsätze erneut ins Gedächtnis und werfen Sie rechtzeitig das Steuer herum.

Die eigenen Vorsätze umsetzen

Was aber tun, wenn die Umsetzung der guten Vorsätze partout nicht gelingen will?

Bei einem gutem Selbstmanagement wird dies seltener, bei Defiziten in der Selbststeuerung aber häufiger der Fall sein.

Bestehen bei Ihnen Defizite in der Selbststeuerung?

In diesem Fall macht es Sinn, die Partnersuche zum Anlass zu nehmen, um an der Optimierung der eigenen Selbststeuerung zu arbeiten. In diesem Kapitel wird Ihnen gezeigt, wie dies geht.

Nur wenige Menschen sind gänzlich mit sich zufrieden. Oft tun wir Dinge, die wir eigentlich nicht tun wollen oder sollen. Oder wir unterlassen Dinge, die wir tun möchten oder sollten.

Es handelt sich hier um zwei Arten von Selbstmanagement-Defiziten, für die es unzählige Beispiele im Alltag gibt.

Wir tun, was wir nicht wollen ...

* Menschen rauchen, trinken, essen zu viel oder das Falsche, leiden unter Internetsucht, Sexsucht oder Spielsucht, kaufen mehr ein, als sie sollten, gehen fremd oder hintergehen ihre Beziehungspartner:innen in anderer Art und Weise.

Bei all diesen Verhaltensweisen – und vielen weiteren – liegt ein Selbstregulationsdefizit zugrunde, welches darin besteht, dass Menschen für kurzfristige Belohnungen (beispielsweise Geschmackserlebnisse, Glückserleben durch Gewinne beim Spielen usw.) auf langfristige Belohnungen (beispielsweise Selbstzufriedenheit) verzichten oder sogar dauerhafte Schäden (beispielsweise Nikotinabhängigkeit, Adipositas) erleiden.

Gehen wir fremd oder hintergehen unsere Beziehungspartner:innen in anderer Weise, werden wir oft kurzfristig belohnt (Durchsetzung eigener Bedürfnisse), langfristig sind die Folgen aber ungünstig (Verminderung der Beziehungsqualität).

Wir tun nicht, was wir eigentlich sollten ...

* Menschen treiben keinen Sport, schieben notwendige, aber unangenehme Tätigkeiten gerne auf, vernachlässigen beispielsweise Ordnung, Lernen oder die Arbeit, unterlassen es, unangenehme Besuche durchzuführen oder Termine wahrzunehmen, vermeiden es manchmal gar, erforderliche medizinische Untersuchungen oder Behandlungen durchführen zu lassen.

Anstatt bestehende Probleme aktiv anzugehen und zu lösen, warten wir oft lieber ab. All diesen und vielen weiteren Verhaltensweisen liegt ebenfalls ein Selbstregulationsdefizit zugrunde, welches sich darin äußert, dass Menschen nicht die Anstrengung oder Selbstdisziplin aufbringen, um Notwendiges rechtzeitig zu tun oder nicht vermeidbare Belastungen auszuhalten.

So mögen wir in einer Beziehung wegschauen und Konflikte um jeden Preis vermeiden. Kurzfristig entgehen wir so einer womöglich stressreichen Auseinandersetzung. Langfristig werden die Probleme in der Beziehung fortbestehen und die Beziehungsqualität leiden.

Sympathie und Selbststeuerung

Typischerweise sind uns Menschen sympathischer und werden als attraktiver erlebt, die eine gute Selbstregulation aufweisen. Entsprechend sind Selbstkontrolldefizite also sozial unerwünscht und reduzieren auch bei der Partnersuche die Chancen. Es macht insofern wirklich Sinn, den Beginn der Partnersuche mit einer Verbesserung der Selbststeuerung zu verbinden.

Beim Online-Dating gelten im Durchschnitt Menschen als die besseren Matches, die nicht rauchen, nicht übermäßig trinken oder essen, nicht sexsüchtig, internetsüchtig oder spielsüchtig sind, sondern Selbstdisziplin und Durchhaltevermögen aufweisen, Sport treiben, auf ihre Gesundheit achten und sich notwendigen Anforderungen stellen, auch wenn diese unangenehm oder anstrengend sind.

Personen mit höherer Selbststeuerung können mit Belastungen besser umgehen, Konflikte eher klären, haben mehr Erfolgserlebnisse und sind mit sich selbst zufriedener. Sie können Probleme in Beziehungen besser managen und gemeinsam Lösungen erarbeiten. Deshalb werden sie als verlässlicher und vertrauenswürdiger erlebt.

Mit einer Verbesserung Ihrer Selbststeuerung erhöhen Sie Ihre eigene Attraktivität beim Online-Dating. Sie erhöhen aber auch Ihre Beziehungsfertigkeiten, wodurch sich die Aussichten für eine glückliche und stabile partnerschaftliche Beziehung ebenfalls verbessern. Letztlich erhöhen Sie mit einer guten Selbststeuerung die Zufriedenheit mit sich selbst.

Beginnen Sie jetzt mit der Veränderung

Sie wollten schon lange mit dem Rauchen aufhören oder Ihren Alkoholkonsum reduzieren? Sie möchten regelmäßig Sport treiben, gesünder essen oder das Chaos in Ihrem Leben beseitigen?

Wenn große Dinge anstehen, relativieren sich so manche Schwierigkeiten. Die Liebe ist eines der wichtigsten Dinge im Leben. Wenn Sie sich auf dieses Ziel konzentrieren, wird es Ihnen leichter fallen, einiges in Ihrem Alltag zum Positiven zu verändern, selbst wenn es sich bereits um langjährige Gewohnheiten handelt.

Schieben Sie Ihre Veränderungsziele nicht mehr auf, sondern gehen Sie sie nun an.

Bei der Selbstoptimierung geht es nicht darum, sich zu verbiegen, um die Chancen auf dem sogenannten „Partnermarkt" erhöhen. Es geht darum, mit dem zu beginnen, was Sie eigentlich schon immer wollten, und dadurch konsistenter mit sich selbst, zufriedener und beziehungsfähiger zu werden.

Strategien für eine bessere Selbststeuerung

Selbstkontrolle kommt nicht von allein, sondern bedarf des Trainings. Glücklicherweise gibt es Strategien, die Sie anwenden können und die hier gute Arbeit leisten:

Problem und Ziel identifizieren
Machen Sie sich klar, was das Problem ist und was Sie ändern möchten. Definieren Sie die gewünschte Veränderung so genau wie möglich.

Beispiele:
• Aufhören zu rauchen

• Kein Fleisch mehr essen

• Den Alkoholkonsum um die Hälfte reduzieren

• Jeden Tag eine halbe Stunde joggen

Den Startzeitpunkt festlegen
Setzen Sie sich einen konkreten und zeitnahen Startpunkt, ab dem Sie mit dem gewünschten Verhalten beginnen werden. Schieben Sie den Startpunkt nicht zu weit auf, sondern beginnen Sie zeitnah, beispielsweise nächsten Montag oder schon in einer Stunde.

Erkennen Sie Barrieren und Risikosituationen
Machen Sie sich vorab Gedanken, welche Risikosituationen oder Komplikationen auftreten und Sie von Ihrem Zielverhalten abhalten oder Sie in Versuchung bringen könnten.

Beispiele:
• ein gemeinsames Essen mit Freunden

• abendliche Kneipenbesuche

• mangelnder Schlaf

• eigene Entschuldigungen (heute darf ich einmal …)

Machen Sie sich Notfallpläne

Planen Sie, wie Sie Risikosituationen und Komplikationen widerstehen werden. Formulieren Sie für sich eine genaue Handlungsanweisung, welche die Dinge beinhaltet, die Sie tun, sagen oder denken werden, um bei Versuchungen stark zu bleiben.

Sehr hilfreich kann es auch sein, den eigenen Freunden klar mitzuteilen, dass Sie nicht mehr rauchen, kein Fleisch essen oder nicht mehr trinken möchten, um einige mögliche Ziele zu benennen.

Je stärker Sie Verbindlichkeit schaffen und um die Respektierung Ihres Wunsches bitten, desto weniger werden Freunde und Bekannte zu negativen Einflüssen werden und Sie von Ihrem Ziel abhalten.

Planen Sie auch, mit welchen Worten Sie sich selbst zur Ordnung rufen und erneut auf Zielkurs bringen werden. Das Zurufen eines inneren „Stopp, ich gebe dieser Versuchung jetzt nicht nach" kann hilfreich sein.

Damit Sie nicht vergessen, was Sie sich vorgenommen haben, mag auch eine Erinnerungsfunktion über Ihr Handy helfen.

Nutzen Sie Selbststeuerungstechniken

Mithilfe von Selbststeuerungstechniken können Sie auf Optimierungskurs bleiben:

- **Selbstbeobachtung:** Beobachten Sie sich selbst, damit Sie rechtzeitig erkennen, wenn Sie drohen, schwach zu werden.

- **Selbstinstruierung**: Rufen Sie sich zur Ordnung und wenden Sie Selbstinstruktionen an. Üben Sie, Ihren eigenen Instruktionen zu folgen.

- **Selbstbelohnung:** Belohnen Sie sich selbst, wenn Sie erfolgreich sind, ob mit Worten („Mensch, bin ich gut") oder mit Taten („heute gönne ich mir einen Kinoabend").

- **Selbstbestrafung:** Scheuen Sie nicht vor Selbstbestrafung zurück, wenn Sie Ihren Vorsätzen nicht folgen. Es geht hier natürlich nicht um schwere Bestrafungen, sondern darum, sich selbst zu kritisieren oder sich eine Vergünstigung zu streichen, die Sie ansonsten in Anspruch genommen hätten.

- **Situationsgestaltung (Stimuluskontrolle):** In verschiedenen Situationen verhalten sich die gleichen Menschen unterschiedlich. Bei der Situationsgestaltung als Selbststeuerungstechnik geht es darum, gezielt solche Alltagssituationen herzustellen, die positives Verhalten fördern und negatives Verhalten hemmen. Wenn Sie gerne sportlicher werden wollen, mag es beispielsweise hilfreicher sein, sich mit der joggenden Freundin zu verabreden, anstatt mit dem Freund, der nur gemeinsam Kuchen essen will. Um den Alkoholkonsum zu reduzieren, sind Spaziergänge im Wald sinnvoller als Kneipenbesuche. Eine wirksame Strategie gegen das Verlangen nach Süßigkeiten ist es, diese erst gar nicht mehr einzukaufen, sondern stattdessen im Supermarktregal zu gesundem Obst und Nüssen zu greifen.

Erkennen Sie, wie Sie Ihren Alltag, Ihre Lebenssituation, Ihre sozialen Kontakte und Aktivitäten besser gestalten können, sodass Sie Ihre Ziele erreichen. Bauen Sie Ihren Alltag um, damit Sie Ihre Ziele unterstützen und unerwünschtes Verhalten erschweren.

Schaffen Sie Motivationsanreize

Ohne konstante Selbstmotivierung gehen viele Vorsätze verloren. Um ein Zielverhalten zu erreichen und aufrechtzuerhalten, ist es daher wichtig, sich immer wieder selbst zu motivieren.

Hilfreich ist hier Zeitprojektion: Stellen Sie sich vor, wie schön es für Sie sein wird, wenn Sie Ihr Ziel erreicht haben. Je lebendiger Sie sich dies vorstellen, desto besser.

Wichtig ist aber auch, an sich selbst zu glauben.

Es reicht nicht, ein Ziel zu haben. Wir müssen uns auch zutrauen, das Ziel zu erreichen. In der Psychologie werden die Überzeugungen, Ziele erreichen zu können, Selbstwirksamkeitsüberzeugungen genannt.

Sind die Selbstwirksamkeitsüberzeugungen gering, werden wir für unsere Ziele nicht aktiv, selbst wenn wir sie uns noch so sehr wünschen. Wenn wir also an uns selbst nicht glauben, beginnen wir gar nicht erst, Veränderungen umzusetzen. Trauen wir uns aber Dinge zu, gehen wir sie an.

Machen Sie sich daher klar, dass jeder die eigene Selbstregulation verbessern kann, auch Sie!

Vorbereitung auf das Online-Dating

Treffen uns Dinge überraschend, sind wir oft hilflos und fühlen uns ihnen ausgeliefert. Haben wir uns aber vorbereitet, können wir auf bereits vorliegende Ideen und Skripte zurückgreifen, sodass die Bewältigung meistens besser gelingt.

Temporärer Misserfolg beim Online-Dating kann durch eine Reihe von Faktoren hervorgerufen werden. Bereiten Sie sich von Anfang an gut auf diese und mögliche weitere Faktoren vor, sodass der Erfolg Ihrer Partnersuche ihnen nicht zum Opfer fällt – auf viele dieser Faktoren werden wir an späteren Stellen noch einmal zu sprechen kommen:

- **Bequemlichkeit:** Die Suche nach einer geeigneten Plattform, das Anlegen eines aussagekräftigen Profils, die Pflege eines entstehenden Kontaktes. All dies verlangt Zeit und Bemühen. Erkennen Sie bei sich Impulse zu Bequemlichkeit und

Aufschieben? Legen Sie sich klare Vorsätze zurecht und wenden Sie die erworbenen Selbststeuerungstechniken an. Machen Sie sich Ihr Ziel immer wieder bewusst und glauben Sie an Ihre Chancen, über Online-Dating eine Beziehung zu finden.

- **Mangel an Geduld:** Dies ist einer der häufigsten Misserfolgsfaktoren beim Online-Dating. Denken Sie langfristig. Eine Partnerschaft soll möglichst für ein ganzes Leben halten. Da darf die Partnersuche durchaus länger dauern, auch 2–3 Jahre sind völlig in Ordnung. Rechnen Sie mit einem langen Zeithorizont und freuen Sie sich, wenn es schneller geht.

- **Furcht vor Ablehnung:** Gerade Menschen mit Hemmungen und einem fragilen Selbstwert reagieren oft mit innerer Verletztheit auf Absagen und Zurückweisungen. Partnerfindung geht aber meistens nicht über einen geraden Weg, sondern es kommt zu Barrieren und Umwegen. Machen Sie sich vorher die hohe Wahrscheinlichkeit von Ablehnungen bewusst und arbeiten Sie daran, sich eine etwas dickere Haut zurechtzulegen. Betrachten Sie das Online-Dating als Möglichkeit, an mehr Selbstsicherheit zu arbeiten.

- **Angst vor Bindung:** Plötzlich verlässt Sie die Courage, wenn es ernst wird? Partnerschaft verlangt eine Bindungsentscheidung. Das Leben ändert sich mit einer Partnerschaft. Es wird nicht nur zu positiven Erfahrungen und Gewinnen, sondern auch zu negativen Erfahrungen und Verlusten kommen. Bei guter Passung und gemeinsamen Zielen werden aber die positiven Seiten überwiegen. Seien Sie sich bewusst, dass es Ambivalenzen gibt und immer geben wird und stellen Sie sich vorab darauf ein, bei guter Gesamtpassung „Ja" zu sagen.

- **Dating-Sucht:** Manche Menschen werden regelrecht süchtig vom Dating, weshalb sie keine Entscheidung für eine Beziehung treffen können. Beobachten Sie sich selbst und achten Sie darauf, dass Ihr eigentliches Ziel einer dauerhaften Beziehung nicht durch kurzfristige Vergnügungen und Unterhaltung ersetzt wird. Wird das Dating zum Drang, ist es an der Zeit, die Reißleine zu ziehen. Wechseln Sie spätestens jetzt die Plattform und suchen Sie nur noch dort nach Partnerschaft, wo nicht Unterhaltung und Lebendigkeit, sondern das Kennenlernen eines Menschen im Vordergrund stehen.

Welche weiteren Komplikationen befürchten Sie?

Menschen sind unterschiedlich und bei unterschiedlichen Menschen können daher unterschiedliche Komplikationen auftreten. Die genannten fünf möglichen Komplikationen bei der Online-Partnersuche treten besonders häufig auf, aber die Auflistung ist keineswegs vollständig.

Machen Sie ein Brainstorming und schreiben Sie in Stichworten alle möglichen Komplikationen auf, die Sie sich in Ihrem Fall vorstellen können.

Überlegen Sie nun, wie Sie diesen Komplikationen am besten begegnen können.

Schreiben Sie Ihre Lösungsansätze in Stichpunkten zu den Komplikationen hinzu und bewahren Sie den Zettel auf, um gegebenenfalls später auf ihn zurückzugreifen.

DIE RICHTIGE EINSTELLUNG FÜR DIE ONLINE-PARTNERSUCHE

Sie sind bereits gut vorbereitet, um mit der Online-Partnersuche zu beginnen? Allerdings teilen Sie vielleicht (unbewusst) die häufiger vorkommenden negativen Einstellungen zum

Online-Dating? Dann bleiben diese Einstellungen nicht ohne Folgen und können den Erfolg Ihrer Partnersuche zunichtemachen.

In diesem Kapitel werden Sie mehr darüber erfahren, von welchen negativen Einstellungen Sie sich distanzieren sollten und mit welchen Einstellungen zum Online-Dating Sie stattdessen Ihrer Partnersuche auf die Sprünge helfen können.

Negative Einstellungen, Zynismus und Pessimismus können zu selbsterfüllenden Prophezeiungen werden. Denn wir beginnen uns oft so zu verhalten, dass wir unsere Befürchtungen zur Realität machen.

Aber auch positives Denken allein hilft bei der Partnersuche nicht weiter, wenn es nicht an Ziele und tatsächliche Handlungsoptionen gebunden ist.

Es geht also darum, negative Denkfehler und Vorurteile zu überwinden und zu optimistischen, aber gleichzeitig realitätsgerechten Einstellungen zur Online-Partnersuche zu gelangen.

Solche positiven und realitätsgerechten Einstellungen werden Ihnen eine aktive Handlungsorientierung, Gelassenheit, Frustrationstoleranz, Geduld und einen ausreichend langen Atem ermöglichen, um Ihre Partnersuche erfolgreich abzuschließen.

Vorurteile verstellen den Blick

In Online-Foren und auch Diskussionen außerhalb des Internets trifft man immer wieder auf die Behauptung, dass die Online-Partnersuche sowieso zwecklos sei.

Frauen interessierten sich angeblich nur für Wohlstand und Prestige. Männern gehe es nur um Sex und gutes Aussehen. Die meisten Profile seien sowieso gefälscht und hätten mit der Wirklichkeit nichts zu tun. Partnerbörsen seien in Wirklichkeit reine Abzocke. Es sei ein Markt, der von der Anstachelung von Sehnsüchten lebe, die er nicht erfülle:

„Fakt ist, dass Sie mit den Sehnsüchten der Menschen Ihr Geld verdienen, und das wollen Sie gut und reichlich."[7]

Auch verbitterte und frauenfeindliche Einstellungen kommen bei einem Teil der Männer nicht selten dazu. Andere halten sich selbst für einen hoffnungslosen Fall oder meinen, in ihrem Alter sei die Online-Partnersuche zwecklos.

Das Problem bei all diesen durchaus weit verbreiteten Ansichten ist, dass sie auf die eigene Person zurückfallen:
• Wenn Sie so denken, wird Ihre Online-Partnersuche gar nicht erst beginnen, verfrüht enden oder dauerhaft erfolglos bleiben. Sie werden Ihre Misserfolgserwartungen nur bestätigen.

Eine selbsterfüllende Prophezeiung ist eine Annahme, die sich in der Zukunft dadurch erfüllt, dass sich Menschen in einer ganz bestimmten Art und Weise verhalten. Jedoch merken Menschen oft nicht, dass sie es selbst sind, die zur Bestätigung ihrer eigenen Prophezeiung führen.

Die Betroffenen erklären beim Online-Dating ihren Misserfolg damit, dass sie aufgrund der eigenen Person oder dem Verhalten anderer keine Chance hätten. Oft machen sie auch die Plattformen verantwortlich.

Doch wenn eigene Bedürfnisse dauerhaft nicht erfüllt werden, kann es, wenn man sich dies mit eigenen Defiziten erklärt, zu Hilflosigkeit, Resignation und Depression kommen. Und wenn man die Gründe dafür nach außen lagert, können Ärger, Wut, Verbitterung, Aggression oder sogar Hass entstehen.

Beim Online-Dating lassen sich solche Probleme manchmal bereits an Profiltexten erkennen, in denen sich Zynismus und Pessimismus niederschlagen. Sogar Erstnachrichten und Antworten können hiervon geprägt sein. Ergebnis ist, dass die anderen Menschen, die man eigentlich kennenlernen möchte, abgeschreckt werden. Ausbleibende Antworten oder Kontaktabbrüche sind die Folge.

Aus solchen Erfahrungen kann ein Teufelskreislauf resultieren, weil die nunmehr wirklich negativen Erfahrungen die eigenen Vorurteile bestätigen. Ergebnis kann ein noch negativeres eigenes Kommunikationsverhalten sein, bis hin zu völliger Inaktivität oder beleidigend-aggressiven Verhaltensweisen.

Korrigieren Sie Ihre Denkfehler!

Denkfehler können die Online-Partnersuche also ernsthaft erschweren. Wer seine Denkfehler kennt und korrigiert, hat demgegenüber bessere Vermittlungschancen.

Im Folgenden werden einige typische Denkfehler aufgezählt. Erkennen Sie einen oder mehrere dieser Fehler bei sich? Umso besser, denn so haben Sie die Möglichkeit, Ihre Einstellungen zu korrigieren:

Partnerbörsen sind reine Abzocke

Tatsache ist, dass viele Menschen online eine Partnerschaft finden. Die meisten Menschen kennen daher auch irgendwo in ihrem Umfeld ein Paar, das über eine Online-Dating-Plattform zusammengefunden hat.

Rosenfeld et al. (2012) beobachteten in einer repräsentativen Studie darüber, wie sich Paare in der USA kennenlernten, dass die Rolle von Familie und Freunden als traditionelle Matchmaker über die Jahrzehnte abgenommen hat und die Rolle des Online-Datings als Matchmaker 2009 bei heterosexuellen Paaren bereits einen Anteil von 22 % erreicht hatte – im gleichgeschlechtlichen Bereich lag sie damals sogar bei über 60 %.

In einer Nachfolgestudie untersuchten Rosenfeld et al. (2019) anhand einer weiteren repräsentativen Stichprobe heterosexueller Paare, welche Veränderungen seit 2009 eingetreten waren.

In diesen Daten, die bis zum Jahr 2017 reichen, zeigt sich, dass die Rolle der traditionellen Matchmaker Familie und Freunde seit 2009 immer weiter abgenommen hat und die Rolle des Online-Datings als Matchmaker weiter zugenommen hat. 2017 erreichte der Anteil des Online-Datings 40 % an allen entstandenen Paarbeziehungen.

Natürlich gibt es seriösere oder weniger seriöse Online-Dating-Plattformen. Wäre die Online-Partnersuche aber insgesamt nichts als Abzocke, hätten all diese Beziehungen nicht entstehen können.

Wie alle anderen Dienstleister in einer privatwirtschaftlich ausgelegten Gesellschaft sind auch Partnerbörsen in der Regel auf Gewinnerzielung ausgerichtet. Dies unterscheidet Dating-Plattformen aber nicht von anderen Internet-Portalen. Die Behauptung, alle Partnerbörsen seien Abzocke, ist daher ein Vorurteil.

Das Hauptproblem bei dieser Einstellung ist, dass Sie mit ihr eine Barriere errichten, die es Ihnen erschweren wird, die Möglichkeiten der Online-Partnersuche auszuschöpfen. Denn mit dieser Einstellung werden Sie vermutlich auf die Nutzung der Online-Partnersuche ganz verzichten oder diese nicht wirklich nachhaltig betreiben.

Damit berauben Sie sich aber der Nutzung einer der wirksamsten Möglichkeiten der Partnerfindung in der heutigen Zeit, wie die Befunde von Rosenfeld et al. (2019) eindrucksvoll belegen.

Dating-Profile sind voll von Lügen und Betrug

Ehrlichkeit beim Online-Dating ist ein viel diskutiertes Thema. Wie hoch die Ehrlichkeit ist oder wie viel umgekehrt in Profilen verzerrt, gelogen oder gefälscht wird, hängt maßgeblich mit der Wahl der Plattform zusammen und liegt damit zu einem guten Teil in Ihrer eigenen Kontrolle.

Fehlerhafte Angaben in Dating-Profilen sind eine Realität:
* So beobachtete eine Untersuchung von Toma et al. (2008), dass die Angaben von Frauen zu ihrer Figur beim Online-Dating häufiger fehlerhaft waren als die entsprechenden Angaben von Männern, die umgekehrt eher dazu neigten, falsche Angaben zur Körpergröße zu machen.

Fotos sind ebenfalls nicht immer akkurat:
* Hancock und Toma (2009) ließen 59 Fotos von Partnersuchenden beim Online-Dating durch unabhängige Bewerter und trainierte Experten auf ihren Realitätsgehalt beurteilen. Ungefähr ein Drittel der Fotos wurde als nicht akkurat bewertet. Fotos von Frauen wurden dabei als weniger akkurat bewertet als Fotos von Männern. Spezifisch wurden Fotos von Frauen durch professionelle Fotografen häufiger als nicht aktuell, retuschiert oder anderweitig bearbeitet eingeschätzt.

Neben Figur und Größe wird auch zum Alter gelegentlich geschummelt:
* Hancock et al. (2007) erfassten Größe, Gewicht und Alter von 80 Personen und verglichen diese mit den Angaben in ihren Dating-Profilen. Sie stellten in allen Bereichen Tendenzen zu falschen Angaben fest. Allerdings zeigte sich ebenfalls, dass das Ausmaß solch falscher Angaben in aller Regel nur gering war.

Das geringe Ausmaß von Falschangaben mag auf den ersten Blick verwundern. Aber warum sollten Partnersuchende lügen, wenn sie auf einer kostenpflichtigen Online-Dating-Plattform nach Beziehungspartner:innen suchen?

In offenen sozialen Netzwerken, bei Flirt- und Unterhaltungsplattformen mag eine solche Motivation schneller entstehen, zumal hier viele Menschen auch rein virtuelle Bedürfnisse ausagieren, ohne sich tatsächlich begegnen oder gar eine Beziehung miteinander führen zu wollen.

Bei ernsthaft Partnersuchenden ist eine solche Motivation dagegen unwahrscheinlich, weil das Interesse an einem Kennenlernen hoch ist und die Falschangaben spätestens beim ersten Treffen auffallen würden.

Psychologisch ist daher davon auszugehen, dass Falschangaben bei einem ernsthaften Interesse an der Partnerfindung abnehmen.

Hierfür sprechen auch Befunde von Guadagno et al. (2012), die untersuchten, inwiefern die Erwartungen über ein mögliches Treffen das Ausmaß unehrlicher Selbstangaben beeinflussen würden:

• Teilnehmer: innen wurde in einem Dating-Experiment ein Fragebogen zu ihrer Persönlichkeit vorgelegt. Einigen von ihnen wurde mitgeteilt, dass sie im Anschluss das Gegenüber tatsächlich treffen werden, anderen wurde gesagt, dass sie per E-Mail kommunizieren werden. Einer dritten Gruppe wurde mitgeteilt, dass kein Treffen stattfinden werde, während einer Kontrollgruppe keinerlei Informationen gegeben wurde. Die Ergebnisse zeigten, dass insbesondere die männlichen Teilnehmer positive persönliche Eigenschaften umso mehr übertrieben, je eher sie davon ausgingen, dass es zu keinem direkten Treffen kommen würde. Wenn die Teilnehmer:innen demgegenüber erwarteten, der anderen Person tatsächlich zu begegnen, neigten sie zu einer authentischeren Selbstdarstellung.

Es sollte also die Kirche im Dorf gelassen werden. Grobe Verfälschungen sind bei der Online-Partnersuche selten. Auch wenn bei Alter, Körpergröße, Gewicht und Bildaktualität durchaus ein bisschen gemogelt werden mag, bemühen sich die meisten ernsthaft Partnersuchenden, ein weitgehend authentisches Bild ihrer Person zu geben, sicherlich auch in dem Wissen, dass die Unehrlichkeit ansonsten spätestens beim ersten Treffen enden würde.

Gerade bei seriösen Partnervermittlungen im Internet können Sie daher davon ausgehen, dass die Mehrheit der Mitglieder korrekte Angaben macht. Die Befürchtung ist unbegründet, vor allem mit falschen Angaben und gefälschten Profilen konfrontiert zu werden.

Partnersuche ist nicht planbar

Sie können Glück haben, wenn Sie bei der Partnersuche allein auf den Zufall setzen. Ebenso gut kann es aber sein, dass Sie auf diese Weise dauerhaft Single bleiben. Auch früher wurde schon geplant. Nur haben damals andere geplant oder mitgewirkt, beispielsweise Eltern oder Freunde. Diese traditionellen Matchmaker sind aber mittlerweile stark in den Hintergrund getreten und das Online-Dating steht im Vordergrund.

Wenn Sie auf das Online-Dating verzichten, wird Ihnen eine Partnersuche also heute schwerer fallen, auch weil immer mehr Menschen den Hauptfokus ihrer Partnersuche auf die Online-Ebene legen und anderswo weniger sichtbar mit ihrer Partnersuche in Erscheinung treten.

Die Annahme, dass Partnersuche nicht planbar sei, ist übertrieben. Richtig ist natürlich, dass es keine Garantien gibt und eine genaue Terminierung eines Sucherfolgs in der Tat nicht möglich ist.

Bereits bei einer Online-Dating-Plattform teilzunehmen, bedarf jedoch eines mindestens minimalen Planes und auch die nachfolgenden Such- und Kommunikationsstrategien beruhen zu einem guten Anteil auf bewusstem und planbarem Verhalten.

Die Wahrscheinlichkeit, eine Partnerschaft zu finden, hängt entscheidend von der eigenen Aktivität ab, die wiederum in engem Zusammenhang zum Denken und Planen steht.

Natürlich mag die Liebe dennoch ganz woanders gefunden werden, aber mit der Nutzung der Online-Partnersuche erweitern Sie Ihren Suchraum und schaffen so neue Gelegenheiten und Chancen.

Online-Partnersuche ist unromantisch
Manche Paare, die sich online kennenlernten, verliebten sich bereits vor dem ersten Treffen, bei anderen entstanden tiefere Gefühle erst im Verlauf mehrerer Begegnungen außerhalb des Internets.

Die Möglichkeit, sich online zu verlieben, kann sogar zur Gefahr werden, wenn sie ausgenutzt wird:
• Skrupellose kriminelle Netzwerke schleichen sich in Online-Dating-Plattformen ein, spielen die große Liebe vor, um sodann mit Geldbitten an die Geschädigten heranzutreten. Manche der Geschädigten bezahlen hohe Geldsummen und blenden den Betrug lange Zeit aus, um das große Glück zu schützen, welches sie glauben, gefunden zu haben.

Auf dieses Thema komme ich auch noch in einem anderen Kapitel zurück. Glücklicherweise sind Liebes-Betrüger:innen aber die Ausnahme und alle seriösen Dating-Plattformen unternehmen Anstrengungen, um solche sogenannten Love-Scammer schnell zu erkennen und zu blockieren. Zudem können Sie sich selbst schützen, indem Sie sich bei aller Romantik nie Ihren klaren Blick verstellen lassen.

Unstreitig können Verliebtheit und Liebesgefühle also online bereits entstehen. Sie müssen es aber nicht. Der Online-Austausch kann ebenso nur der erste Schritt sein und die

Gefühlsebene entwickelt sich später. Beide Verläufe sind möglich und können zu tragfähigen Liebesbeziehungen führen. Letztlich ist die Frage der Romantik eine Frage der Erfolgsaussichten der Suche nach einer romantischen Beziehung: Können romantische Beziehung online entstehen?

Untersuchungen zeigen, dass sich Beziehungen, die online entstanden sind, nicht grundlegend von anderen Beziehungen unterscheiden:

- Anna Katrin Schwabeland-Tuschy (2017) gelangte in ihrer Doktorarbeit sogar zu dem Ergebnis, dass die Beziehungsqualität bei Paaren, die sich online kennengelernt hatten, höher ausfiel als bei anderen Paaren.

- Cacioppo et al. (2013) beobachteten ebenfalls eine etwas höhere Ehezufriedenheit und eine geringere Trennungs- und Scheidungsrate bei Ehepaaren, die sich online getroffen hatten.

- Paul (2014) gelangt allerdings zum gegenteiligen Ergebnis mit einer etwas höheren Trennungs- und Scheidungsrate bei verheirateten und unverheirateten Paaren, die sich online trafen.

- Auch Atkins (2019) fand bei Paaren, die sich außerhalb des Internets getroffen hatten, eine etwas höhere durchschnittliche Beziehungszufriedenheit sowie eine etwas höhere sichere Bindung als bei Paaren, die sich online getroffen hatten.

Die Widersprüchlichkeit der Zahlen macht bereits deutlich, dass es keine klare Richtung gibt. Auch waren alle Unterschiede in den Studien nur eher gering ausgeprägt. Insofern spricht der Forschungsstand insgesamt dafür, dass sich Beziehungen, die online oder außerhalb des Internets entstehen, höchstens marginal voneinander unterscheiden.

Online-Partnersuche ist demnach objektiv ein vielversprechender Weg, um eine auch dauerhaft glückliche romantische Beziehung zu finden.

Frauen suchen Geld und Status – Männer gutes Aussehen

Frauen legen bei der Partnersuche mehr Wert auf Einkommen, Bildungsstatus und die berufliche Position als Männer. Umgekehrt legen Männer bei ihrer Partnersuche mehr Wert auf das Aussehen.

Eine umfassende Meta-Studie von Abramova et al. (2016) fand klare Belege für alle diese Trends. Ebenfalls zeigte sich, dass Männer bei Dating-Apps eher nach kurzfristigen Kontakten und Frauen nach langfristigen Beziehungen suchen.

Eine großangelegte Studie von Schwarz und Hassebrauck (2012), bei der mehr als 21 000 heterosexuelle Männer und Frauen im Alter von 18 bis 65 Jahren direkt zu ihren Partnerwahl-Präferenzen befragt wurden, konnte ebenfalls Geschlechtsunterschiede ausmachen. Die Studie gelangte unter anderem zu dem Ergebnis, dass Frauen vor allem wohlhabende, großzügige und intellektuelle Männer vorzogen, während Männer eine Präferenz für körperlich attraktive, kreative und häusliche Frauen zeigten.

Geschlechtsunterschiede bestehen, sie sollten jedoch nicht überbewertet werden, weil die berichteten Durchschnittsunterschiede noch gar nichts über eine einzelne Frau oder einen einzelnen Mann aussagen:

- Es gibt viele Frauen, die keinen oder einen geringen Wert auf Einkommen und Status bei der Partnerwahl legen. Umgekehrt gibt es Männer, die bei der Partnerwahl durchaus auf

Einkommen und Status achten. Für manche Frauen ist das Aussehen der wichtigste Faktor, für manche Männer hat das Aussehen nur sekundären Charakter.

- Der Befund, dass Männer eher nach kurzfristigen und Frauen nach langfristigen Beziehungen suchen, macht ganz offensichtlich, dass es immer auf den einzelnen Menschen ankommt. Wenn alle Frauen und Männer so ausgerichtet wären, könnten nämlich weder kürzere Flirtbeziehungen noch langfristige Beziehungen zwischen Frauen und Männer entstehen, weil es für jede heterosexuelle Beziehung schließlich einen Mann und eine Frau geben muss, die an dieser Beziehung interessiert sind.

Dafür, dass Geschlechter-Unterschiede bei der Partnerwahl oft überschätzt werden, spricht zudem ein Speed-Dating Experiment von Eastwick und Finkel (2008) mit folgendem überraschendem Ergebnis:

- Auch wenn zu Beginn die männlichen Teilnehmer eine stärkere Präferenz für das Aussehen und die weiblichen Teilnehmerinnen für das Einkommen potenzieller Partner:innen angaben, prägten diese Geschlechts-Unterschiede in keiner Weise ihr eigentliches Dating-Verhalten. Die mit einem Kontakt verbundene Anziehung und der Wunsch, die Person erneut zu treffen, hingen in Wirklichkeit bei Frauen nicht stärker mit dem Einkommen zusammen als bei Männern und bei Männern nicht stärker mit dem Aussehen zusammen als bei Frauen.

Wenn Sie als Mann, der eine Frau sucht, von vornherein der Ansicht sind, dass Frauen bei der Partnerwahl nur auf Einkommen und Status achten, laufen Sie Gefahr, dass Sie sich, selbst wenn solche Statussymbole vorhanden sein sollten, entsprechend präsentieren und so eben auch vorwiegend für an Einkommen und Status interessierte Personen interessant sein werden.

Wenn Sie als Mann, der eine Frau sucht, nur über wenig Einkommen verfügen und keinen beruflichen Erfolg haben, sollten Sie nicht von vornherein glauben, Sie hätten bei der Partnersuche keine Aussichten. Stellen Sie sich offen und ehrlich dar und werfen Sie andere Werte in die Waagschale als Geld und Ansehen.

Umgekehrt sollten Sie als Frau, die einen Mann sucht, nicht die Bevorzugung des Äußeren beim Mann überschätzen: Zahlreiche Männer befinden sich auf der Suche nach einer stabilen partnerschaftlichen Beziehung und legen keineswegs nur Wert auf Aussehen und Sex.

Wenn Sie aber vornherein überzeugt sind, dass es allen Männern sowieso nur um Aussehen und Sex geht, werden Sie Schwierigkeiten haben, Vertrauen zu fassen und sich vom Gegenteil zu überzeugen.

Oder Sie stellen sich mit entsprechenden Fotos so in Ihrem Profil dar, dass tatsächlich vorwiegend diejenigen Männer an einem Kontakt interessiert sind, die dem Klischeé entsprechen.

Lassen Sie sich von daher bei Ihrer Partnersuche nicht durch Geschlechtsrollen-Stereotype verunsichern, sondern stellen Sie die Übereinstimmung der Werte in den Vordergrund.

Männer sind das unterdrückte Geschlecht

Erstaunlich oft finden sich Männer bei Dating-Plattformen, die sich als Opfer „feministischer Unterdrückung" erleben.

„Die antifeministische Männerrechtsbewegung – Denkweisen, Netzwerke und Online-Mobilisierung" lautet eine lesenswerte Publikation der Heinrich-Böll-Stiftung und des Gunda-Werner-Instituts (2012) zu dieser Thematik.

Untersucht werden frauenfeindliche und antifeministische Ideologien, bei denen Männer sich als Opfer des Feminismus und der Gender-Theorie sehen. Dabei wird in der Publikation eine Ankoppelung an andere rechtsgerichtete politische Ideologien deutlich.

Diese sogenannten Maskulinisten gibt es auch auf Dating-Plattformen. Die betreffenden Männer sind oft verbittert, erleben sich als in der Liebe enttäuscht oder zurückgewiesen. Anstatt an eigenen Anteilen und möglichen Veränderungen zu arbeiten, sehen sie sich als von Frauen ihrer vermeintlichen Rechte auf Sex oder Beziehung Beraubte, wofür manche auch das Online-Dating mit verantwortlich machen:

„Dating ist für durchschnittliche Männer nahezu zwecklos und führt in die permanente Einsamkeit und Sex-Losigkeit! ... Online Dating hat keine Zukunft, außer für eine gewisse Upper Class! Wir müssen wieder lernen im echten Leben aufeinander zuzugehen! Aber das verhindert ja grün/linke Politik durch Feminismus immer mehr!" [8]

In ihrer Verbitterung reflektieren diese Männer nicht den Widerspruch zwischen ihren frauenfeindlichen Grundeinstellungen und ihrem Wunsch nach einer Liebesbeziehung mit einer Frau, deren Möglichkeit sie sich tatsächlich durch eben diese frauenfeindlichen Einstellungen verbauen.

Erkennen Sie bei sich selbst Warnsignale frauenfeindlicher Einstellungen? Machen Sie Frauen für ein Scheitern Ihrer Partnersuche oder Ihrer vorherigen Beziehungen verantwortlich?

Halten Sie inne und korrigieren Sie sich selbst, um Ihre Verbitterung zu überwinden und beziehungsfähig zu werden.

In meinem Alter ist eine Partnersuche sinnlos
Neue Partnerschaften werden von Menschen aller Altersstufen geschlossen, vom Jugendlichen bis zum Greis. Das Online-Dating ist daher für Menschen aller Altersklassen geeignet.

Allerdings nimmt die Anzahl der Teilnehmenden beim Online-Dating im höheren Alter ab 65 Jahren stark ab. Ältere Singles sollten sich daher bei der Online-Partnersuche auf eine geringere Anzahl an Vorschlägen einstellen. Dies braucht jedoch die Erfolgsaussichten Ihrer Partnersuche nicht zu schmälern, da nicht die Anzahl der Vorschläge, sondern die Begegnung mit einer passenden Person entscheidend ist.

Umso wichtiger ist es aber, realistische Suchkriterien zu verwenden und in Merkmalen, die verhandelbar sind, Flexibilität zu zeigen.

McIntosh et. al. (2011) et. al. fanden beim Vergleich der Dating-Profile von jüngeren und älteren Frauen und Männern Hinweise für eine abnehmende, aber auch für eine zunehmende Flexibilität:

- Die Autor:innen stellten fest, dass ältere Singles bei der Online-Partnersuche bezüglich solcher Suchkriterien wie Religion, Körpergröße und Ethnizität selektiver an die ohnehin bereits geringere Anzahl an Vorschlägen herangingen.

Ältere Frauen, nicht aber ältere Männer, wiesen zudem dem Einkommen eines Beziehungspartners eine größere Rolle zu, als dies jüngere Partnersuchende taten. Diesen Hinweisen auf eine höhere Inflexibilität älterer Partnersuchender stand jedoch eine höhere Bereitschaft der älteren Partnersuchenden gegenüber, sich auf weitere räumliche Entfernungen einzulassen oder sogar selbst umzuziehen.

Da die Größe des regionalen Suchraumes starken Einfluss auf die Verfügbarkeit potenzieller Beziehungspartner:innen ausübt, dürfte die größere räumliche Flexibilität von älteren Partnersuchenden die negativen Auswirkungen der mit dem Alter zunehmenden anderen Inflexibilität ausgleichen.

Allerdings beobachteten die Autor:innen auch eine andere, bereits in mehreren vorherigen Studien berichtete, Veränderung des Alterssuchbereichs, die sich gravierend auf die Anzahl möglicher Kontakte auswirken kann:

- Mit wachsendem Alter verlagerte sich bei den Männern und bei den Frauen das Interesse zunehmend auf jüngere Beziehungspartner:innen. Damit veränderte sich in der untersuchten Stichprobe mit wachsendem Alter ein in jüngeren Jahren noch teils komplementäres Suchverhältnis, bei dem Männer jüngere Frauen und Frauen ältere Männer suchen, zu einem Suchverhalten, bei dem beide Geschlechter ein wachsendes Interesse an jüngeren Beziehungspartner:innen hatten. Die Autor:innen vermuten als Grund für das verstärkte Interesse von älteren Frauen an jüngeren Partnern die Sorge, ansonsten in absehbarer Zeit eine Pflegerolle übernehmen zu müssen.

Dieser mehrfach beobachtete Trend kann, wie die Autor:innen ausführen, zu einer erheblichen Verknappung der Auswahl im höheren Lebensalter führen, die Frauen wegen ihrer höheren Lebenserwartung ungefähr dreimal so stark trifft wie Männer.

Es gibt also tatsächlich Faktoren, die die Partnersuche im Alter, und zwar insbesondere für ältere Frauen, erschweren können. Diese Erschwernis sollte Sie aber nicht dazu verleiten, die Online-Partnersuche im höheren Alter gar nicht erst anzugehen.

Vielmehr bietet die Online-Partnersuche die Chance, trotz dieser Erschwernisse auch im höheren Alter eine Partnerschaft zu finden. Wichtig ist eine ausreichende Flexibilität, ohne sich selbst zu verbiegen.

Einschränkungen der Suche sollten entsprechend nur dann erfolgen, wenn diese Einschränkungen Ihnen unverzichtbar erscheinen. Auf Kriterien wie Ethnizität sollten Sie beispielsweise ganz verzichten.

Wegen der quantitativ geringeren Kontaktmöglichkeiten ist es im wachsenden Alter außerdem besonders wichtig, jede Kontaktmöglichkeit ernst zu nehmen und die Möglichkeit einer Passung auszuloten, anstatt einen Kontakt vorschnell zu verwerfen. Ebenso mag im höheren Alter und insbesondere bei weiblichem Geschlecht ein erhöhtes Ausmaß an Geduld erforderlich sein, um sich durch längere Zeiten ohne Kontaktmöglichkeiten nicht irritieren zu lassen und dennoch an der Online-Partnersuche festzuhalten. Gelingt Ihnen dies, sind die Chancen auf Partnerfindung hoch.

Beim Online-Dating sind nur die, die sonst keine Beziehungspartner:innen finden
Diese Ansicht sollte längst in der Mottenkiste der widerlegten Vorurteile verschwunden sein. Heute ist die gesellschaftliche Akzeptanz für die Online-Partnersuche weitaus höher als früher. Menschen aller Geschlechter, Altersstufen und Bildungsgrade suchen online nach einer Beziehung.

Online-Dating wird mittlerweile von einer breiten Schicht von Menschen als eine effektive Möglichkeit akzeptiert, der eigenen Partnersuche auf die Sprünge zu helfen.

Aretz et al. (2010) identifizierten in einer Clusteranalyse von 223 Nutzern von Dating-Portalen drei Gruppen von Nutzern, die sich in personalen Merkmalen und in ihrer Suchmotivation unterschieden:

- **62 schüchtern, kompensatorisch Kontaktsuchende** kennzeichneten sich durch Einsamkeit, geringen Selbstwert, Ängstlichkeit, Schamgefühle und einen großen Kontaktwunsch. Mitglieder dieser Gruppe nutzen dabei das Online-Dating nicht nur für die Suche nach Beziehungspartner:innen, sondern auch zur Kompensation von Einsamkeit und Schüchternheit.

- **77 selbstbewusste Partnersuchende** nutzten Online-Dating ausschließlich für die Partnersuche und wendeten insgesamt am wenigsten tägliche Zeit für das Online-Dating auf. Sie hielten sich selbst für eher attraktiv und wiesen deutlich geringere Werte in Neurotizismus und Schüchternheit auf als die schüchtern-kompensatorisch Kontaktsuchenden.

- **83 Freizeitflirter** nutzten Dating-Portale vorwiegend zum Zeitvertreib und meldeten sich meistens bei kostenlosen Portalen an. Es handelte sich vorwiegend um extravertierte, gesellige, junge Leute mit hohem Selbstbewusstsein und einer guten Integration in einen festen Freundeskreis.

Dating-Plattformen werden demnach von Menschen mit unterschiedlichen personalen Merkmalen genutzt. Es handelt sich um ein Vorurteil, dass sich bei Dating-Plattformen vorwiegend Menschen mit psychischen Problemen einfinden würden.

Gleichzeitig stellen Dating-Plattformen aber eben auch für Menschen mit Hemmungen und Schüchternheit Möglichkeiten der Kontaktsuche zur Verfügung. Dies ist kein Nachteil, sondern ein Vorteil.

Gehen Sie also selbstbewusst mit Ihrem Online-Dating um. Es gibt keinen Grund, sich für die eigene Online-Partnersuche zu schämen.

Ich bin ein hoffnungsloser Fall

Wer sich so negativ einschätzt, strahlt seine negative Einstellung aus und bleibt meistens allein. In Wirklichkeit ist die alte Volksweisheit wahr: „Auf jeden Topf passt ein Deckel", auch wenn hier Menschen nicht mit Gegenständen verglichen werden sollen.

Durch einen einfachen Spaziergang auf der Straße können Sie sich davon überzeugen, dass Personen mit den verschiedensten mehr oder weniger sozial erwünschten oder weniger erwünschten Merkmalen oder Eigenarten eine Partnerschaft finden können.

Wichtig ist es, sich über die eigene Person und die eigenen Beziehungswünsche im Klaren zu sein, auf das Wesentliche zu achten, in anderen Aspekten flexibel zu sein und die notwendigen Schritte in die Wege zu leiten, um aktiv nach einer Beziehung Ausschau zu halten.

Wenn Sie Ihre Chancen gegen Null einschätzen, werden Sie sich entsprechend verhalten, nicht ausreichend aktiv werden oder zu schnell aufgeben. Aus der Resignation herauszukommen und die Partnersuche anzugehen, kann eine wirksame Medizin sein.

Sie bleiben davon überzeugt, dass Sie kaum Ressourcen und Stärken haben, halten sich für nicht liebenswert und sehen keine Chancen für ein Partnerglück?

Bei einem so negativen Selbstbild sollten Sie vor dem Beginn der Partnersuche psychotherapeutische Hilfe in Anspruch nehmen.

Ich brauche nur positiv zu denken

Negative Erwartungshaltungen sind für das Online-Dating in jedem Fall schädlich. Sie wirken als negative Prophezeiungen, weil sie das eigene Engagement mindern. Zusätzlich erzeugen Sie damit bei anderen Personen eher Ablehnung und senken damit die Resonanz weiter.

Manche Menschen haben genau den gegenteiligen Ansatz:

*   Sie möchten über Probleme nicht einmal nachdenken, weil sie fürchten, diese dadurch zu erzeugen. Sie sind davon überzeugt, dass positive Wünsche sich geradezu magisch umsetzen.

Liegt die Lösung in einem positiven Denken, welches voraussetzt, dass alles eine gute Wendung nehmen und die richtige Person in das Leben treten werde, wenn nur stark genug daran geglaubt werde?

Zur Thematik der Auswirkungen positiver Fantasien haben Oettingen et al. (2016) eine hochinteressante Studie veröffentlicht, die zeigte, dass positive Fantasien und Wünsche zwar sofort die Stimmungslage verbessern. Langfristig wurden die Probanden aber umso depressiver, je mehr sie auf positives Denken gesetzt hatten.

Wie lässt sich dies erklären?

Die Erklärung liegt darin, dass die Dinge im Leben nicht magisch geschehen, sondern Konsequenzen aus unseren Handlungen sind. Rein positive Wünsche und Fantasien mögen uns zwar kurzfristig aufheitern, sie führen aber nicht dazu, dass wir aktiv werden, um unsere Ziele zu erreichen.

Sicherlich, der Erfolg der Partnersuche mag per reinem Zufall kommen, weil Menschen beispielsweise jemandem auf der Straße begegnen, mit dem sie eine Verbindung aufbauen. Würde sich die gleiche Person jedoch Partnerschaft nur in der Fantasie ausgemalt haben und zu Hause geblieben sein, wäre die Begegnung unterblieben.

Positive Gedanken und Wünsche, die keinen Anreiz geben, um zielbezogen zu handeln, werden Ihnen nicht helfen, Ihre Wünsche Wirklichkeit werden zu lassen. Es gibt viele Faktoren, die wir nicht kontrollieren können und die scheinbar schicksalhaft eintreten, im Durchschnitt aber werden ohne zielbezogenes Handeln unsere Wünsche nicht wahr.

Positives Denken, dem der Handlungsbezug fehlt, könnte demnach Ihre Befindlichkeit sogar langfristig verschlechtern, weil es die Wahrscheinlichkeit, Ihre Ziele zu erreichen, reduziert. So vertrauen manche Menschen bei der Partnersuche nur auf das Schicksal und bleiben allein. Es reicht also nicht, positiv zu denken, sondern erforderlich ist effektives Handeln. Effektiv handeln können Sie am besten, wenn Sie ein positiv besetztes Ziel haben, aber auch die Probleme und Barrieren analysieren, die Sie von diesem Ziel trennen, nach möglichen Handlungsstrategien suchen und diese anwenden.

Verlassen Sie sich nicht auf die Vorstellung oder den Wunsch, die passende Person werde einfach so eines Tages in Ihr Leben treten. Es wird Sie nur kurzfristig glücklich machen, sich an Illusionen zu orientieren. Langfristig ist dies dagegen der beste Weg, um partnerlos zu bleiben.

Die Lösung lautet, nicht negativ-resignativ und auch nicht positiv-illusionär, sondern positiv-realitätsgerecht zu denken:

- **positiv,** indem Sie die Möglichkeiten erkennen, eine Partnerschaft zu finden, und überzeugt sind, dass es irgendwo da draußen einen Menschen gibt, mit dem Sie glücklich werden können.

- **realitätsgerecht,** indem Sie nicht warten, bis ein Prinz oder eine Prinzessin vorbeikommt und Sie wachküsst, sondern selbst zielführende Schritte in die Wege leiten, um diese Person kennenzulernen.

Die Online-Partnersuche ist eine solche zielführende Handlungsstrategie, an die Sie mit den richtigen Erwartungen, Geduld und Engagement herangehen sollten.

Abschnitt 2

Die geeignete Plattform wählen

Sie sind bereits weit gekommen und stehen nun unmittelbar vor dem Beginn Ihrer Online-Partnersuche. Sehr gut. Welche Online-Plattform ist aber nun für Sie, Ihre persönlichen Einstellungen und Eigenarten, Ihre Beziehungswünsche und Vorstellungen von Partnerschaft geeignet?

Diese Frage ist eine wichtige Frage, die dringend einer fundierten Antwort bedarf. Denn die diversen Dating-Plattformen unterscheiden sich stark voneinander und sind für unterschiedliche Arten von Kontakten mehr oder weniger gut geeignet.

Die folgenden Kapitel sollen Sie bei der Orientierung auf dem Dating-Markt unterstützen. Sie bekommen diverse Vorschläge, wie Sie eine geeignete Plattform finden können.

Zunächst lernen Sie die drei verschiedenen Typen des Online-Datings kennen:

- **Dating-Apps:** Bei Dating-Apps erfolgen Profilvorstellungen in der Regel auf der Basis von Geodaten. Personen, die sich in der Nähe aufhalten, werden wechselseitig angezeigt. Bei den meisten Anbietern ist es aber auch möglich, in anderen Regionen zu suchen. Hauptauswahlkriterium für die Kontaktaufnahme ist das Foto, andere Informationen spielen eine nur untergeordnete Rolle.

- **Singlebörsen:** Mitglieder können selbst Personen aus dem gesamten angebotenen Pool an Profilen heraussuchen und mit diesen in Kontakt treten. Es werden keine ausgewählten Profilvorstellungen oder Partnervorschläge gemacht.

• **Partnervermittlungen:** Diese Plattformen versuchen, zueinander passende Mitglieder mithilfe psychologisch begründeter Algorithmen zusammenzuführen. Fast immer liegt den Algorithmen die Annahme zugrunde, dass Ähnlichkeit verbindet.

Diesen drei verschiedenen Typen des Online-Datings liegen unterschiedliche Modelle des Kennenlernens zugrunde:
• Bei Dating-Apps und Singlebörsen stehen Motive von Unterhaltung, virtuellen Flirts und Erotik stärker im Vordergrund als bei den Partnervermittlungen, wo die Suche nach einer langfristigen partnerschaftlichen Beziehung den Fokus bildet.

Außerdem unterscheiden sich Dating-Plattformen in dem Ausmaß, in dem sie geschlechtliche Diversität und verschiedene sexuelle Orientierungen berücksichtigen:
• Gerade die großen Partnervermittlungen oder Singlebörsen erlauben als Angabe des Geschlechts oft ausschließlich Frau oder Mann und als sexuelle Orientierung ausschließlich heterosexuell oder homosexuell. Non-binäre Personen oder Personen mit bisexueller oder pansexueller Orientierung werden hier nicht repräsentiert. Andere Plattformen wenden sich gezielt an die LSBTIQ-Community (Lesben, Schwule, Bisexuelle, Transsexuelle, Intersexuelle und queere Menschen). Ebenfalls gibt es Plattformen, die Wert auf Diversität legen und die verschiedensten geschlechtlichen Identitäten und Orientierungen berücksichtigen.

Ein weiterer Unterschied zwischen den Plattformen besteht in ihrer Inklusivität gegenüber Menschen mit Behinderungen, Erkrankungen oder Beeinträchtigungen:

• Keine Plattform schließt Menschen mit Behinderungen oder Erkrankungen aus, aber viele Plattformen ignorieren die Thematik, was sich bereits in ihren Internet- und Werbeauftritten mit ausschließlich nicht behinderten Personen zeigt. Menschen mit Behinderungen müssen auf solchen Plattformen mit häufiger Ablehnung durch die anderen Nutzer:innen rechnen, was durchaus einem impliziten Ausschluss nahekommen kann.

• Manche Plattformen bemühen sich demgegenüber besonders, ein Klima der Akzeptanz zu schaffen, und machen dies auch in ihren Internet- und Werbeauftritten deutlich.

• Es gibt zudem Spezialplattformen für Menschen mit Behinderungen, wo sich vorwiegend Menschen mit Behinderungen untereinander kennenlernen, was einerseits Hemmungen senken und das wechselseitige Verständnis verbessern kann, andererseits aber die Inklusivität mindert.

Spezialplattformen gibt es nicht nur für Menschen mit Behinderungen. Tatsächlich gibt es sogar sehr viele Spezialplattformen, die mehrheitlich zum Typus der Singlebörsen gehören. Diese Spezialplattformen wenden sich gezielt an Personen mit bestimmten Eigenschaften, wie sozioökonomische Merkmale, sexuelle Vorlieben, hochspezifische Interessen, Alleinerziehende oder Menschen mit besonderen Körperfiguren, um einige Beispiele zu nennen.

Die Spezialplattformen können den Zugang zu Kontakten für Menschen mit besonderen Merkmalen oder Präferenzen verbessern. Ein Nachteil ist jedoch, dass ein einziges Merkmal in aller Regel wenig darüber aussagt, ob eine tragfähige Beziehungsbasis zwischen Menschen entstehen kann.

Darüber hinaus unterscheiden sich die verschiedenen Dating-Plattformen in dem Ausmaß, in dem sie Personen mit seriösen oder unseriösen Absichten anziehen. Es gibt auch unter den Plattformen selbst seriöse, unseriöse und sogar betrügerische Anbieter.

Vor allem kostenlose Plattformen üben eine starke Anziehung auf Personen aus, die sich nur spielerisch Profile anschauen oder flirten wollen, ohne dass bei ihnen ein wirkliches Kennenlern-Interesse bestehen würde.

Es gibt zudem eine große Anzahl von Portalen, die sich im Graubereich des Betruges bewegen und bezahlte Chat-Moderatoren einsetzen, die den Mitgliedern ein Kennenlern-Interesse vorspielen.

In den folgenden Kapiteln werden Sie erfahren, bei welcher Art von Plattform Ihre Erfolgsaussichten am höchsten sind, wie Sie Plattformen sinnvoll kombinieren und sich vor unseriösen Angeboten schützen können. Die entscheidende Herausforderung besteht dabei darin, eine seriöse Plattform zu finden, wo Sie Menschen begegnen, mit denen Sie eine gute Basis für eine Beziehung finden können.

Zunächst werden nun die Besonderheiten von Dating-Apps, Singlebörsen und Partnervermittlungen näher beleuchtet. Im Anschluss werden allgemeine Qualitätskriterien benannt, die Sie für jede Plattform überprüfen können. Abschließend erfahren Sie, wie Sie verschiedene Plattformen miteinander kombinieren können.

Dating-Apps

Dating-Apps erleben weltweit einen enormen Zuspruch. Sie erlauben es ihren Nutzern, sich blitzschnell durch eine schier unbegrenzte Anzahl von Profilvorschlägen zu klicken.

Alles orientiert sich an der geografischen Nähe und am Aussehen:
• Die meisten Nutzer:innen suchen an ihrem aktuellen Aufenthaltsort. Das Foto ist das entscheidende Auswahlkriterium.

Zu den weltweit bekannten Dating-Apps gehören Tinder, Bumble, Badoo, Lovoo und Hinge. Für die LSBTIQ-Community ist Grindr der führende Anbieter.

Tinder ist berühmt dafür, dass Profile als interessant markiert oder als uninteressant weggewischt werden können. Diese Entscheidung wird in der Regel in Sekundengeschwindigkeit gefällt. Nur wenn beide Seiten das Interesse bestätigen, können die Betreffenden miteinander in Kontakt treten.

Bumble ist nach eigenem Anspruch eine besonders frauenfreundliche Dating-App. Diese Frauenfreundlichkeit soll dadurch umgesetzt werden, dass ausschließlich Frauen die erste Nachricht schreiben können und der Kontakt blockiert wird, wenn Männer nicht innerhalb von 24 Stunden geantwortet haben.

Hinge erhebt für sich den Anspruch, anders als andere Dating-Apps den Schwerpunkt auf die Suche nach ernsthaften Beziehungen zu legen. Dies soll auch durch eine Filterfunktion unterstützt werden, bei der die Nutzer:innen Profile nach Ethnizität, Religion, Familienplanung, Körpergröße, Politik, Rauchen und Drogenkonsum durchsuchen können. Ob diese und einige weitere Aspekte Hinge tatsächlich von anderen Dating-Apps grundlegend unterscheidbar machen, sei dahingestellt.

Allen Dating-Apps ist gemeinsam, dass das Foto für die Erstauswahl die entscheidende Rolle spielt. Zudem ist bei den

Dating-Apps die Schwelle für den Einstieg niedrig. Die Apps können kostenlos heruntergeladen werden und das eigene Profil kann in kürzester Zeit erstellt werden. In wenigen Minuten kann so das Online-Dating beginnen.

Die Dating-Apps haben den Durchbruch geschafft. Weltweit ziehen sie Abermillionen Menschen in ihren Bann. Ihr fulminanter Aufstieg zeigt, dass sie offensichtlich etwas bei den Menschen ansprechen, aber was?

Hierzu haben Sobieraj und Humphreys (2021) eine qualitative Interviewstudie durchgeführt, in der sie männliche und weibliche Nutzer:innen von Tinder interviewten und in Fokusgruppen diskutieren ließen:

- Die thematische Analyse des erhobenen Materials gelangte zu der Schlussfolgerung, dass der Schwerpunkt der Tinder-Nutzung auf dem Unterhaltungsbereich liegt. Es kommt dabei zu einer Ausdehnung auf das soziale Netzwerk der Betreffenden außerhalb von Tinder, indem Profile und Begegnungen im Freundeskreis besprochen werden. Die Autorinnen arbeiten zudem geschlechtstypische Verhaltensmuster heraus, nach denen Männer als Eroberer auftreten und untereinander in den Wettstreit um Verabredungen treten, während Frauen sich mit ihren Freundinnen beraten, sich aber auch über die jeweiligen Profile, Nachrichten und Begegnungen gemeinsam amüsieren. Klar erkennbar wird aus den Analysen der Autorinnen ebenfalls die enorme Bedeutung von Fotos und Äußerlichkeiten, wobei offenbar, abgesehen von Aufenthaltsort und Aussehen, darüber hinausgehende Werte und Lebenseinstellungen eine nur begrenzte Rolle spielen.

Jänkälä et al. (2019) untersuchten in einer weiteren qualitativen Interviewstudie die Bedeutsamkeit von Fotos für die Nutzung von Tinder:

- Die Autor:innen gelangten zu dem Ergebnis, dass sich quasi alles um die Fotoauswahl und die Fotobetrachtung drehte, wobei Teilnehmende allerdings meinten, anhand ihrer Fotos wesentliche Informationen zu ihrer Persönlichkeit und ihrem Lebensstil vermitteln zu können. Der Einsatz von Fotos endete nicht mit dem ersten Kennenlernen, sondern setzte sich nachfolgend über Messenger-Dienste fort. Die Funktion des weiteren Fotoaustausches nach der ersten Begegnung außerhalb des Internets lag dabei auch in dem Wiedererkennungswert der Fotos. Mithilfe der Fotos konnte demnach gewährleistet werden, dass eine Person nach einer Begegnung überhaupt wiedererkannt wurde und es zu keinen Verwechslungen mit anderen Personen kam.

Deutlich wird hier ein Schwerpunkt auf Quantität und Aussehen, zudem eine Beliebigkeit und Austauschbarkeit von Personen. Die Struktur von Dating-Apps, für die Tinder durchaus ein repräsentatives Beispiel ist, scheint mehr für oberflächliche virtuelle und nicht-virtuelle Kontakte geeignet zu sein als für die vertiefte Begegnung einzelner Menschen mit dem Ziel einer dauerhaften Partnerschaft.

Insofern ist nicht verwunderlich, dass bei Nutzern von Dating-Apps die Suche nach einer langfristigen Beziehung tatsächlich nicht im Vordergrund steht:

- Sumter et al. (2017) befragten 163 Tinder-Nutzer:innen zu ihren Motiven für die Verwendung der Dating-App. An erster Stelle wurde als Motiv Trendorientierung benannt. Die App wurde als neu und cool erlebt. An zweiter Stelle folgte Erlebnishunger im Sinne von Aufregung und Thrill. Erst an dritter Stelle zeigte sich das Liebes-Motiv und Teilnehmende sprachen davon, eine Beziehung finden zu wollen. Eng gefolgt wurden diese drei Motive von der Suche nach Selbstbestätigung (Komplimente und Zuwendung erhalten), Sex (One-

Night-Stands, Erotikbilder austauschen) und unkomplizierter Kommunikation (Schüchternheit überwinden, online unkompliziert kommunizieren können).

Abgehen von der Rangfolge ist auch die durchschnittliche Stärke der Motive von Interesse:

- Die Teilnehmenden gaben ihre jeweiligen Motive auf einer Skala an, die von eins (gar nicht vorhanden) bis fünf (stark vorhanden) reichte. Keines der sechs Motive erreichte einen hohen durchschnittlichen Skalenwert, die Werte schwankten zwischen minimal 1,63 (Einfachheit der Kommunikation) bis maximal 2,97 (Erlebnishunger). Das Motiv Liebe erreichte einen durchschnittlichen Wert von 2,24.

Grundsätzlich fällt in dieser Untersuchung also auf, dass alle Motive im Durchschnitt eher gering ausgeprägt waren, was auf eine starke Heterogenität der Motive der verschiedenen Teilnehmenden oder eine mangelnde Prägnanz der Zielstruktur der einzelnen Teilnehmenden schließen lässt.

Bemerkenswert ist zudem, dass Trend und Erlebnishunger deutlich stärker ausgeprägt waren als das Liebesmotiv. Erlebnishunger ist aber gegensätzlich zu dem Motiv, eine langfristige Beziehung finden zu wollen. Wer vorwiegend den eigenen Erlebnishunger befriedigen möchte, bindet sich seltener.

Die Ergebnisse weisen insofern darauf hin, dass bei Tinder verschiedenste Motive angesprochen werden, wobei sich eine starke Dominanz eines Motivs nicht erkennen lässt. Ein einheitlicher Wunsch nach einer festen partnerschaftlichen Beziehung ist bei Tinder-Nutzer:innen sicherlich nicht vorhanden.

Diese Befunde lassen sich vermutlich auf alle Dating-Apps generalisieren, da sich die verschiedenen Dating-Apps insgesamt, trotz einiger Unterschiede im Detail, ähnlich sind.

Eine Nebenfolge der unterschiedlichen Motive der Teilnehmenden kann sein, dass die Kommunikation weniger authentisch ist:

• Personen, die nur nach Online-Sex suchen, mögen falsche Fotos einsetzen.

• Wer nach erotischen Treffen sucht, mag ein Beziehungsinteresse vorgeben, um zum Ziel zu gelangen.

• Personen, denen es um die Selbstbestätigung geht, mögen ein Interesse an Treffen vortäuschen, um sodann zu verschwinden.

Es können sich aber auch innerpsychische Nebenfolgen ergeben:
• Hat die gleiche Person mehrere Motive, ist die Wahrscheinlichkeit hoch, dass im Verlauf diejenigen Motive an Stärke gewinnen, die am schnellsten zu erreichen sind und sofort belohnt werden. Hierzu gehören Erlebnishunger, Sex, Selbstbestätigung oder einfache Unterhaltung durch Online-Kommunikation, nicht aber die Suche nach einer festen Beziehung, die mit mehr Anstrengung verbunden ist und typischerweise wesentlich später zum Erfolg führt.

Zu dieser Interpretation passen die Befunde einer Befragung von Teilnehmenden eines Musikfestivals über ihre Nutzung von Dating-Apps in Australien, wo sich eine wesentlich stärkere Bedeutsamkeit von Ablenkung und Sex und eine geringe Bedeutsamkeit einer langfristigen Beziehung zeigte (Garga et al., 2021):
• Als Hauptmotiv für die Nutzung der Apps gaben 59,7 % der Befragten Langeweile an. 45,1 % suchten nach Sex, 42,8 % nach unverbindlichen Dating-Kontakten, 33,4 % wollten ihr Selbstbewusstsein verbessern und lediglich 22,8 % gaben

an, nach einer langfristigen Beziehung zu suchen. Nur noch die Suche nach Freundschaft wurde mit 16,2 % seltener bejaht als die Suche nach einer langfristigen Beziehung.

Die Studie unterschied nicht zwischen den verschiedenen Dating-Apps. Hätten sich beispielsweise für Nutzer:innen von der Dating-App Hinge, welche für sich beansprucht, auf langfristige Beziehungen ausgerichtet zu sein, andere Ergebnisse ergeben?

Dies lässt sich nicht sicher sagen, aber die Dating-App selbst hat hierzu eine Umfrage veröffentlicht[9], der zufolge 87 % der aktuell Teilnehmenden für eine Beziehung offen seien und 45 % sogar ausschließlich nach einer festen Beziehung suchten. Einerseits mag dies tatsächlich für ein höheres Interesse an langfristigen Beziehungen bei Hinge sprechen, andererseits wird aber auch hier eine Heterogenität deutlich, wobei eine Mehrheit eben nicht exklusiv nach einer langfristigen Beziehung sucht.

Psychologisch problematisch ist, dass die Struktur der Dating-Apps mit ihren unterschiedlichen Motiven und der Möglichkeit, die nicht-beziehungsbezogenen Motive schnell erfüllen zu können, zu einer Schwächung durchaus vorhandener Beziehungs-Motive führen kann. Dating-Apps können ein auf schnelle Motivbefriedigung ausgelegtes Dating-Verhalten fördern, welches aber die Wahrscheinlichkeit, eine Beziehung zu finden, reduzieren kann.

In Einzelfällen mag dies bis zu einem süchtigen Benutzungsverhalten der App gehen – mit Einengung der Alltagsaktivitäten auf die App und einem Verlust der Bereitschaft und Fähigkeit zu Kommunikation und Beziehung außerhalb der App. Natürlich sind von solchen potenziellen Gefahren nicht alle Nutzer:innen betroffen; den meisten wird es gelingen, die App phasenweise und selektiv zu benutzen, ohne dadurch ihre

Aktivitäten außerhalb der App zu beeinträchtigen. Es gibt aber besonders gefährdete Gruppen:

• Coduto et al. (2019) zeigten in einer Untersuchung, dass speziell Menschen, die unter sozialen Ängsten leiden, eine gefährdete Gruppe sind, die eine Online-Sucht entwickeln können, insbesondere wenn Einsamkeit zur sozialen Angst hinzutritt. Gerade bei sozial eher gehemmten, schüchternen Menschen, die einsam sind, mag die Nutzung von Dating-Apps naheliegend sein, kann sich hier jedoch offenbar besonders schnell ungünstig auswirken.

Insgesamt sind Dating-Apps vorwiegend geeignet, um Unterhaltungsbedürfnisse zu befriedigen oder durch sofortige Kommunikation auf der virtuellen Ebene beziehungsweise schnelle Offline-Begegnungen abzulenken, die durch die räumliche Nähe zueinander begünstigt werden. Sie können insofern beispielsweise Flirts und erotische Begegnungen sicherlich effektiv unterstützen. Eine Nebenwirkung ist jedoch, dass sie aufgrund ihrer Struktur ebenfalls zu Grenzüberschreitungen, entmenschlichter Erotik und virtuellem Suchtverhalten führen können.

Dies lässt sich auch anhand von Tinder-Nachrichten erkennen, die Tinder-Nutzer:innen der Instagram-Seite Tindernightmares zusendeten, wo sie regelmäßig gepostet werden. Nur zum Eindruck eine Auswahl von wenigen ins Deutsche übersetzten Zitaten: *Bist du ein blutiges Steak? Denn ich würde dich gerne essen, wenn du noch bluten würdest.*[10], *Du siehst aus, als würdest du mein Leben ruinieren...*[11] oder *Rosen sind rot. Veilchen sind irgendwie ätzend. Du bist gut in Form. Lass uns ficken gehen.*[12]

Deutlich werden hier Frauenfeindlichkeit, Sexismus und massive Belästigung:

• Laura Thompson (2018) führte eine qualitative Analyse von 526 auf Tindernightmares und der mit dieser vergleichbaren

Instagram-Seite Bye Felipe[13] geposteten Nachrichten durch. Sie identifizierte als Grundthemen die Reduktion des Wertes von Frauen auf ihr Aussehen sowie die Beanspruchung ihrer sexuellen Verfügbarkeit durch Männer, die mit frauenfeindlichen und belästigenden Sprüchen auf reale oder vermutete Zurückweisung reagierten.[14]

Grundsätzlich ist gegen eine hohe Bedeutung von Erotik und sexuellen Themen nichts zu sagen. Allerdings lässt sich an den zitierten Sprüchen schwerlich erkennen, dass diese geeignet wären, den Betreffenden tatsächlich erfüllende Sexualität und Erotik oder gar langfristige Beziehungen zu ermöglichen. Es werden im Gegenteil grobe, beleidigende, vulgär-erotische, sexistische und frauenfeindliche Muster erkennbar, die einem Ausloten wechselseitiger Passung und dem Einstieg in einen Prozess des Beziehungsaufbaus entgegenstehen.

Selbst wenn sich sicherlich zahlreiche Nutzer:innen von Dating-Apps von solchen Mustern distanzieren und ein Teil der Nutzer:innen tatsächlich nach einer dauerhaften Beziehung sucht, können solche Nachrichten dennoch ihre Spuren hinterlassen:
• Auf der Seite der übergriffigen Männer können misogyne, sexistische Muster durch die tägliche Praxis weiter verfestigt werden, sodass ihre Beziehungsfähigkeit weiter absinken dürfte. Auf der Seite der betroffenen Frauen als Rezipientinnen solcher Nachrichten mögen negativere Männer-Bilder und grundlegende Zweifel an der Ernsthaftigkeit auch anderer Teilnehmer entstehen.

Sexuelle Belästigungen und Beleidigungen sind anders zu bewerten als harmlosere Unterhaltungsmotive. Aber auch letztere können den Prozess der Beziehungssuche erschweren. Ihre starke Repräsentanz bei den Dating-Apps kann den Kennenlernprozess bereits dadurch behindern, dass es schwierig wird, zu erkennen, bei welchen Teilnehmenden ernsthafte Beziehungsabsichten bestehen. Dies gilt umso mehr, als sich durch den Prozess der Nutzung Motive verändern mögen und – gegebenenfalls sogar durch die Betreffenden unbemerkt – Unterhaltungsmotive zunehmend an die Stelle von Beziehungsmotiven treten können.

Es besteht ebenfalls die Möglichkeit, dass Dating-Apps sexuelles Risikoverhalten bei ihren Nutzern fördern:

- In einer Untersuchung von Choi et al. (2016) mit Studierenden aus Hongkong zeigte sich bei Nutzern von Dating-Apps eine signifikante Steigerung der Häufigkeit, beim Geschlechtsverkehr auf Kondome zu verzichten. Ähnlich kritisch wirkte sich lediglich der Alkoholkonsum aus.

Allerdings liegen keineswegs nur negative Befunde zu Dating-Apps vor. So weisen andere Daten durchaus auf die Möglichkeit hin, dass eine Partnerschaft auch über Dating-Apps entstehen kann:

- Timmermans und Courtois (2018) beobachteten in einer Stichprobe von belgischen Tinder-Nutzern, dass weniger als die Hälfte der Nutzer jemals jemanden über die App tatsächlich getroffen hatte, was die Befunde von Rosenfeld bestätigt. Von denjenigen, die Treffen hatten, berichteten 31 % von unverbindlichem Sex, aber immerhin gaben 27 % auch an, über Tinder eine partnerschaftliche Beziehung gefunden zu haben. Für sexuelle Begegnungen zeigte sich in dieser Studie der zu erwartende Zusammenhang zu den Motiven der Nutzung: Je stärker sexuelle Motive für die Nutzung benannt wurden, desto häufiger kam es tatsächlich zu erotischen Kontakten. Demgegenüber gab es aber keinen Zusammenhang für das Motiv „feste Beziehung" damit, eine solche Beziehung bei Tinder auch tatsächlich zu finden. Feste Beziehungen scheinen insofern bei den Nutzern eher durch Zufall und unabhängig von ihren eigentlichen Motiven entstanden zu sein.

Und ja, es mag durchaus als hoffnungsvolles Ergebnis bewertet werden, dass 27 % der Befragten über Tinder eine Beziehung fanden. Allerdings wurden in dieser Untersuchung keine Informationen über die Qualität und die Dauerhaftigkeit dieser Beziehungen erfasst. Zudem bezieht sich dieser Prozentsatz nur auf die Minderheit der Teilnehmenden, die überhaupt Verabredungen hatte. Da der Wunsch nach einer Beziehung zudem die Erfolgsaussichten nicht verbesserte und ein unbekannter Anteil der Beziehungen sich sicherlich als nicht tragfähig gezeigt hätte, wenn dies erfragt worden wäre, ergibt sich aus diesen Daten eine insgesamt sehr bescheidene Aussicht, über eine Dating-App tatsächlich eine langfristige Beziehung zu finden.

Ghosting, Breadcrumbing und Catfishing

Besonders im Kontext der Dating-Apps und sozialen Netzwerke lassen sich weltweit drei weitere kritische Phänomene verstärkt beobachten, die als Ghosting, Catfishing und Breadcrumbing bezeichnet werden:

- **Ghosting** besteht darin, dass eine Person, zu der ein ernsthafter Offline-Kontakt oder Online-Kontakt oder sogar bereits eine Beziehung besteht, plötzlich völlig überraschend und ohne jede Erklärung verschwindet und alle Kontaktmöglichkeiten löscht.

- **Breadcrumbing** definiert sich so, dass Personen Interesse an anderen Personen vorgeben, diesen Komplimente machen und mit ihnen flirten, ohne dass jemals eine echte Bereitschaft bestanden hätte, den Kontakt zu vertiefen. Es finden sporadische Interessebekundungen (wie hingeworfene Brot-krumen) statt, obwohl es in Wirklichkeit keinerlei Intention für eine Beziehung gibt. Den Adressaten ist diese Tatsache jedoch unbekannt.

- **Catfishing** meint, komplett fiktive Online-Profile zu erstellen, um andere Personen zu kontrollieren, zu überwachen, zu täuschen oder zu betrügen. Manchmal soll Erpressungs-material (beispielsweise zugesandte Nacktfotos) gesammelt werden. Es kann sich um rein finanzielle Absichten handeln und oft ist Catfishing mit dem sogenannten Love-Scamming verbunden. Es können aber auch innerpsychische Kontroll-motive bis hin zu Sadismus eine Rolle spielen. Freunde, Familienangehörige, Arbeitgeber, Arbeitnehmer, Nachbarn oder kriminelle Organisationen sowie komplett unbekannte Personen können sich hinter diesen Profilen verbergen.

Timmermans et al. (2020) befragten Nutzer:innen von Dating-Apps, die selbst Ghosting betrieben hatten oder von Ghosting betroffen waren. Dabei zeigte sich, dass die Erfahrung von Ghosting oft als stressreich und belastend erlebt wird. 59 % der Betroffenen machten die Ghoster für das Geschehen ver-antwortlich, 37 % sahen die Gründe in der eigenen Person, 17 % wiesen den Dating-Apps eine Mitverantwortung zu.[15]

Bezüglich der Ghoster nahmen die Betroffenen beispiels-weise an, dass diese bereits andere Beziehungen, persönliche Probleme oder eine geringe Bindungsbereitschaft hätten. Bezüg-lich der eigenen Person wurde unter anderem vermutet, den Ansprüchen nicht genügt zu haben, nicht attraktiv genug zu sein oder ein falsches Verhalten gezeigt zu haben. Bezüglich der Verantwortung von Dating-Apps wurde vorgebracht, dass diese Kontakt-Strukturen bereitstellten, in denen Ghosting eine einfache und naheliegende Handlungsmöglichkeit sei.

Bei den Personen, die Ghosting betrieben hatten, sahen 67 % die Verantwortung bei den betroffenen Personen, 44 % bei der eigenen Person und 29 % bei den Apps. Die Verantwortung der Apps wurde ebenfalls in der Bereitstellung einer Ghosting erleichternden Struktur gesehen. Als Gründe innerhalb der eigenen Person wurde beispielsweise die Vermeidung einer direkten Absage an die andere Person genannt. Als Gründe auf Seiten der von Ghosting betroffenen Personen wurden unter anderem deren angebliche negative Eigenschaften und Verhaltensweisen oder die Erwartung von Schwierigkeiten genannt, eine Absage zu akzeptieren. 22 % der Ghoster waren der Ansicht, sie hätten keinerlei Verpflichtung gegenüber der anderen Person, während 16 % der anderen Person durch ihr Verschwinden die Verletzungen durch eine direkte Zurückweisung ersparen wollten.

Daran wird deutlich, dass es verschiedene Ursachen und Motive für Ghosting gibt, dass in der Wahrnehmung der Ghoster und der Betroffenen aber auch die Dating-Apps eine erleichternde Rolle für das Ghosting spielen. Die Ghoster entziehen sich jeder Auseinandersetzung und wählen durch das Löschen der Verbindung den einfachsten Weg. Während manche den Betroffenen – in einer fehlgeleiteten Sichtweise – damit seelischen Schmerz ersparen wollen, sehen sich andere gegenüber den Betroffenen in keiner menschlichen Verpflichtung, wenn sie den Löschbutton drücken.

Grundsätzlich sind weder Ghosting noch Breadcrumbing an Online-Dating gebunden, sondern können auch in anderen Kontexten auftreten. Eine Studie von Navarro et al. (2020) zeigte allerdings, dass die Wahrscheinlichkeit erlittenen oder selbst verübten Ghostings signifikant mit der Benutzung von Dating-Apps zusammenhing.

Verteilung von Alter und Geschlecht

Was bei den Dating-Apps ebenfalls auffällt, ist die unausgeglichene Verteilung der Geschlechter und Altersgruppen:

Werden bei nicht zum LSBTIQ-Bereich gehörenden Dating-Apps die Geschlechter-Verhältnisse betrachtet, wird ein starkes Übergewicht von Männern sichtbar:

* So wird für die Nutzung von Tinder in den USA für 2021 ein Verhältnis von 75,8 % Männern zu 24,2 % Frauen angegeben.[16]

* Eine Studie des internationalen Cloud-Providers Ogury von Oktober bis Dezember 2018 berichtete, gemittelt über 10 Dating-Apps, von einer Männer-Quote von 73 % für die USA, 85 % für UK, 81 % für Frankreich, 91 % für Italien und 87 % für Spanien.[17]

Ein Übergewicht von Männern ist von Erotik-Portalen bekannt und beruht auf der Tatsache, dass Männer im Durchschnitt tatsächlich häufiger an unverbindlichen Sexkontakten interessiert sind als Frauen. Die starke Überrepräsentation von Männern bei den Dating-Apps ist ein weiteres kritisches Zeichen gegen eine gute Verwendbarkeit von Dating-Apps für eine ernsthafte Partnersuche.

Erheblich überrepräsentiert sind bei Dating-Apps zudem die jüngeren Altersgruppen:

* Eine aktuelle Auswertung für die USA im April 2020 zeigt, dass 53 % der Befragten niemals Tinder benutzten. Bei der Altersgruppe der 18- bis 29-Jährigen betrug dieser Prozentsatz jedoch nur 24 % und stieg erst mit wachsendem Alter kontinuierlich an auf bis zu 97 % bei Personen im Altersbereich von 65 Jahren und älter.[18] Interessanterweise zeigt sich bei Grindr, der bekanntesten App für die LSBTIQ-Com-

munity, eine etwas ausgeglichenere Altersverteilung, wobei aber auch hier die jungen Altersgruppen klar dominieren.[19]

Der Fokus der Dating-Apps auf Unterhaltung und Spaß, Unverbindlichkeit und Erotik lässt sich sicherlich zu einem guten Teil mit der jungen Zielgruppe erklären, deren Lebenswege noch weniger gefestigt sind und für die Bindung und Verbindlichkeit weniger im Vordergrund stehen.

In einem Interview von Markus Böhm mit Tabea Glindemann bei Spiegel-Online[20] berichtet diese über ihre Erfahrungen bei Dating-Apps:
- Zwar gebe es Menschen, die reflektierte Dinge schrieben oder nette Einstiegssätze. Vieles sei aber Copy and Paste. Sehr oft habe sie eindeutige Angebote bekommen, wie oder ob sie abgeschleppt werden wolle. Sie habe die Erfahrung gemacht, dass es vielen bei Tinder nicht darum gehe, Beziehungspartner:innen zu finden, sondern nur um Matches. Manchmal gebe es gar kein Interesse an Chats oder Treffen. Sie vermutet zudem, dass es denjenigen, die nach einer monogamen Beziehung suchten, schwerfalle, zu dem Punkt zu kommen, an dem sie sagten: *„Jetzt habe ich die Person gefunden, mit der ich zusammen sein möchte."* Schließlich könne man jederzeit in die App schauen, wo zumindest gefühlt Hunderttausend weitere potenzielle Partner:innen auf einen warteten.

Die Schilderungen von Tabea Glindemann passen gut zu den psychologischen Befunden.

Die diversen Dating-Apps haben übrigens niemals aussagekräftige Daten zu der Frage vorgelegt, wie viele der Millionen Nutzer:innen eine dauerhafte Partnerschaft über ihre Apps gefunden haben und wie sich diese Beziehungen im Verlauf entwickelten.

Aufgrund der für eine Partnersuche eher problematischen Struktur der Dating-Apps, der nahezu ausschließlichen Fokussierung auf das Äußere, der Orientierung auf sofortige Belohnung, des starken Unterhaltungscharakters, der Verbreitung von Frauenfeindlichkeit, Sexismus und Belästigung sowie der Motivheterogenität ihrer Nutzer:innen ist anzunehmen, dass dieser Prozentsatz klein sein dürfte.

Psychologische Kritik

Aus psychologischer Sichtweise sind Dating-Apps daher kritisch zu bewerten, insbesondere aufgrund folgender noch einmal zusammenfassend benannter sechs Aspekte:

- **Dating als Konsumprozess:** Bei Dating-Apps wird der Kennenlernprozess zu einem Konsumprozess, wobei scheinbar eine riesige Auswahl herrscht, die Profile aber tatsächlich miteinander im Wettbewerb stehen. Die Erwartung des nächsten und womöglich noch besseren Profils erschwert es, sich festzulegen, sodass Unverbindlichkeit regiert und Bindungsprozesse beeinträchtigt werden können.

- **Anziehung für unlautere Absichten:** Die Basisfunktionen sind komplett kostenlos und können sofort genutzt werden. Der Aufwand für das Herunterladen der App und die Erstellung eines eigenen Profils ist minimal. So mischen sich unter die Teilnehmenden auch zahlreiche Personen mit weniger lauteren Motiven oder zumindest keinem echten Beziehungsmotiv, wie Bildersammler, Verheiratete, die sich als Singles ausgeben, reine Online-Flirter, die dies jedoch nicht kenntlich machen, bis hin zu Stalkern und Personen, die die Dating-Apps für Belästigungen, Beleidigungen, Betrug und sexuelle Übergriffe verwenden.

- **Risikoverhalten:** Die Einfachheit und Geschwindigkeit, mit der über Dating-Apps weitgehend anonyme Sexualkontakte gefunden werden können, können Sicherheitsbedenken reduzieren und zu sexuellem Risikoverhalten führen, wie dem Nicht-Gebrauch von Kondomen.

- **Dauerhafter Gebrauch:** Der Spaß- und Suchtcharakter der Apps ist hoch und muss nicht enden, wenn eine Beziehung bereits gefunden wurde. Wer bei den Apps einmal dabei ist, kann dabeibleiben oder jederzeit wieder zurückkommen, selbst wenn eine Beziehung besteht. Wer sich über eine App getroffen hat, muss zumindest damit rechnen, dass Beziehungspartner:innen früher oder später zur App zurückkehren. Aber auch für sich selbst können manche Nutzer:innen ihre Hand vielleicht nicht ins Feuer legen. Dating-Apps weisen den Charakter von Glücksspielen auf.

- **Illusorische Bewertungen:** Die nahezu komplette Ausrichtung der Partnersuche auf das Aussehen übersieht zahlreiche Faktoren, die wichtig für ein Beziehungsglück sind. Aufgrund des Fokus auf das Aussehen bei ansonsten kaum vorhandenen weiteren Informationen wird der Wirksamkeit des schon weiter oben beschriebenen Halo-Effektes Vorschub geleistet, wo Menschen lediglich aufgrund des Äußeren und damit auf der Basis unzureichender Informationen illusorisch von der Existenz zahlreicher weiterer positiver Merkmale beim Gegenüber ausgehen. Umgekehrt kann es ebenso schnell zu unrichtigen Annahmen über negative Eigenschaften von Personen kommen, die lediglich aufgrund des ersten Blickes abgelehnt werden. Möglichkeiten, über einen zweiten Blick und ein genaueres Kennenlernen zu einem korrigierten Eindruck bei abgelehnten Profilen zu gelangen, gibt es bei vielen Dating-Apps nicht oder sie gehen im Meer der Alternativen unter. Bei all denjenigen, deren Interesse mehr auf Online-Kontakt oder Online-Sex liegt, steigt zudem die Bereitschaft, ein falsches Bild einzustellen und unrichtige Erwartungen zu erzeugen. Das heißt, die Struktur der Dating-Apps fördert die Motivation zu nicht authentischem Verhalten und falscher Selbstdarstellung, wodurch authentische Bewertungen erschwert werden.

- **Beeinträchtigung der Beziehungsfähigkeit:** Der Aufbau einer partnerschaftlichen Beziehung und die andauernde Beziehungsarbeit sind komplexe zwischenmenschliche Prozesse, die Aufmerksamkeit und Einsatz verlangen. In Partnerschaften geht es darum, sich einander wirklich zu verstehen, sich einzulassen, offen zu kommunizieren, Gemeinsamkeiten zu entwickeln, füreinander einzustehen, Ziele zu entwickeln und auch die Fehler und Schwächen von Beziehungspartner:innen akzeptieren zu können. Mit ihrer Einfachheit und ihrem Fokus auf sofortiger Belohnung, Geschwindigkeit und Oberflächlichkeit vermitteln Dating-Apps ein unrealistisches Bild menschlicher Beziehungen und senken die Bereitschaft, sich um eine Beziehung auch wirklich zu bemühen. Menschen in den Dating-Apps erscheinen austauschbar, sie sind anklickbar und wegklickbar und die Auswahl ist scheinbar unendlich. Ebenso leicht ist es, andere zu belästigen oder bei Abweisung mit Beleidigungen zu reagieren. Dies alles kann die eigene Beziehungsfähigkeit beschädigen. Im Einzelfall mögen negative Auswirkungen der Dating-Apps auf die Beziehungsfähigkeit nicht nur temporär bleiben, sondern zu einem dauerhaften Muster aus kurzfristigem Thrill und mangelnder Bindungsbereitschaft führen.

Andererseits sollten diese möglichen negativen Folgen von Dating-Apps, die im Einzelfall fraglos eintreten können, nicht

163

überschätzt werden. So sprechen vorliegende Befunde dagegen, dass es, zumindest bis jetzt, zu einer grundlegenden gesellschaftlichen Veränderung partnerschaftlicher Beziehungen durch die Ausbreitung von Dating-Apps gekommen wäre:

- Rosenfeld (2018) gelangt in einer Studie auf der Basis von Interviews und Umfragedaten zu dem Ergebnis, dass die Beziehungen verheirateter Paare in den USA durch Dating-Apps nicht beschädigt worden seien. Die große Mehrheit verheirateter Paare lebe in einer stabilen Beziehung.

Freilich verwandten diese Paare in der Umfrage auch kaum Dating-Apps und es bleibt im langfristigen Verlauf abzuwarten, ob Personen, die vorher Dating-Apps verwandten, die Verwendung der Apps verstärkt fortsetzen werden, sodass der Prozentsatz der Paare in festen Beziehungen ansteigen würde, die weiterhin Dating-Apps verwenden. Hieraus könnten sich Beeinträchtigungen in den Beziehungen ergeben, die in der Erhebung von Rosenfeld lediglich noch nicht sichtbar waren.

Aber auch bei Singles hält Rosenfeld (2018) die Bedeutung von Dating-Apps für tatsächliche Begegnungen für überschätzt:

- Gemäß seinen Daten trafen mehr als 80 % der befragten heterosexuellen Singles in den zurückliegenden 12 Monaten keine einzige andere Person über eine Dating-App. Rosenfeld vermutet daher, dass die Hauptfunktion der Dating-Apps oftmals darin liege, online zu flirten oder sich Fotos anzuschauen.

Der Befund, dass es bei vielen Teilnehmenden zu keinen Treffen kam und diese die Dating-App offenbar vorwiegend für Unterhaltungseffekte benutzten, spricht dagegen, dass die Apps dazu führen, dass die Suche nach einer Beziehung durch eine endlose Reihe unverbindlicher Verabredungen ersetzt wird.

Allerdings spricht dieser Befund auch gegen eine hohe Effektivität von Dating-Apps für die Partnersuche.

Die Gefahr einer möglichen Minderung der Beziehungsfähigkeit und eines Übergangs zu unverbindlichen Treffen statt eines Eingehens von Beziehungen ist also sicherlich nicht so stark, dass sie sich großflächig aufzeigen lassen würde. Sie kann aber dennoch einzelne Personen betreffen, die in Online-Sucht, Übergriffigkeit oder ein Muster aus dauerhafter Unverbindlichkeit abgleiten und dadurch ihre Beziehungsfähigkeit beeinträchtigen.

Während einzelne Personen oder Gruppen besonders gefährdet sein mögen, ist für die Mehrheit der Nutzer:innen zu erwarten, dass sie gegenüber möglichen Beeinträchtigungen ihrer Beziehungsfähigkeit Resilienz zeigen werden. Bei den meisten werden mögliche Auswirkungen auf Beziehungsfähigkeit und Bindungsbereitschaft wohl höchstens vorübergehend sein und sie werden enden, wenn sich die Betreffenden ihrer überdauernden Bindungsbedürfnisse bewusst werden und in eine vermutlich außerhalb der Dating-Apps gefundene partnerschaftliche Beziehung eintreten.

Genau hierauf weisen auch die Ergebnisse einer Studie von Head (2019) hin, die die Auswirkungen der Benutzung von Dating-Apps auf Frauen mithilfe qualitativ ausgewerteter Interviews und quantitativ ausgewerteter Fragebögen untersuchte:

• In der quantitativen Auswertung wurden keine Mittelwertunterschiede zwischen Nutzerinnen und Nicht-Nutzerinnen im Selbstwert oder in Risiken, sexuelle Übergriffigkeit zu erleiden, erkennbar. Allgemein negative Effekte der Verwendung von Dating-Apps ließen sich nicht feststellen. In der differenzierten qualitativen Analyse der Interviews berichteten Teilnehmerinnen einerseits über negative Erfahrungen von sexueller Übergriffigkeit und Druck zu Sexualität sowie über eine erlebte Degradierung und Reduktion auf den Körper, andererseits aber auch von positiven Erfahrungen, weil Kontakt-Barrieren außer Kraft gesetzt wurden, über ein positives Experimentieren mit der eigenen Sexualität und über einen Gewinn an Selbstwertgefühl.

Dating-Apps scheinen insofern für Personen, die dezidiert nach einer langfristigen Beziehung suchen, weniger geeignet zu sein. Sie bieten aber neben den Risiken durchaus auch Vorteile und Chancen im Sinne eines sich spielerischen Ausprobierens und des Experimentierens mit Sexualität und Beziehungsbedürfnissen. Die starke Überrepräsentation junger Menschen bei den Apps spricht dafür, dass es sich hier um Erlebnisbedürfnisse handelt, deren Ausleben durchaus auch einen Entwicklungswert haben kann.

Analog betrachtet scheinen Dating-Apps virtuell ähnliche Funktionen auszuüben wie Diskotheken in der Offline-Welt, wo ebenfalls die junge Generation stark überrepräsentiert ist und wo weitaus mehr unverbindliche Kontakte als dauerhafte Partnerschaften entstehen. Andererseits entstehen zwischen einigen Menschen, die sich in Diskotheken kennenlernen, durchaus ernsthafte Beziehungen. So ähnlich ist es sicherlich auch bei den Dating-Apps.

Singlebörsen

Singlebörsen haben die Funktion der kaum noch eine Rolle spielenden Kontaktanzeigen in Zeitungen und Magazinen übernommen. Dabei haben Singlebörsen viele Ähnlichkeiten zu Dating-Apps, auf die bereits ausführlich eingegangen wurde. Das Kapitel zu Singlebörsen ist daher kurzgehalten, weil die meisten bei den Dating-Apps dargestellten Aspekte ebenso für Singlebörsen gelten.

Anstatt eine Kontaktanzeige aufzugeben, können sich Partnersuchende bei einer Singlebörse registrieren und dort ein persönliches Profil anlegen. Neben einem freien Text und Fotos
werden hier mindestens Angaben zu Alter, Wohnort, Geschlecht,
Größe und Gewicht erhoben, oftmals werden aber zusätzlich
viele weitere Merkmale, Interessen und Besonderheiten erfragt,
wobei die Beantwortung in der Regel freiwillig ist.

Die Suche wird den Nutzern durch freies Scrollen anhand
einer kleineren oder größeren Anzahl mehr oder weniger oberflächlicher, durch die Nutzer:innen für jede Suche neu aus-
wählbarer Suchkriterien selbst überlassen. Es erfolgt keine
psychologisch fundierte Vermittlung.

Bei den Singlebörsen ist die Erstellung eines eigenen Profils
nahezu immer kostenfrei. Nachfolgend können die Profile
anhand von Kriterien wie Alter, Wohnort oder Geschlecht
kostenfrei durchsucht werden.

Manchmal ist auch die Kommunikation mit anderen Teilnehmenden kostenfrei. In diesem Fall finanziert sich eine Singlebörse in der Regel durch Werbung. In anderen Fällen ist eine
kostenfreie Kommunikation mit anderen Teilnehmenden nicht
oder höchstens stark eingeschränkt möglich. Bei Singlebörsen,
die Gebühren erheben, machen daher nur die kostenpflichtigen Angebote Sinn.

Unter den Singlebörsen offerieren auch unzählige Spezial-
anbieter ihren Service:

• nur für Reiche, Schöne, Dicke, Gutaussehende, Rollenspie-
  ler, BDSM-Interessierte oder Gothic-Fans, vegetarisch oder
  vegan lebende Personen, Alleinerziehende, Asexuelle, Menschen mit Behinderungen ... Die Liste ließe sich nahezu unendlich fortsetzen.

Was Mitglieder in so einer Spezial-Singlebörse miteinander verbindet, ist ausschließlich das eine gemeinsame Merkmal, um welches sich die Vermittlung dreht.

Prüfen Sie also genau, ob das jeweilige Merkmal wirklich eine tragfähige Voraussetzung für eine Beziehung ist:

• Sinnvoll ist solch ein Spezial-Anbieter für Sie, wenn das Vermittlungs-Thema so wichtig für Sie ist, dass Sie Ihre Partnersuche diesem einem zentralen Thema widmen wollen.

• Ebenfalls kann die Nutzung eines Spezial-Anbieters sinnvoll sein, wenn Sie bei anderen Plattformen aufgrund eigener Merkmale (z. B. asexuell, Rubensfigur, Behinderung) auf zu viel Ablehnung stoßen und sich dies nicht mehr antun möchten.

Bedenken Sie, dass Mitglieder von Singlebörsen ebenso wie bei den Dating-Apps nicht ausschließlich oder vorwiegend auf eine ernsthafte Partnersuche ausgerichtet sein müssen. Der leichte und schnelle Zugang und das freie Scrollen in Profilen ziehen Menschen mit unterschiedlichen Motiven an.

Singlebörsen fehlt die klare Fokussierung ihrer Außendarstellung, Werbemaßnahmen und des eigentlichen Angebotes auf die Suche nach dauerhaften Partnerschaften. Dadurch ziehen Singlebörsen viele Menschen an, deren Hauptmotiv nicht der Aufbau einer langfristigen Partnerschaft ist. Zudem fördert das freie Scrollen in Profilen, ähnlich wie bei den Dating-Apps, eine unverbindliche Konsum-, Spiel- und Spaßhaltung.

Bei den Singlebörsen finden sich entsprechend viele Mitglieder, denen es eher um Flirt, Erotik oder auch virtuelle Chats geht. Singlebörsen kommen dieser weniger an einer ernsthaften Partnersuche interessierten Klientel entgegen durch die Einfachheit und hohe Geschwindigkeit, mit der Profile erstellt werden können, die Freiwilligkeit vieler Angaben, die Unverbindlichkeit und die Verfügbarkeit der kostenlosen Basisfunktionen oder sogar eine komplette Kostenfreiheit.

Zudem kann die Verfügbarkeit frei suchbarer Alternativen bei den Singlebörsen die Auswahl verschlechtern:

- Je mehr Alternativen zur Verfügung gestellt werden, desto oberflächlicher wird der Prozess, mit dessen Hilfe ausgewählt wird, mit welchem Profil Teilnehmende Kontakt aufnehmen möchten. Dies erhöht, wie bei den Dating-Apps, die Gefahr, dass eher unpassende Menschen zueinander finden.

- Es fehlt eine Vorauswahl nach Passung. Dadurch steigt der spielerische Charakter bei den Singlebörsen, die auch hier, ähnlich wie die Dating-Apps, stärker Aspekte von Unterhaltung, Abwechslung und Spaß ansprechen.

Subjektiv haben Mitglieder von Singlebörsen durch die Möglichkeit zum unbegrenzten Scrollen und Kontaktieren viel Freiheit.

So werden bei Dating-Apps wie Tinder die angezeigten Profile durch algorithmische Prozesse bestimmt und eine nähere Profilsichtung oder gar Kontaktaufnahme ist nur möglich, wenn beide Seiten ein Interesse bekunden. Für weitere Profilvorschläge muss bei vielen Dating-Apps extra bezahlt werden.

Demgegenüber können sich Mitglieder von Singlebörsen völlig frei die gesamte Datei anschauen und diese nach vorgegebenen Auswahlmöglichkeiten durchsuchen. Sie können grundsätzlich zu jedem anderen Mitglied Kontakt aufnehmen, wobei bei kostenpflichtigen Plattformen hierfür allerdings auf beiden Seiten die Nutzung der Premium-Funktion für ein Kennenlernen notwendig sein kann.

Personen, die in Profilen frei scrollen können, haben den Eindruck, den Auswahlprozess besser kontrollieren zu können. Dies kann das Interesse und die Zufriedenheit erhöhen. Tatsächlich ist die freie Suche aber kritisch zu betrachten, weil die Zunahme der Anzahl möglicher Kandidaten nach psychologischen Studien eher zu einem schlechteren Suchergebnis führt:

- Wu und Chiou (2009) gaben in einer Studie zum Online-Dating den Teilnehmenden eine unterschiedlich große Anzahl an Profilen zur Ansicht vor. Außerdem wurde auf der Basis der eigenen Angaben der Teilnehmenden zu ihren Ideal-Partner:innen berechnet, wie hoch die Passung der einzelnen Vorschläge war. Im Ergebnis zeigte sich, dass die tatsächliche Passung der durch die Teilnehmer:innen selbst als interessant ausgewählten Profile umso geringer war, je mehr Vorschläge ihnen unterbreitet worden waren. Die Wissenschaftler gelangen zu dem Schluss, dass mehr Optionen zu schlechteren Entscheidungen bei der Partnersuche führen.

Durch das freie Scrollen bei den Singlebörsen kann ein Nutzungsmuster angeregt werden, bei dem die Aufmerksamkeit schnell von einem Profil und Kontakt zum nächsten wandert. Insofern besteht auch bei den Singlebörsen, wie bei den Dating-Apps, das Risiko, dass das Kommunikationsverhalten oberflächlich bleibt oder wird und eine vertiefte emotionale Kommunikation nicht stattfindet.

Mit ihrem insgesamt geringen Fokus darauf, eine dauerhafte Beziehung zu finden, und mit ihrem ausgeprägt spielerisch-unverbindlichen Charakter wird die Bindungsbereitschaft durch die Struktur der Singlebörsen nicht gefördert.

Auch ist bei Singlebörsen und Dating-Apps die Schwelle zur Registrierung gering. Sie müssen daher damit rechnen, dass sich auch viele Menschen Ihr Profil anschauen, die nicht auf

Partnersuche sind, sondern eher aus Neugier oder anderen Motiven hineinschauen.

Singlebörsen und Dating-Apps sind im Grunde ähnliche Angebote. Wenn entsprechende Singlebörsen auch Apps zur Verfügung stellen, gehen Singlebörsen und Dating-Apps fast ineinander über.

Es können über Singlebörsen fraglos Partnerschaften und auch dauerhaft stabile und glückliche Partnerschaften entstehen. Es gibt aber gleichzeitig eine Reihe von mit Dating-Apps geteilten Strukturmerkmalen, die das Entstehen solcher Beziehungen über Singlebörsen erschweren. Zudem mögen einzelne Personen auch bei Singlebörsen Gefahr laufen, in Suchtverhalten abzugleiten und ihre Bindungsbereitschaft zu reduzieren.

Wer sich aber der Möglichkeiten und Risiken bewusst ist und die eigene Suche reflektiert steuert, kann durch die Nutzung einer Singlebörse durchaus zusätzliche Chancen für die eigene Partnersuche eröffnen oder auch andere Motive im Bereich von Flirt und Erotik befriedigen, ohne dass dies zu Suchtverhalten führen oder sich schädigend auf die eigene Bindungsbereitschaft und Bindungsfähigkeit auswirken müsste.

Partnervermittlungen

Alters- und Geschlechtsverteilung

Die Alters- und Geschlechtsverteilung der Nutzer:innen von Partnervermittlungen unterscheidet sich stark von den Dating-Apps:

- Für Parship wurde von Dittmar (2021) ein Anteil der 18- bis 24-Jährigen von 6%, der 25- bis 34-Jährigen von 26%, der 35- bis 44-Jährigen von 27%, der 45- bis 54-Jährigen von 26% und der über 55-Jährigen von 15% angegeben.[21] Dabei bleibt aber unklar, wie zuverlässig diese Angabe ist, zumal der Artikel aktuell nur noch über ein Internet-Archiv aufrufbar ist. Eine andere Quelle berichtet von einem Durchschnittsalter der männlichen Nutzer von Parship von 40,9 % und der weiblichen Mitglieder von 42,6 %.[22] Die Webseite von Parship selbst berichtet von einem Frauenanteil von 51 % und einem Männeranteil von 49 %. Das non-binäre Geschlecht wird demnach also nicht berücksichtigt.[23]

• Für ElitePartner werden Prozentanteile von 33 % für die 18- bis 35-Jährigen, 37 % für die 36- bis 49-Jährigen und 30 % für die über 50-Jährigen angegeben.[24] Als Durchschnittsalter wird durch eine andere Quelle für die männlichen Nutzer von ElitePartner 43 % und für die weiblichen Nutzerinnen 44 % angegeben.[25] Auf der Webseite von ElitePartner selbst heißt es, dass 55 % der Mitglieder Frauen und 45 % Männer seien. Auch ElitePartner berücksichtigt non-binäre Personen nicht.[26]

Bereits an diesen Zahlen wird deutlich, dass es sich bei Nutzer:innen von Partnervermittlungen offenbar um eine gänzlich anders zusammengesetzte Personengruppe handelt, als es die Nutzer:innen von Dating-Apps sind:

• Während an Partnervermittlungen gleich viele oder sogar eher mehr Frauen teilnehmen als Männer, gibt es bei Dating-Apps einen Männerüberschuss. Bei Partnervermittlungen sind zudem alle Altersgruppen und am stärksten der Altersbereich 30 bis 60 Jahre vertreten, während bei Dating-Apps die Gruppe der 18- bis 30-Jährigen besonders stark vertreten ist und Teilnehmende im Alter von 50 Jahren bereits eine Seltenheit sind.

Merkmale und Suchmotive der Nutzer:innen
Die Geschlechts- und Altersverteilung bei Partnervermittlungen beeinflusst die Art der Kontakte, die hier gesucht werden:

• Indirekt sprechen hierfür auch die Befunde des Übersichts-
artikels von Abramova et al. (2016), denen zufolge beim
Online-Dating Männer häufiger nach kürzeren und Frauen
häufiger nach langfristigen Beziehungen suchen. Der Männerüberschuss bei den Dating-Apps und der leichte Frauenüber-
schuss bei den Partnervermittlungen lässt vermuten, dass
diese Suche nach kürzeren und langfristigen Beziehungen
ebenfalls das Klientel von Dating-Apps und Partnervermittlungen voneinander unterscheidet.

Das deutlich ausgeglichenere Geschlechtsverhältnis sowie die
erheblich stärkere Repräsentanz mittlerer und höherer Altersstufen spricht dafür, dass sich bei den Partnervermittlungen
vorwiegend Menschen begegnen, denen es wirklich darum
geht, eine feste partnerschaftliche Beziehung zu finden. Es
kann also davon ausgegangen werden, dass sich bei Partnervermittlungen weniger Personen finden, die nach Kurzzeit-
kontakten, Online-Kontakten oder Erotik-Kontakten suchen.

Dies stimmt mit Werbung und Außendarstellung der
Partnervermittlungen überein, die gezielt Menschen ansprechen, die nach partnerschaftlicher Bindung suchen. Es werden
Themen von Liebe, Romantik, Partnerglück und Dauerhaftigkeit
aufgegriffen.

Personen, die vorwiegend nach Flirt, Unterhaltung, Chats,
Spaß, Erotik-Kontakten oder Seitensprüngen suchen, werden
durch die Werbung der Partnervermittlungen nicht angesprochen. Für sie sind die Dating-Apps oder die Singlebörsen die
attraktivere Option.

Es ist daher anzunehmen, dass die Motive der Nutzer:innen
von Partnervermittlungen wesentlich einheitlicher sind als
die Motive der Nutzer:innen von Dating-Apps. Für diese
Vermutung ergeben sich direkte Belege aus einer Umfrage von
Gleichklang[27] mit den gleichen ins Deutsche übersetzten Fragen

wie der Untersuchung von Sumter et al. (2017) zu den Motiven von Tinder-Nutzer:innen:

- Während in der Studie von Sumter at al. mit Tinder- Nutzer:innen das Beziehungsmotiv erst an dritter Stelle stand mit einem Mittelwert von lediglich 2,24 auf einer Skala von 1 bis 5, führte bei den befragten Gleichklang-Mitgliedern das Beziehungsmotiv mit weitem Abstand und einem Mittelwert von 4,19 die Reihenfolge an, gefolgt von dem Kommunikations-Motiv mit einem wesentlich geringeren Mittelwert von 2,81.

Allerdings gibt es auch andere Befunde:

- Gatter und Hodkinson (2016) befragten 75 Facebook-Nutzer:innen, ob sie auch Dating-Apps oder Partnervermittlungen genutzt hätten und erfassten unter anderem Alter, Geschlecht, Selbstwert, Dating-Motive und Einstellungen zu unverbindlicher Sexualität. Unter den Teilnehmenden befanden sich 30 Tinder-Nutzer:innen, 26 Nutzer:innen von Partnervermittlungen und 19 Non-User. Erstaunlicherweise zeigten sich keine Unterschiede in den Dating-Motiven, wobei das Motiv „Beziehung" bei Nutzern von Partnervermittlungen sogar geringer ausgeprägt war als bei Usern von Dating-Apps, Nutzer:innen von Partnervermittlungen diese sogar relativ am meisten nutzten, um „in Kontakt mit Freund:innen (zu) bleiben".

Die Befunde sind nicht plausibel und erscheinen aus methodischen Gründen fragwürdig:

Die Stichprobe war extrem klein. Zudem war der Altersdurchschnitt von 23 Jahren bei den Nutzer:innen von Partnervermittlungen nicht repräsentativ für Partnervermittlungen, wo es nur sehr wenige Menschen in diesem Alter gibt. Tatsächlich waren die Teilnehmenden durch Werbung auf der Facebook-

Seite der Verfasserin rekrutiert worden, wozu auch Schneeball-effekte genutzt wurden. Auffällig ist auch, dass Partnervermitt-lungen eigentlich nicht dazu gedacht sind, die Kontakte mit Freund:innen aufrechtzuerhalten, und diese Funktion auch typi-scherweise nicht anbieten. Die beste Erklärung dürfte sein, dass die Befragten keine echten Partnervermittlungen nutzten, zumal dies in diesem Alter bereits aus Kostengründen eine Rarität ist.

Sie können also davon ausgehen, dass Sie sich bei einer Online-Partnervermittlung wesentlich stärker in einem Kreis ernsthaft Partnersuchender wiederfinden als bei einer Dating-App. Dadurch wird sich das Risiko vermindern, dass Sie bei Ihrer Partnersuche – gegebenenfalls, ohne dies zu merken – auf Personen ohne Bindungsabsichten mit Interesse an unver-bindlichen Kontakten oder mit Interesse an reiner Online-Kommunikation stoßen werden.

Der Kreis der Teilnehmenden bei den Partnervermittlungen ist für die Suche nach einer langfristigen Beziehung geeigne-ter als der Kreis der Teilnehmenden bei den Dating-Apps. Je stärker Ihr Interesse an einer langfristigen Beziehung ist, desto mehr sind Partnervermittlungen für Sie die richtige Wahl.

Vermittlungsprinzipien

Online-Partnervermittlungen erlauben ihren Mitgliedern kein freies Suchen in Profilen und machen keine Vorschläge auf der vorwiegenden Basis von Geodaten. Die Vermittlung erfolgt stattdessen auf der Basis eines computergesteuerten Vermitt-lungs-Algorithmus, anhand dessen Personen vorgeschlagen werden, die sich durch eine besonders gute Passung kenn-zeichnen sollen.

Durch den Verzicht auf eine freie Suche sinken Abwechslung und Spielerei, stattdessen wird die Aktivität der Mitglieder stärker auf die ernsthafte Suche nach einer partnerschaftli-chen Beziehung gerichtet.

Inhaltlich liegt der Vermittlung bei nahezu allen Partnervermittlungen das Prinzip der Übereinstimmung in wichtigen Grundmerkmalen der Personen zugrunde. Dabei versuchen Partnervermittlungen, durch mehr oder weniger psychologisch fundierte und mehr oder weniger transparente Vermittlungs-Algorithmen unpassende Vorschläge von vornherein auszuschließen.

Mithilfe dieser Matching-Algorithmen sollen Menschen zusammengebracht werden, deren Persönlichkeiten, Beziehungsmodelle, Lebensstile und Werthaltungen zueinander passen. Dadurch sollen die Aussichten für eine auch langfristig tragfähige partnerschaftliche Beziehung verbessert werden.

Auch wenn das Äußere weiterhin im Sinne von Profilfotos eine wesentliche Rolle bei der Selbstauswahl durch die Teilnehmenden spielt, erfolgen die Vorschläge zunächst vorwiegend nach anderen Kriterien. Das Äußere kommt zum großen Teil erst später bei der Selbstauswahl der Teilnehmenden nach Sichtung der Vorschläge zum Tragen.

Dieses Vorgehen unterscheidet Partnervermittlungen von Dating-Apps und Singlebörsen, wo aufgrund der Dominanz von Fotos und räumlicher Nähe unpassende Menschen aus Gründen kurzfristiger Faszination und höherer Praktikabilität schneller zueinander finden können.

Wissenschaftlichkeit von Online-Partnervermittlungen

Alle Online-Partnervermittlungen beruhen mehr oder weniger auf der Grundannahme, dass Ähnlichkeit und Übereinstimmung verbinden. Sie erheben den Anspruch, die Passung potenziell in Frage kommender Personen mit ihren Algorithmen ermitteln und auf dieser Basis Vorschläge machen zu können, mit denen ein besonders hohes Potenzial für eine glückliche und dauerhafte Beziehung besteht.

Für die Vermittlung auf der Basis von Übereinstimmung spricht zunächst ein umfangreicher und beeindruckender Forschungsstand, der aufzeigt, dass Beziehungspartner:innen einander in zahlreichen Merkmalen ähnlicher sind als dies bei zufälliger Partnerwahl zu erwarten wäre. Luo (2017) hat den Forschungsstand in einem Überblicksartikel zusammengefasst:

- Demnach sind sich Paare ähnlicher als per Zufall zu erwarten in politischer Orientierung, Religiosität, Autoritarismus, Einstellung zu Familie und Geschlechterrollen, Risikobereitschaft, persönlichen Werten, Intelligenz und anderen geistigen Fähigkeiten, im subjektiven Wohlbefinden, psychischen Erkrankungen, Alkoholismus und anderer Substanzabhängigkeit, bei Gewohnheiten, Hobbys und dem Lebensstil, einschließlich Alkohol-, Kaffee- und Teekonsum, Rauchen, zirkadianem Rhythmus und körperlicher Bewegung, in der Ernährung sowie bei eher breiten Persönlichkeitsmerkmalen wie den Big Five (Anmerkung: dies sind Extraversion, Neurotizismus, Offenheit für Erfahrung, Gewissenhaftigkeit, Verträglichkeit), Angst, Selbstwertgefühl, positiver und negativer Affektivität und Sensationslust, wobei die Ähnlichkeit in diesen allgemeinen Persönlichkeitsmerkmalen nicht immer gefunden wird und eher gering ausfällt.

- Eine mehr als zufällige Ähnlichkeit lasse sich bei verheirateten und nicht verheirateten Paaren, nach erstmaliger Heirat und bei erneuter Heirat, in verschiedenen Kulturen, bei selbst gewählten und arrangierten Partnerschaften sowie bei heterosexuellen und bei gleichgeschlechtlichen Paaren beobachten, wobei die Ähnlichkeit bei gleichgeschlechtlichen Paaren geringer sei als bei heterosexuellen Paaren.

- Die Ähnlichkeit zwischen Beziehungspartner:innen lasse sich nicht erklären durch häufigere Gelegenheiten, im eigenen sozialen Umfeld auf ähnliche Personen zu treffen. Auch entstehe die Ähnlichkeit nicht erst im Verlauf einer Beziehung, sondern sei von Anfang an vorhanden.

Aus der Sichtweise der Partnervermittlungen sind die Ergebnisse des von Luo (2017) zusammengefassten Forschungsstandes starke Argumente für ihren Matching-Ansatz:

- Die mehr als zufällige Ähnlichkeit von Paaren wird als Ausdruck einer stärkeren Anziehung interpretiert, die zwischen übereinstimmenden Personen entstehe, weshalb diese sich häufiger in Partnerschaften zusammenfänden als Personen, die sich durch Gegensätze auszeichneten. Daher wird es als sinnvoll erachtet, auch bei der Online-Partnersuche gezielt Menschen zusammenzubringen, die sich durch eine hohe Kompatibilität kennzeichnen.

In einem einflussreichen Artikel erheben Finkel et al. (2012) jedoch gegen diesen Anspruch der Online-Partnervermittlungen grundlegende Bedenken:

- **Der Einfluss der Ähnlichkeit auf die Beziehungszufriedenheit sei nicht belegt:** Sicher sei eine größere Ähnlichkeit von Beziehungspartner:innen im Vergleich zu fremden Personen belegt. Dies gebe dem Matching-Ansatz der Online-Partnervermittlungen jedoch noch keine wissenschaftliche Legitimation. Viel entscheidender sei die Frage, ob ähnliche Personen auch bessere Beziehungen führen würden, also Beziehungen, die sich durch eine hohe Beziehungszufriedenheit kennzeichneten. Diesen Schluss erlaube der Forschungsstand jedoch nicht. Belege für den Einfluss der Ähnlichkeit auf die Beziehungszufriedenheit seien vielmehr nicht eindeutig, widersprüchlich oder zu schwach, sodass diese ein effektives Matching fraglich erscheinen ließen.

- **Die Überlegenheit der Algorithmen sei nicht gezeigt:** Die Partner-vermittlungen publizierten keinerlei Belege für die Effektivität ihrer eigenen Matching-Algorithmen. Es sei nicht ausgeschlossen, dass Zufallsvorschläge zu den gleichen Ergebnissen führen würden wie die Matching-Algorithmen. Auch legten die verschiedenen Partnervermittlungen ihre Vermittlungs-Algorithmen nicht vollständig offen.

Die hier entstehende Irritation lässt sich auflösen, wenn wir zwischen psychologischer Plausibilität und einem wissenschaftlichen Beweis unterscheiden. Nicht alles, was psychologisch plausibel ist, ist (bereits) in einem wissenschaftlich stringenten Sinne bewiesen. Zu vielen speziellen Fragen liegen sogar noch gar keine oder keine ausreichenden wissenschaftlichen Studien vor, sodass die Praxis notgedrungen der Theorie vorgreifen muss.

Ein Beispiel hierfür ist die bereits oben diskutierte, plausible Annahme, dass für vegane Personen eine Beziehung mit anderen veganen Personen typischerweise vorteilhaft ist. Studien, die die Beziehungszufriedenheit von Paaren, wo nur ein oder beide Beziehungspartner:innen vegan sind, miteinander verglichen haben, liegen aber nicht vor.

Wenn eine Partnervermittlung also die Übereinstimmung in der veganen Lebensweise als ein Vermittlungskriterium heranzieht, prescht sie dem Forschungsstand gewissermaßen voraus. Einen wissenschaftlichen Beweis hat sie für ihre Vorgehensweise nicht, wohl aber gute Gründe.

Dies gilt nicht nur für die vegane Lebensweise als Matching-Kriterium, sondern ähnlich ist die Situation bei nahezu allen psychologisch basierten Matching-Kriterien, die bei unzureichender Studienlage weniger auf eindeutigen wissenschaftlichen Beweisen als auf mehr oder weniger psychologisch plausiblen Annahmen oder Vermutungen beruhen.

Kritisch ist allerdings in der Tat, wenn Partnervermittlungen ihr Matching vorwiegend oder nur auf der Grundlage sehr allgemeiner Persönlichkeitsmerkmale durchführen:

- Unter einem Persönlichkeitsmerkmal wird eine zeitlich und situativ relativ stabile Erlebens- oder Verhaltenstendenz verstanden, aus der sich auf die Individualität einer Person schließen lässt. Ein einflussreiches Modell der Persönlichkeitsstruktur ist beispielsweise das oben bereits angesprochene Fünf-Faktoren-Modell der Persönlichkeit (McCrae und John, 1992), oft wird hier von den Big Five gesprochen, welches zwischen Neurotizismus (emotionale Labilität), Extraversion, Offenheit für Erfahrungen, Gewissenhaftigkeit und sozialer Verträglichkeit unterscheidet.

Die Übereinstimmung in allgemeinen Persönlichkeitsmerkmalen ist – wie der Überblicksartikel von Luo (2017) zeigte – bei Paaren eher gering. Zudem gibt es psychologisch plausible Gründe, die gegen ein hohes Gewicht der Ähnlichkeit bei allgemeinen Persönlichkeitsmerkmalen sprechen. Es kann davon ausgegangen werden, dass bei gleichen Grundüberzeugungen und Beziehungsmodellen Unterschiede in der Persönlichkeitsstruktur leicht kompensierbar sein sollten.

Zur Verdeutlichung zwei Gedanken-Experimente:

- **Unterschiede in Gewissenhaftigkeit:** Zwei Beziehungspartner:innen sind beide sehr gewissenhaft und folgen daher in besonders starkem Ausmaß ihren moralischen Grundüberzeugungen. Wenn sich nun diese moralischen Grundüberzeugungen unterscheiden, wird die Gewissenhaftigkeit wenig helfen können, um die daraus entstehende Dissonanz zu mindern. Sind aber umgekehrt die Grundüberzeugungen die gleichen, mögen Unterschiede in der Gewissenhaftigkeit vor dem Hintergrund der grundsätzlich gemeinsamen Bewertungen und Ziele dennoch ausgeglichen werden können.

- **Unterschiede in Extraversion:** Beziehungspartner:innen mit introvertierter und extravertierter Persönlichkeit mögen gut zueinander passen, wenn sie sich gemeinsam für die gleichen Werte engagieren. Womöglich wird ein Beziehungsteil stärker nach außen kommunizieren, während sich der andere Beziehungsteil etwas mehr zurückhält. Dennoch können sie im Sinne eines gemeinsamen Projektes gut miteinander kooperieren. Demgegenüber würden zwei extravertierte Personen trotz ihrer übereinstimmenden Persönlichkeiten kaum für eine Beziehung miteinander geeignet sein, wenn – um ein Extrembeispiel zu geben – eine Person sich für Tierschutz und die vegane Lebensweise einsetzt, die andere Person aber passioniert jagt und angelt.

Tatsächlich sind nicht nur die Grundübereinstimmungen in der Persönlichkeit zwischen Paaren eher gering, sondern es ergeben sich aus Studien auch kaum Belege dafür, dass eine Ähnlichkeit in Persönlichkeitsmerkmalen für die Beziehungszufriedenheit eine Rolle spielt:
- So zeigten sich in einer Studie von Weidmann et al. (2017) keine Auswirkungen der Ähnlichkeit in den Persönlichkeitsmerkmalen Neurotizismus, Verträglichkeit, Gewissenhaftigkeit, Offenheit für Erfahrungen und Extraversion auf die aktuell vorliegende Beziehungszufriedenheit von Paaren. Für die im Längsschnitt erfasste künftige Beziehungszufriedenheit zeigten sich geringe, jedoch zwischen den Geschlechtern inkonsistente und schwer interpretierbare Auswirkungen der Persönlichkeit. Demnach würden Männer bezüglich ihrer künftigen Beziehungszufriedenheit vor allem profitieren von einer Übereinstimmung bei geringem oder hohem

Neurotizismus. Frauen würde vorwiegend profitieren bei einer Übereinstimmung in moderater Offenheit für Erfahrungen. Ein allgemeiner und bei beiden Geschlechtern vergleichbarer Einfluss der Persönlichkeitsähnlichkeit auf die Beziehungszufriedenheit lässt sich diesen Befunden nicht entnehmen.

• Eine neuere und methodisch gut kontrollierte Paar-Studie (Wu et al., 2019) beobachtete allerdings positive Auswirkungen einer Übereinstimmung in Offenheit für Erfahrungen und in sozialer Verträglichkeit auf die Lebenszufriedenheit von weiblichen und männlichen Beziehungspartner:innen. Die Übereinstimmung in den weiteren untersuchten Persönlichkeitsmerkmalen Gewissenhaftigkeit, Neurotizismus und Extraversion spielte allerdings keine Rolle für die Lebenszufriedenheit. Jenseits der reinen Persönlichkeit zeigte sich, dass weibliche und männliche Beziehungspartner:innen bei höherer Übereinstimmung in moralischen Werten auch über eine höhere Lebenszufriedenheit berichteten.

Die Befunde zum Einfluss der allgemeinen Persönlichkeitsähnlichkeit auf das Ausmaß von Beziehungs- und Lebenszufriedenheit sind insofern teilweise widersprüchlich, weisen aber sicherlich nicht auf starke und für die Geschlechter allgemein gleichgerichtete Effekte hin.

Etwas eindeutiger sind Befunde, die für einen positiven Zusammenhang zwischen der Übereinstimmung in religiösen Überzeugungen und der Beziehungszufriedenheit sprechen:
• In einer repräsentativen Telefonumfrage unter Christen (Williams und Lawler, 2003) gingen gemeinsame religiöse Aktivitäten und geringere religiöse Unterschiede mit einer höheren Beziehungszufriedenheit einher.

- Karampatsos (2011) beobachtete, dass die Übereinstimmung in dem Ausmaß, in dem sich Beziehungspartner:innen als religiös gebunden schilderten und ihren religiösen Glauben als verpflichtend, lebendig und lebensverändernd benannten, mit einer erhöhten Beziehungszufriedenheit korrelierte. (Karampatsos, 2011).

- In einer weiteren Studie (Schafer & Kwon, 2017) gaben ältere Paare eine umso höhere Beziehungszufriedenheit an, je stärker sie bezüglich der Teilnahme an Gottesdiensten, des religiösen Bekenntnisses und der Bedeutsamkeit von Religion übereinstimmten.

Es gibt ebenfalls gewisse Hinweise aus Studien, dass eine Übereinstimmung in der veganen Lebensweise förderlich sein kann:
- Potts & Parry (2010) führten auf der Grundlage qualitativer Befragungen den Begriff der *Vegansexualität* ein, unter der sie eine Präferenz bei der Wahl der Sexualpartner und romantischen Partner verstehen, bei der ethischen Aspekten des veganen Lebenswandels eine zentrale Rolle zukomme. Die Einführung des Konstrukts beruhte auf der Beobachtung, dass einige vegan lebende Befragte durchgehend angaben, sich keine Sexualität und keine Beziehung mit Personen vorstellen zu können, die Tierprodukte konsumieren.

Auch wenn aussagekräftige quantitative Befunde noch fehlen, weisen die Analysen von Potts & Parry (2010) auf die potenziell hohe Bedeutsamkeit einer Übereinstimmung in der veganen Lebensweise für eine partnerschaftliche Beziehung hin. Dies stimmt wiederum überein mit der Annahme, dass Ähnlichkeit in zentralen Merkmalen verbindet.

Insgesamt gibt es also durchaus Hinweise auf eine mögliche positive Rolle der Ähnlichkeit zwischen Beziehungspartner:innen für eine Beziehungszufriedenheit, die sich aber eben nicht vorwiegend auf die Ähnlichkeit in allgemeinen Persönlichkeitsmerkmalen bezieht. Dennoch haben Finkel et al. (2012) nach wie vor mit ihrer Kritik recht, dass diese Hinweise insgesamt noch wenig eindeutig sind und dass widersprüchliche Befunde vorliegen.

Womöglich ist jedoch der bereits erbrachte Nachweis über eine schon zu Beginn vorhandene höhere Übereinstimmung zwischen Paaren viel aussagekräftiger als die Studien zur Beziehungszufriedenheit:

• Denkbar ist, dass für die Partnerwahl eine Grundübereinstimmung notwendig ist, was jedoch nicht bedeuten muss, dass sich bei Paaren, die zusammengefunden haben, weiter bestehende Unterschiede negativ auf die Beziehungszufriedenheit auswirken müssten. Wenn Paare trotz Unterschiedlichkeit zueinander finden, haben sie dafür nämlich wahrscheinlich gute Gründe. Diese Gründe mögen beispielsweise in der Übereinstimmung anderer Merkmale liegen, die in der jeweiligen Studie nicht erhoben wurden, die aber für diese Paare viel wichtiger sind. Aufgrund dieser Übereinstimmung mögen sie dann andere Unterschiede kompensieren können.

Paare finden zusammen, weil sie etwas Verbindendes wahrnehmen. Das Verbindende zwischen Paaren kann sich dabei jedoch von Paar zu Paar unterscheiden, sodass Studien auf der Basis von Durchschnitten pauschal zugrunde gelegter Merkmale nicht immer zu angemessenen Ergebnissen gelangen müssen.

In Studien kann nämlich immer nur der Einfluss derjenigen Übereinstimmung festgestellt werden, die auch untersucht wurde. Es kann jedoch sein, dass Paare zentrale Merkmale miteinander teilen, die sich positiv auf die Beziehungszufriedenheit auswirken, die aber in den jeweiligen Studien nicht abgefragt wurden. Diese tatsächlich bestehenden, aber übersehenen Übereinstimmungen können für die Beziehungszufriedenheit der Paare wichtiger sein als die Übereinstimmungen oder Unterschiede in den erfragten Merkmalen.

Wenn wir davon ausgehen, dass nur die Übereinstimmung in zentralen Merkmalen wichtig ist, können sich eine Reihe widersprüchlicher Befunde oder Null-Effekte damit erklären lassen, dass sich diese Zentralität, also die Bedeutsamkeit von Merkmalen zwischen Personen und Paaren individuell unterscheidet, sodass die Methodik von Studien, die diese Zentralität nicht erfassten, zu falschen Schlussfolgerungen führte.

Diese grundlegende Überlegung wird durch einige psychologische Studien gestützt:

- Lutz-Zois et al. (2006) befragten Studierende nach der Übereinstimmung in Religionszugehörigkeit und Interessen zwischen ihnen und ihren Beziehungspartner:innen. Darüber hinaus wurden die Studierenden gebeten, anzugeben, wie wichtig ihnen diese Übereinstimmung sei. Es zeigte sich, dass die angegebene Übereinstimmung in der Religionszugehörigkeit nur dann mit der Beziehungszufriedenheit korrelierte, wenn die Übereinstimmung als wichtig betrachtet worden war. Bei den Interessen zeigte sich, dass der Zusammenhang zwischen wahrgenommener Übereinstimmung und Beziehungszufriedenheit signifikant höher bei denjenigen Interessen war, für die eine hohe Wichtigkeit der Übereinstimmung angegeben wurde.

Relevant sind ebenfalls die Ergebnisse einer Serie von fünf Untersuchungen von Alves (2018), auch wenn hier nicht Beziehungszufriedenheit, sondern Anziehung erfasst wurde:

- Alves zeigte auf, dass eine Übereinstimmung zwischen Personen in besonders seltenen Merkmalen, wie beispielsweise wenig populären Filmen, Musik, Hobbys oder Lebensmitteln, zu einer höheren Anziehung führte als eine Übereinstimmung in häufigeren Merkmalen. Albes zeigte auch, dass Personen eine höhere Anziehung zueinander erlebten, wenn ihnen mitgeteilt wurde, dass sie beide typischerweise weniger beliebte Facebook-Seiten (gemessen an der Anzahl der Likes) mochten, als wenn ihnen mitgeteilt wurde, dass sie beide populäre Facebook-Seiten mochten. In einem weiteren Experiment konnte Alves zusätzlich nachweisen, dass in einer Dating-Simulation die Übereinstimmung in seltenen Interessen nicht nur die Anziehung erhöhte, sondern ebenso die Intention, die andere Person tatsächlich zu treffen.

Woran mag dies liegen?

Menschen mit seltenen Merkmalen treffen in der Gesellschaft besonders oft auf Menschen, die mit diesen Merkmalen nicht übereinstimmen. Deshalb geraten Menschen mit einem seltenen Merkmal schneller in eine Außenseiterposition. Umso erfreulicher und erleichternder kann es sein, wenn nun ein Mensch mit der gleichen Eigenart getroffen wird. Die folgende Übereinstimmung in dem betreffenden Merkmal kann das Entfremdungsgefühl aufheben und von daher als besonders positiv erlebt werden.

Seltene Merkmale dürften in diesem Sinne häufiger zentrale Merkmale sein, sodass eine Übereinstimmung in ihnen besonders wichtig ist. Wenn ein seltenes und zentrales Merkmal zwischen Beziehungspartner:innen übereinstimmt, mag dies Unterschiede in anderen Merkmalen, die typischerweise durch Studien untersucht werden, außer Kraft setzen.

Für eine hohe Bedeutung von Übereinstimmungen – aber eben auch für eine hohe Individualität solcher Übereinstimmungen – sprechen zudem Befunde einer qualitativen Interview-

Studie von Boratav et al. (2021) mit multikulturellen Paaren in der Türkei:

- In der Studie wurden Paare befragt, die sich in Religion, Ethnizität und Muttersprache unterschieden. Dabei zeigte sich, dass die Anziehung zwischen den Beziehungspartner:innen aufgrund einer wahrgenommenen Gemeinsamkeit in ihren Werten und in ihrer Weltsicht entstanden war. Eine wichtige Gemeinsamkeit war dabei, dass sich in diesen multikulturellen Paaren oftmals beide Beziehungspartner:innen als eher am Rand ihrer Kultur stehend und insofern nicht als typische Vertreter ihrer Kultur verstanden.

Der Titel der Studie gibt die Hauptschlussfolgerungen prägnant wieder und verdient daher, zitiert zu werden:

„Mehr ähnlich als verschieden: eine qualitative Exploration der Beziehungs-Erfahrungen von multikulturellen Paaren in der Türkei."[28]

In einer unvollständigen, vereinfachenden Sichtweise handelte es sich bei diesen multikulturellen Paaren um Personen, die sich besonders stark voneinander unterscheiden. In der tieferen Analyse der Autor:innen wurden aber wichtige Gemeinsamkeiten sichtbar, aus denen sich ihre Kompatibilität füreinander ergab.

Zusammenfassend ist die Annahme hochgradig plausibel, dass zumindest in zentralen Merkmalen in der Regel eine Übereinstimmung zwischen Beziehungspartner:innen förderlich ist.

Bei der Partnersuche sollten Sie daher darauf achten, einen Menschen kennenzulernen, mit dem in für Sie zentralen Merkmalen – und natürlich umgekehrt – eine möglichst hohe Übereinstimmung herrscht.

Die Logik der meisten Online-Partnervermittlungen ist es, diese Suche durch Rückgriff auf einen Matching-Algorithmus zu unterstützen, der die Übereinstimmung in den Vordergrund stellt.

Was aber ist von der zweiten Hauptkritik von Finkel et al. (2012) zu halten, dass die Partnervermittlungen den Beweis nicht erbracht hätten, dass ihre konkreten Algorithmen überzufällig, also mehr als zufällig oft zu glücklichen und stabilen Beziehungen führen?

Tatsächlich hat keine Partnervermittlung diesen Beweis jemals erbracht. Allerdings wäre für einen Dating-Anbieter dieser Beweis auch kaum zu erbringen. Um ihn erbringen zu können, müssten den Mitgliedern Partnervorschläge gemacht werden, die entweder durch den Algorithmus oder aber zufällig erzeugt worden wären. Im Anschluss daran müsste geschaut werden, welche Partnerschaften daraus entstehen, und diese müssten miteinander im Hinblick auf Partnerglück und Dauerhaftigkeit verglichen werden.

So eine Studie wäre fraglos hochinteressant. Mitglieder von Dating-Plattformen würden sich aber vermutlich empören, wenn ihnen in Wirklichkeit Zufallsvorschläge gemacht werden würden. Auch wäre es eine Mammutaufgabe, nicht nur eine ausreichende Vergleichsanzahl an Fällen für so einen Vergleich zu erzielen, sondern auch noch sich daraus ergebende Paare über Jahre im Längsschnitt zu beobachten.

Die Kritik ist also formal korrekt, aber nicht praxistauglich. Weder die partnersuchenden Singles noch die Dating-Anbieter können auf eine Studie warten, die einen definitiven Beweis für die Überlegenheit ihrer psychologischen Matching-Prinzipien erbringen würde.

Richtig ist, dass Online-Partnervermittlungen nicht in einem strengen Sinne für sich Wissenschaftlichkeit beanspruchen können. Es handelt sich bei der Online-Partnervermittlung nicht um eine wissenschaftlich abgesicherte Methodik, sondern eher um Daumenregeln, die auf einem mehr oder weniger elaborierten psychologisch-mathematischen Fundament beruhen.

Trotzdem gibt es gute Argumente für den Matching-Ansatz, da in der Gesamtbewertung die vorliegenden Informationen dafür sprechen, dass Menschen bei einer höheren Grundübereinstimmung bessere Aussichten auf eine tragfähige Beziehung miteinander haben als Menschen, die sich vorwiegend durch Unterschiede charakterisieren.

Erwarten Sie daher nicht, dass eine Online-Partnervermittlung Ihnen wissenschaftlich begründet perfekte Beziehungspartner:innen vermitteln könnte. Das Maximale, was Sie erwarten können, ist, dass Ihnen eine gewisse Vorauswahl zur Verfügung gestellt wird, die besser ist als eine zufällige Wahl, auch weil offensichtlich unpassende Personen ausgeschlossen wurden.

Die Partnervermittlungen erbringen nur eine erste Vorauswahl. Eine mögliche Passung und bestehende Beziehungschancen auszuloten, ist im Anschluss allein Ihnen und den potenziell in Frage kommenden Beziehungspartner:innen überlassen.

Welche Partnervermittlung?

Auf den Internetseiten der Anbieter sollte das Vermittlungs-Konzept klar beschrieben sein. Hier können Sie erkennen, ob ein fundiertes Konzept vorliegt und wie umfangreich dies formuliert ist:

• Wird ein Übereinstimmungs-Modell bei der Vermittlung zugrunde gelegt, wie es aus psychologischer Sichtweise zu empfehlen ist?

• Werden die erhobenen Merkmale offengelegt und können Sie diese Merkmale als für sich selbst wichtig und zentral erkennen?

Die Internetseite der Anbieter sollte Ihnen genügend Informationen geben, um diese beiden Fragen beantworten zu können. Ist dies nicht der Fall, ist dies bereits ein Minus.

Durch Ausfüllen der Fragen können Sie – bevor Sie sich finanziell binden – einen Eindruck davon gewinnen, ob für Ihre eigene Person und Ihr Beziehungs-Erleben wichtige Inhalte erfragt werden.

Die Länge der Fragebögen liefert ebenfalls einen ersten Aufschluss:
- Mit nur einer Handvoll Fragen kann nur eine oberflächliche Erfassung erfolgen und tiefer gehende Passungen können nicht ermittelt werden.

Schließlich können Sie recherchieren, welche Personen hinter dem Konzept stehen:
- Sind es qualifizierte Psycholog:innen, die die Vermittlungs-Prinzipien entwickelt haben und deren Fortentwicklung weiter begleiten?

Die Beteiligung von Psycholog:innen ist sicher kein Beweis für die Wirksamkeit der Matching-Algorithmen, erhöht aber die Wahrscheinlichkeit, dass sich die betreffenden Plattformen um eine ernsthafte Vermittlung bemühen und Menschen mit ernsthaften Absichten als Teilnehmende gewinnen. Dies kann demgegenüber bei den Dating-Apps und den Singlebörsen nicht ohne Weiteres vorausgesetzt werden.

Welche Dating-Art passt zu mir?

Wenn es Ihnen um eine dauerhafte Liebesbeziehung geht, stellen Partnervermittlungen für Sie die beste Wahl dar, weil nur hier die große Mehrheit der Mitglieder ebenfalls ernsthaft nach einer Beziehung sucht.

Wenn es Ihnen mehr um Flirten, Erotik, Unterhaltung und Abwechslung geht oder Sie sich nicht sicher sind, ob Sie wirklich nach einer Partnerschaft suchen, sind für Sie Dating-Apps und Singlebörsen die bessere Wahl.

Wenn bei Ihnen ein einzelnes dominantes Merkmal vorliegt, welches Ihre gesamte Suche maßgeblich prägt, mag es für Sie sinnvoll sein, eine Singlebörse herauszusuchen, die auf dieses Merkmal spezialisiert ist. Je schwerer es Ihnen fällt, aufgrund eines besonderen Merkmals oder Interesses eine Partnerschaft zu finden, desto eher dürfte dies den Versuch wert sein.

Machen Sie sich aber klar, dass Partnerschaft in der Regel nicht an einem einzigen Merkmal hängt und viele der Personen, die die gesuchte Besonderheit aufweisen, dennoch aus anderen Gründen für Sie vermutlich nicht in Frage kommen.

Sinnvoll mag es sein, bei besonderen Präferenzen Ihrerseits doch über eine Flexibilisierung der eigenen Vorstellungen nachzudenken. Dies gilt insbesondere dann, wenn die eigene Suche durch hochspezifische äußere Suchmerkmale geprägt wird.

Kombinationen möglich

Den Stein der Weisen gibt es bei der Online-Partnersuche nicht. Die verschiedenen Plattformen haben jeweils Vorteile und Nachteile. Es muss nicht nur die eine geeignete Plattform für Sie geben.

Scheuen Sie sich daher nicht, Ihren Suchraum zu erweitern und es bei verschiedenen Plattformen zu versuchen.

Mit einer gut überlegten Kombination können Ihre Vermittlungschancen steigen:

- Sie können durchaus eine Partnervermittlung mit einer Dating-App kombinieren, um unterschiedlichen Erlebnisbedürfnissen gerecht zu werden. So mögen Sie ernsthaft bei einer Partnervermittlung nach einer Beziehung suchen, aber bis dahin ebenfalls Interesse an Unterhaltung oder erotischen Begegnungen haben, die Sie besser bei einer Dating-App befriedigen können.

- Bei besonderen Einzelmerkmalen mögen Kombinationen ebenfalls hilfreich sein. Vielleicht gelangen Sie bei der Spezial-Singlebörse zum Erfolg oder aber die Liebe wird doch über die Online-Partnervermittlung gefunden. Indem Sie beides miteinander kombinieren, geben Sie einerseits dem besonderen Merkmal eine Chance, schränken aber gleichzeitig Ihre Partnersuche nicht vorschnell auf dieses eine Merkmal ein.

Allerdings sollten Sie darauf achten, durch die wachsenden Kontaktmöglichkeiten, die sich durch die Kombination von Plattformen ergeben, keine Konsumhaltung zu entwickeln, die es Ihnen letztlich erschweren würde, sich auf einen Menschen einzulassen.

Der Gewinn an Chancen kann durch ein oberflächliches Suchmuster schnell zum Verlust von Möglichkeiten führen. Auch sollten Sie sich gut beobachten, damit Sie rechtzeitig von einer Dating-App wieder Abstand nehmen, sollten Sie eine süchtige Nutzung entwickeln.

Für viele Partnersuchende mag es der beste Weg sein, es erst dann mit einer Kombination zu versuchen beziehungsweise zu wechseln, wenn sie bei einer Plattform partout nicht weiterkommen.

Allgemeine Qualitätskriterien von Dating-Angeboten

Anhand einer relativ kleinen Anzahl von Kriterien können Sie schnell bewerten, wie hoch die Qualität eines Dating-Angebotes ist. Als Qualität ist dabei die Wahrscheinlichkeit definiert, dass Sie Menschen mit ernsthaftem Beziehungsinteresse begegnen, um mit diesen eine partnerschaftliche Beziehung aufzubauen, ohne durch Anbieter oder andere Nutzer:innen ausgenutzt, hintergangen oder betrogen zu werden.

Diese Kriterien gelten übergreifend für alle verschiedenen Dating-Angebote, also für Dating-Apps, Partnervermittlungen und Singlebörsen.

Allerdings werden am ehesten Partnervermittlungen alle oder die meisten Qualitätskriterien erfüllen, da bei den Partnervermittlungen die Suche nach langfristigen Beziehungen im Fokus steht und meistens mehr Anstrengungen unternommen werden, um nur solche Personen als Mitglieder zu gewinnen, die tatsächlich ernsthaft nach einer langfristigen Beziehung suchen. Dennoch gibt es auch zwischen unterschiedlichen Dating-Apps und Singlebörsen Qualitätsunterschiede, auf die es sich zu achten lohnt.

KOSTENPFLICHT ALS QUALITÄTSMERKMAL

Wer nutzt nicht schon einmal gerne ein kostenloses Angebot? Von vielen Vergleichs-Portalen wird es als positiv bewertet, wenn eine Dating-Plattform auch einen kostenlosen Test- oder Schnupperzugang ermöglicht.

Bei genauerer Betrachtung ist diese Bewertung aber kurzsichtig. Denn gerade im Internet, wo alles schnell zur Verfügung steht, anonym und unverbindlich ist, kann eine Kostenpflicht die „Spreu vom Weizen" trennen. Dies gilt für Online-Dating in besonders hohem Ausmaß:

- Ist die Schwelle zur Anmeldung gering, wird diese gerne wahrgenommen. So melden sich unzählige unseriöse Personen an, viele gleich mit mehreren Profilen. Männer werden zu Frauen und Verheiratete zu Singles. Manchen geht es nur um Voyeurismus und Spielerei. Das Phänomen ist so weitverbreitet, dass sich der Begriff des Fake-Profils eingebürgert hat.

Hintergrund ist, dass Menschen dazu neigen, ein kostenloses Angebot auszuprobieren, selbst wenn ihr Interesse an dem entsprechenden Angebot nicht ernsthaft ist. Beim Online-Dating kommen die vielfachen anderen Motive hinzu, die zu einer Anmeldung führen können, wie der Wunsch nach Ablenkung von Langeweile, Unterhaltung, die eigene Selbstbestätigung oder auch die virtuelle Befriedigung von sexuellen Bedürfnissen. Ebenfalls mag es die Neugierde sein, wer so alles bei der Plattform angemeldet ist.

Selbstverständlich kann dies bei allen Plattformen passieren und niemand ist davor gefeit. Jedoch ist die Wahrscheinlichkeit, dass sich Personen ohne tatsächliches Partnerschafts-Interesse anmelden, umso höher, je leichter die Anmeldung ist. Die Gebühr ist dabei eine Schwelle, die vor allem diejenigen zu überschreiten bereit sind, deren Wunsch nach Beziehung und Partnerschaft echt ist.

Je nach Kontrolle und Management der Plattform kann dies so weit gehen, dass kostenlose Portale zu einem guten Anteil zu einer Ansammlung von Fake-Profilen werden:
- Profile mit fehlerhaften Angaben, Mehrfachprofile der gleichen Person, längst nicht mehr aktuelle Profile, die nicht abgemeldet wurden, Voyeure und Bildersammler, denen es ausschließlich darum geht, sich die Profile der anderen Teilnehmer:innen anzuschauen.

Auch für Stalker, Betrüger:innen und sogenannte Love-Scammer sind kostenlose Portale ein besonders einladendes Einfallstor, wobei bei diesen Gruppen allerdings die Kostenpflicht durch die Möglichkeit, mit gestohlenen Kreditkarten-Daten zu zahlen, auch kein sicherer Schutz ist. Auf das Thema, wie Sie sich vor Love-Scammern bei der Online-Partnersuche schützen können, wird später noch ausführlich eingegangen.

Jedoch sollte Nutzer:innen von kostenlosen Portalen nicht pauschal unterstellt werden, falsche Angaben zu machen oder gar betrügerisch zu agieren. Gerade bei den Dating-Apps bewegen sich Millionen Menschen mit durchaus echtem Kennenlerninteresse. Nur bezieht sich dies eher selten auf eine feste Beziehung beziehungsweise dieser Wunsch steht mindestens nicht im Vordergrund. Entsprechend sind viele Profile durchaus echt, es bewegen sich in den kostenlosen Portalen aber eben besonders oft Personen, denen es nicht um eine dauerhafte Beziehung, sondern eher um Online-Unterhaltung, chatten, flirten oder virtuellen Sex geht. Ebenso gibt es natürlich Nutzer:innen, die nach sexuellen Begegnungen in der nichtvirtuellen Welt oder auch tatsächlich nach einer partnerschaftlichen Beziehung suchen.

Grundsätzlich spricht nichts dagegen, im Internet virtuelle Kontakte zu pflegen und Fantasien zu befriedigen, auch wenn hierdurch Gefahren von Suchtverhalten und eine Entfremdung von der realen Umgebung entstehen können.

Bitter sind solche rein virtuellen Chats aber für diejenigen, denen es tatsächlich um eine ernsthafte Partnersuche geht. Sie investieren Energie und manchmal bereits Gefühle in eine von vornherein zwecklose Angelegenheit. Ghosting ist die Bezeichnung für das plötzliche und komplette Verschwinden einer Person aus einem (entstehenden) Beziehungszusammenhang. Alle Kontaktmöglichkeiten werden gelöscht. Betroffene reagieren mit Irritation und Erstaunen, manchmal auch mit Entsetzen, Verzweiflung, Trauer oder Kränkung.

Das Grundproblem besteht darin, dass es schwierig ist, innerhalb der kostenlosen Kennenlern-Plattformen zwischen denen zu unterscheiden, denen es um virtuelle Fantasiebefriedigung, Flirten oder auch Sex geht, und denen, die nach einer dauerhaft ausgerichteten partnerschaftlichen Beziehung suchen. Es ist ein herausforderndes Unterfangen, in einem Meer von heterogenen Motiven, unseriösen Profilen und Fakes die geeigneten Menschen zu finden, auch wenn sie tatsächlich durchaus da sein mögen.

Die Lösung des Problems besteht in der Wahl eines kostenpflichtigen Anbieters. Nur wenige der Fakes und virtuellen Chatter sind nämlich bereit, für die Teilnahme an einer Partnerbörse Gebühren zu bezahlen. Warum auch? Es gibt hierfür genug kostenlose Plattformen.

Übrigens schenkt Ihnen ohnehin kein Portal irgendetwas:
* Rein kostenlose Portale leben im Regelfall von der Großzahl der unseriösen Mitglieder, um durch die Anzahl der Seitenbesucher Werbeeinnahmen zu erzielen. Manche Portale mögen auch Daten verkaufen.

* Viele Singlebörsen und Partnervermittlungen bieten Ihnen eine in Wirklichkeit weitgehend nutzlose kostenlose Basismitgliedschaft an, um Sie zu einem späteren Zeitpunkt für eine dann wesentlich teurere Premium-Mitgliedschaft zu gewinnen.

* Bei den Partnervermittlungen haben Sie in aller Regel nur mit einer Premium-Mitgliedschaft ernsthafte Vermittlungsaussichten. Der kostenlose Teil ist hier in Wirklichkeit ein

reines Lockangebot, um Sie für eine kostenpflichtige Premium-mitgliedschaft zu gewinnen.

Anders ist dies bei den Dating-Apps, deren Funktionen Sie tatsächlich zu einem großen Teil kostenlos nutzen können.

KEIN EINSATZ VON CHATMODERATOREN

Eine Masche im Graubereich des Betruges beim Online-Dating sind die sogenannten Chatmoderatoren:

- Chatmoderatoren sind bezahlte Mitarbeiter:innen, die mit den Mitgliedern einer Plattform flirten, aber für echte Begegnungen oder Beziehungen nicht zur Verfügung stehen. Dabei wird mit attraktiven Scheinprofilen gearbeitet, die im Schichtdienst von verschiedenen Mitarbeiter:innen bedient werden.

Wer mit einem solchen Profil in Kontakt tritt, chattet also in Wirklichkeit mit unterschiedlichen Personen, deren einziges Interesse darin besteht, den Chat aufrechtzuerhalten, um dadurch Gebühren einzunehmen. Denn bei solchen Portalen wird in der Regel von Nutzer:innen pro geschriebener Nachricht bezahlt, sodass das Interesse der Betreiber darauf gerichtet ist, die Mitglieder ständig in Chats zu verwickeln und zum Schreiben weiterer Nachrichten zu motivieren.

Die entsprechenden Chatmoderatoren werden dabei oft erfolgsabhängig bezahlt. Deshalb ist das Interesse der Chatmoderatoren selbst ebenfalls darauf gerichtet, die Chatpartner zu weiteren Nachrichten anzuregen.

Die Chancen bei solchen Portalen mit Chatmoderatoren sind selbstverständlich gleich null. Vielen Nutzer:innen ist dies jedoch nicht bewusst und sie lassen sich teilweise monatelang in Chats mit (scheinbar) den gleichen Personen verwickeln. Nadia Kailouli und David Diwiak haben hierzu einen eindrucksvollen Film gedreht mit dem Titel „Undercover als Chatschreiberin: Falsche Flirts auf Dating-Plattformen", den Sie sich auf Youtube anschauen können[29].

Erkennen können Sie Portale mit Chatmoderatoren meistens, wenn Sie sich die AGB genau durchlesen. Die Betreiber:innen erwähnen nämlich in der Regel in den AGB den Einsatz von Chatmoderatoren, um sich vor Betrugsvorwürfen zu schützen. Tatsächlich bewegen sie sich damit in einem Graubereich, da ihnen natürlich vollauf bewusst ist, dass die meisten ihrer Nutzer:innen eine Sichtung der AGB unterlassen und glauben, auf diesen Plattformen echte Kontakte schließen zu können.

Übrigens lautet die Empfehlung grundsätzlich, sich die Zeit zu nehmen, um die AGB zu lesen, wenn Sie sich für eine Dating-Plattform interessieren. So erfahren Sie auch, was mit Ihren Daten geschieht und ob diese gegebenenfalls für Werbezwecke benutzt oder weitergegeben werden.

Einen sicheren Schutz kann freilich auch ein Studium der AGB nicht geben. In der Vergangenheit sind bereits Portale bekannt geworden, die Chatmoderatoren einsetzten, ohne dies in den AGB mitzuteilen. Die Grenze zum Betrug ist damit fraglos überschritten.

Glücklicherweise können Ihnen die Bezahlmodalitäten helfen, potenziell unseriöse Plattformen zu erkennen:

Nehmen Sie Abstand von Plattformen, wo eine Bezahlung für gelesene oder geschriebene Nachrichten erfolgt. Bei solchen Plattformen haben die Betreiber:innen ein offensichtliches Interesse, die Anzahl der Nachrichten zu erhöhen, womit die Wahrscheinlichkeit ansteigt, dass hierfür zu unseriösen Methoden gegriffen wird.

Nehmen Sie ebenfalls Abstand von Plattformen, wo sich direkt nach der kostenlosen Registrierung angeblich sofort andere Mitglieder für Sie interessieren oder Ihnen Nachrichten senden, die Sie aber wiederum nur einsehen oder nur beantworten können, wenn Sie sich für die Premium-Teilnahme entscheiden. Es ist unwahrscheinlich, dass Interessenten Ihnen bereits innerhalb so kurzer Zeit schreiben. Offensichtlich will die Betreiber-Plattform nur Druck ausüben, damit Sie die kostenpflichtige Variante buchen.

Erhalten Sie in den nächsten Tagen weitere Benachrichtigungen über immer mehr Interessenten und Nachrichten oder wird gar gedroht, dass die Nachrichten bald gelöscht werden, wenn Sie nicht zahlen, sollten Sie von so einer Plattform umso mehr die Finger lassen.

FAIRE GEBÜHRENMODELLE

Faire Gebührenmodelle beruhen auf einer festen Teilnahmegebühr für eine gebuchte Zeitspanne. Innerhalb dieser Zeitspanne können Sie die Plattform uneingeschränkt nutzen, ohne dass irgendwo weitere Extrakosten anfallen.

Solche zeitbasierten Pauschalmodelle sind vertrauenswürdiger, weil die Plattform-Betreiber:innen nicht bereits durch das Bezahlmodell motiviert werden, Ihnen etwas vorzugaukeln. Rechnen Sie aber bitte nicht mit einer anteiligen Rückzahlung der Gebühren, wenn Sie vorzeitig kündigen. Die allermeisten Anbieter werden Ihnen eine solche anteilige Rückzahlung verweigern.

Juristisch ist dies strittig und aktuell versuchen die Verbraucherzentralen, solch einen Rückzahlungs-Anspruch durchzusetzen[30]. Inhaltlich ist dies jedoch fragwürdig und könnte sogar unseriöse Zahlungsmodelle, werbebasierte Modelle oder den Weiterverkauf von Daten als Geschäftsmodell im Dating-Bereich weiter vorantreiben.

Die Betreiber:innen von Dating-Plattformen investieren nämlich hohe Geldmittel in die Erstellung der Plattform, ihre kontinuierliche Weiterentwicklung sowie in die Werbung von Mitgliedern. Ohne diese Mittel wäre ein Betreiben der Plattform nicht möglich.

In dem Moment, in dem jemand Mitglied bei so einer Plattform wird, haben die Betreiber:innen bereits sehr viel Vor-
arbeit geleistet, die pauschal durch die Gebühr für eine zeitliche Mindestdauer der Nutzungsberechtigung abgegolten wird.
Wenn es nun möglich wäre, sich anteilmäßig Gebühren rück-
erstatten zu lassen – beispielsweise nach erfolgreicher Vermittlung –, würden die Anbieter gezwungen werden, ihre Gebühren
drastisch zu erhöhen, zu alternativen Gebührenmodellen zu
greifen, wie der Bezahlung pro Nachricht, oder aber auf anderen Wegen Einnahmen zu erzielen, wie über Werbung und
Datenweitergabe.

Die Möglichkeit der anteilmäßigen Rückzahlung würde außerdem die Gefahr steigern, dass sich verstärkt Personen ohne
Beziehungsinteresse anmelden und sich einige Zeit auf den
Plattformen aufhalten, um sich Profile anzuschauen, zu flirten, massenweise Kontakt zu anderen Mitgliedern aufzunehmen, um sodann nach kurzer Zeit zu kündigen und sich im
Anschluss fast die gesamte Gebühr zurückzahlen zu lassen.

Problematisch und juristisch umkämpft ist in diesem Zusammenhang auch die Rückzahlung der Teilnahmegebühr innerhalb der Widerrufsfrist von 14 Tagen. Die Verbraucherzentralen
beziehen hier ebenfalls eine klare Position und wollen für
Nutzer:innen von Partnervermittlungen eine zeitanteilig berech-
nete Rückzahlung der Gebühr mit höchstens minimalen
Abschlägen erstreiten; eine Position, die mittlerweile auch
durch den Europäischen Gerichtshof gestärkt wurde[31].

Hintergrund ist, dass einige Partnervermittlungen einen
sogenannten Wertersatz berechnen, der sich beispielsweise
auf die Anzahl von wechselseitigen Zuschriften beziehen kann,
die im Nutzungszeitraum bereits erfolgt sind. Im Ergebnis erhalten eine Reihe von Nutzer:innen selbst bei Kündigung innerhalb der 14-tägigen Widerrufsfrist nur einen kleinen Anteil
der verausgabten Gebühren zurück.

Auf den ersten Blick dient das Vorgehen der Verbraucherzentralen klar dem Verbraucherschutz. Eine inhaltliche Betrachtung ergibt jedoch ein anderes Bild:

- Partnervermittlungen wollen ihre Mitglieder vor unseriösen Absichten schützen und legen Wert darauf, dass sich bei ihnen möglichst nur Personen befinden, die tatsächlich nach Partnerschaft suchen. Demgegenüber wollen Partnervermittlungen nicht die Interessen von Personen bedienen, die sich lediglich fürs Bildersammeln oder unverbindliche Chats interessieren. Ebenfalls bemühen sich Partnervermittlungen, Personen herauszuhalten, die andere Mitglieder belästigen oder gar betrügerische Absichten haben.

- Die Gebühr ist hierfür kein sicherer Schutz. Trotzdem werden es sich Personen mit unseriösen Absichten überlegen, ob sie Mitglied bei einer Plattform werden, für die sie Gebühren bezahlen müssen, die sie nicht zurückerhalten werden.

- Würde es nun – wie die Verbraucherschutzzentralen es wünschen – zum Standard, dass jeder eine Partnervermittlung 14 Tage voll nutzen und danach seine Gebühr im Wesentlichen vollständig zurückerhalten könnte, bestünde die Gefahr einer Überflutung von Online-Partnervermittlungen durch Personen mit nicht beziehungsbezogenen Absichten.

Achten Sie daher bei der Wahl des Anbieters auf faire Gebührenmodelle, bei denen Sie für eine festgelegte Mindestzeit einen Beitrag zahlen, und gehen Sie nicht davon aus, bei vorzeitiger Kündigung einen Beitrag zurückerstattet zu bekommen.

SERIOSITÄT DER PLATTFORM

Der Aspekt der Seriosität hängt mit dem soeben besprochenen Kriterium der Qualität eng zusammen, aber es gibt darüber hinaus weitere Aspekte, weshalb er trotz der Überschneidung als ein separates Kriterium betrachtet werden kann.

Bei einem seriösen Anbieter für die Partnersuche steht die Vermittlung ernsthafter partnerschaftlicher Beziehungen im Fokus. Die Plattform achtet auf echte und authentische Profile. Sie trifft klare Aussagen zu Mitglieder-Anzahl, Zielgruppen, Vermittlungsprinzipien und Gebühren.

Wenn eine Plattform kostenlose und kostenpflichtige Angebote hat, sollte dies sofort zu sehen sein, einschließlich der Preise, Laufzeiten und der Unterschiede zwischen den kostenlosen und kostenpflichtigen Funktionen. Interessierte sollten nicht erst auf ein kostenloses Angebot gelockt werden, um sodann feststellen zu müssen, dass mit diesen kostenlosen Funktionen quasi nichts zu machen ist.

Seriöse Plattformen verzichten selbstverständlich ausnahmslos auf den Einsatz von bezahlten Moderatoren, die mit Mitgliedern als scheinbaren Interessenten in Kontakt treten.

Eine seriöse Plattform wird zudem nicht nur die Vermittlungs-Prinzipien nachvollziehbar darlegen, sondern auch Ratschläge für eine effektive Nutzung der Plattform geben. Übertreibungen und überzogene Versprechungen (Kontaktgarantien etc.) sollten auf den Seiten seriöser Anbieter nicht gegeben werden.

Die Internet-Seite einer Dating-Plattform sollte zudem deutlich mehr tun, als Sie zur sofortigen Registrierung gewinnen zu wollen. Die Seite sollte Ihnen umfassende Informationen zu allen wichtigen Aspekten der Partnersuche zur Verfügung stellen.

Es lohnt sich, bei Google nach einem Anbieter zu suchen, um die Seriosität besser beurteilen zu können. Ebenfalls können es Ihnen Bewertungen, beispielsweise bei Google-Maps oder Trustpilot, erleichtern, die Plattform und ihre Seriosität besser einschätzen zu können.

Hilfreich mag es ebenfalls sein, sich die Einschätzungen spezieller Vergleichsseiten für Dating-Plattformen anzuschauen. Hierbei sollten Sie aber berücksichtigen, dass die Betreiber an den Umsätzen der Plattformen beteiligt werden und insofern sicherlich nicht vollständig unabhängig sind. Eine positive Bewertung auf solchen Vergleichsseiten ist vermutlich am ehesten als ein Hinweis für den ökonomischen Erfolg der Plattform zu betrachten. Dennoch bekommen Sie auf solchen Vergleichsseiten durchaus eine Reihe inhaltlicher Informationen.

Allerdings sollten Sie die oftmals hohe Subjektivität und Unterschiedlichkeit von Verbraucher-Einschätzungen nicht außer Acht lassen, Restaurant-Kritiken sind dafür ein gutes Beispiel. Denn so wichtig und aufschlussreich das Studium von Bewertungen einer Dating-Plattform durch ehemalige und aktuelle Nutzer:innen sein mag, sollten solche Bewertungen doch mit Vorsicht interpretiert und nicht überschätzt werden.

Bei der Partnersuche verschärft sich diese Situation, weil viele Menschen mit zu hohen Erwartungen an die Online-Partnersuche herangehen und von den Dating-Plattformen manchmal Wunder erwarten. Zudem werden die Verbraucher-Erwartungen auch durch die Dating-Angebote selbst geprägt. So haben die Dating-Apps mit ihren sofortigen und vielfältigen Kontaktmöglichkeiten neue Standards gesetzt, was Nutzer:innen von Dating-Plattformen erwarten. Unterhaltung, Lebendigkeit, viele Vorschläge oder auch Kostenfreiheit mögen so zu Bewertungskriterien werden, obwohl diese sich auf die Aussichten der Partnersuche nicht günstig oder sogar ungünstig auswirken können.

Schließlich gibt es auch die menschliche Tendenz, vor allem in dem Fall Bewertungen abzugeben, wenn ein Angebot als enttäuschend erlebt wurde. Aussagen in solchen negativen

Bewertungen mögen dann durchaus übertrieben sein. Gerade bei Dating-Angeboten mag es dabei außerdem eine Tendenz geben, die Plattform für den mangelnden Erfolg der eigenen Partnersuche verantwortlich zu machen und dabei eigene Anteile auszublenden.

Trotz aller dieser Schwächen von Verbraucher-Bewertungen können sie dennoch Hinweise geben, beispielsweise wenn sich negative Bewertungen auf der Basis nachvollziehbarer Gründe häufen oder sogar betrügerische Praktiken erkennbar werden.

Bei manchen Bewertungsseiten, wie Trustpilot oder Google-Maps, können die Plattformen zudem auf Bewertungen antworten. Machen Sie sich ein Bild davon, ob diese Antworten individuell und nachvollziehbar sind oder ob lediglich allgemeine Pauschalsätze verwandt werden, um bestehende Probleme zu überdecken oder abzubügeln.

Wählen Sie daher nicht die erstbeste Dating-Plattform aus, sondern stellen Sie sicher, dass Sie für Ihre Partnersuche nur seriöse Plattformen nutzen. Informieren Sie sich zunächst über eine Plattform, bevor Sie sich für oder gegen eine Teilnahme entscheiden.

BEWÄHRT LOHNT SICH

Das Internet ist schnelllebig. Die Halbwertzeit vieler Online-Dienstleistungen ist gering. Die meisten neuen Online-Angebote gehen bald wieder offline. Manchmal sind Angebote sogar kurzzeitig Trend und morgen schon wieder vergessen. Dies gilt auch für das Online-Dating. Es gibt unzählige gescheiterte Projekte und nur wenige Anbieter, die über viele Jahre bestehen und nachweisbar ausreichende Resonanz und Vermittlungserfolge haben.

Neues ist sicherlich oft spannend und interessant und natürlich spricht auch nichts dagegen, es auch auf einer neuen Plattform zu versuchen. Aber wenn es um eine ernsthafte

Partnersuche geht, ist es ratsam, es zunächst oder mindestens auch bei den bewährten Anbietern zu versuchen. Dies gilt umso mehr, als dass neue Angebote häufig entweder noch gar keine Nutzer:innen haben oder aber durch kostenlose Testzugänge ihre Datenbank mit viel Spam und unseriösen Profilen füllen. Um dauerhaft im Internet als Dating-Anbieter bestehen zu können, sind tragfähige Konzepte und viel Arbeit erforderlich. Zudem verschwinden gerade betrügerische Anbieter schnell vom Markt oder wechseln zumindest den Namen. Die Chancen der Partnersuche dürften daher meistens bei einem Anbieter höher sein, der sich schon seit Jahren im Internet bewährt hat, als bei einem Anbieter, der gerade erst versucht, in den Markt einzusteigen.

Informieren Sie sich daher, wie lange es eine bestimmte Plattform bereits gibt.

Allerdings ist diese Empfehlung nicht in Stein gemeißelt. Sofern eine neue Plattform inhaltlich in besonders hohem Ausmaß Ihren Vorstellungen entspricht, mag sie durchaus einen Versuch wert sein.

PASSUNG DER ZIELGRUPPE

Ein Anbieter mag seriös und dennoch für Sie ungeeignet sein:
- Die entscheidende Fragestellung ist letztlich, ob Sie bei einer Plattform Ihrer Zielgruppe begegnen, also solchen Menschen, die Ihre grundlegenden Werte und Ihre Vorstellungen zu Partnerschaft und Beziehungsgestaltung teilen.

Auf einer passenden Plattform werden Sie mit höherer Wahrscheinlichkeit Ihre Partnersuche zum Erfolg bringen als auf einer Plattform, deren Mitglieder zu Ihren eigenen Lebens- und Beziehungsvorstellungen nicht passen.

Insofern sollten Sie Ihre Entscheidung für oder gegen eine Dating-Plattform vor allem auch davon abhängig machen, ob die Menschen, die auf dieser Plattform aktiv sind, zu Ihnen passen.

Auch wenn eine sichere Beurteilung nicht möglich ist, um diese Menschen direkt kennenzulernen, besteht dennoch die Möglichkeit, bereits vor einer Teilnahme Informationen über die Passung der Zielgruppe zu sammeln. Dies ist notwendig, da Sie schließlich nicht Mitglied bei allen Plattformen werden können. Für welche Plattform Sie sich entscheiden, sollten Sie aber nicht dem Zufall überlassen.

Nutzen Sie alle verfügbaren Informationsquellen, um mehr über die Mitglieder einer bestimmten Dating-Plattform zu erfahren. Informieren können Sie sich, wie bereits vorhin beschrieben, über die Internetseiten der Plattformen, über die Google-Suche, über Bewertungsseiten oder auch über die durch entsprechende Dating-Plattformen geschalteten Werbeanzeigen.

Die Internetseiten der Plattformen selbst sind fraglos von großer Bedeutung, um mehr über die Mitglieder dieser Plattformen zu erfahren. Zwar wollen sich alle Dating-Anbieter in einem guten Licht darstellen, dennoch ist es aussagekräftig, was diese Dating-Plattformen über ihre Klientel sagen, und besonders aussagekräftig ist sogar oft das, was fehlt.

Sie werden insofern schnell feststellen, ob Sie sich mit Ihrer Suche bei einer Seite wohlfühlen oder ob Sie sich womöglich mit Ihrer Suche gar nicht repräsentiert fühlen:

• Je besser Sie sich durch die Inhalte der Internetseite einer Dating-Plattform repräsentiert fühlen, desto mehr werden sich auch andere Menschen, die Ihnen ähnlich sind, von dieser Plattform angesprochen fühlen.

• Fühlen Sie sich bei einem Anbieter unwohl oder nicht repräsentiert, wird dies vermutlich gerade solchen Personen ebenso ergehen, die Ihnen ähnlich sind und daher eigentlich gut zu Ihnen passen würden. Diese Personen werden aber wahrscheinlich von dieser Plattform Abstand nehmen, sodass Sie sie hier auch nicht kennenlernen können.

Verschiedene Plattformen können unterschiedliche Werte und Grundeinstellungen verkörpern, was wiederum dazu führt, dass diese Plattformen meistens Menschen für sich gewinnen, die mit diesen Werten und Grundeinstellungen übereinstimmen.

Dies wird im Folgenden verdeutlicht an fünf solcher Werte und Grundeinstellungen:

- Anspruch, Wohlstand und Prestige

- Geschlechtstypisierung und Äußerlichkeit

- Ökologische Nachhaltigkeit

- Diversität geschlechtlicher und sexueller Identitäten

- Inklusivität von Menschen mit Behinderungen

Anspruch, Wohlstand und Prestige

Es gibt Anbieter, die Anspruch, Prestige und Wohlstand in ihrem Namen und in ihrer Außendarstellung mehr oder weniger explizit in den Vordergrund stellen.

Menschen, die dort suchen, möchten ihr vorhandenes Prestige nutzen oder unterstreichen, um eine passende Partnerschaft zu finden, wollen innerhalb einer Partnerschaft ihr Prestige bestätigen oder wollen ihr Prestige durch eine neue Partnerschaft verbessern.

Einige Teilnehmende werden ihr gutes Einkommen und ihren gehobenen Lebensstandard deutlich herausstellen und damit implizit als Argument für eine Partnerschaft mit sich zur Geltung bringen. Andere Teilnehmende werden aus der Hoffnung heraus zu solchen Plattformen kommen, dass sie hier Beziehungspartner:innen mit höherem Einkommen und Lebensstandard treffen können.

Fühlen Sie sich hiervon angesprochen, kann ein solcher Anbieter durchaus eine gute Wahl für Sie sein. Schreckt Sie dies aber eher ab, wäre solch eine Plattform vermutlich für Sie weniger geeignet.

Geschlechtstypisierung und Äußerlichkeit

Manche Anbieter werben mit sehr geschlechtstypischen Bildern und Motiven oder mit viel Äußerlichkeit. Es werden bei diesen Plattformen traditionelle Geschlechterrollen und Erwartungen vermittelt, wobei bei Männern eher Status und Einkommen, bei Frauen das Äußere als Werbemittel eingesetzt werden.

Angesprochen werden hierdurch Menschen, die sich deutlich am gesellschaftlichen Mainstream mit seinen Geschlechterrollen-, Beziehungs- und Lebensmodellen orientieren.

Wenn Sie selbst gegenwärtige gesellschaftliche Strukturen mit ihren traditionellen Werten und mindestens unterschwelligen Geschlechterrollen-Erwartungen teilen, werden diese Plattformen für Sie geeignet sein.

Sind Sie aber eher gesellschaftskritisch oder unkonventionell und teilen die traditionellen Rollenerwartungen nicht, werden Sie bei diesen Plattformen mit Ihrer Partnersuche wahrscheinlich nicht zum Erfolg gelangen.

Ökologische Nachhaltigkeit

Die globalen Umweltprobleme gehen nicht an der Partnersuche vorbei. Vielmehr gibt es in Anbetracht der zunehmenden Zerstörung der natürlichen Lebensgrundlagen unseres Planeten, des Verlustes der Bio-Diversität, des Unterganges von Naturlandschaften und des bereits begonnenen Klimawandels immer mehr Menschen, für die das Kriterium der ökologischen Nachhaltigkeit auch für ihre Partnerwahl und Beziehungsführung von zentraler Bedeutung ist.

Ökologische Nachhaltigkeit bei der Partnerwahl bezieht sich auf den Wunsch, Beziehungspartner:innen kennenzulernen, mit denen eine ökologisch verantwortbare, nachhaltige Lebensweise abseits der Exzesse einer Gesellschaft, die auf unbegrenzte Produktion und Konsum setzt, möglich ist.

Es handelt sich um Menschen, die konsumkritische und allgemein gesellschaftskritische Einstellungen aufweisen und durch ihre eigene Alltagsgestaltung einen Beitrag zur Überwindung der drängenden Umweltprobleme leisten möchten. Diese Menschen sehen sich am Rand oder außerhalb der sie umgebenden Konsum- und Unterhaltungskultur stehen, die sie als oberflächlich und nicht nachhaltig ablehnen.

Die geteilte Orientierung an Werten von Nachhaltigkeit und Konsumkritik wird so zum entscheidenden Auswahlkriterium für die Partnerwahl und greift ebenso tiefgreifend in die Beziehungsgestaltung ein.

Lukas Kala (2017) hat untersucht, was partnersuchende Menschen bewegt, die ihr Glück nicht auf den großen Mainstream-Portalen, sondern bei sogenannten Green-Dating-Portalen suchen, in deren Mittelpunkt der Wunsch nach partnerschaftlich gelebter ökologischer Nachhaltigkeit steht.

In einer qualitativen Analyse der Profile von Teilnehmenden bei Green-Dating-Portalen konnte er folgende vier wiederkehrende Themen identifizieren, die diese miteinander verbinden:

Übernahme persönlicher Verantwortung für die Umwelt: Das Ziel von Teilnehmenden bei Green-Dating-Portalen ist es, Menschen zu begegnen, mit denen sie gemeinsam nachhaltig leben können. Ein ökologisch nachhaltiger Lebensstil wird als ethisch notwendig erachtet. Für eine Partnerschaft kommen nur

Menschen in Frage, die dies ähnlich sehen und gemeinsam Verantwortung für die Umwelt übernehmen wollen.

Bewusster Minimalismus: Einfachheit, Bescheidenheit und Konsumreduktion sind wesentliche Merkmale, die Teilnehmende bei Green-Dating-Plattformen miteinander teilen. Sie möchten ihre Partnerschaft abseits von Besitz und Statussymbolen führen und sich im Gegenteil von unnötigen Gebrauchsgegenständen und nicht nachhaltigen Lebenspraktiken befreien.

Pflanzenbasierte Ernährungspraktiken: Studien belegen (Poore, J. & Nemecek, T., 2018; Perignon et al., 2016; Clune et al., 2017), dass eine pflanzenbasierte vegane Ernährung bei weitem umweltverträglicher ist als alle anderen Ernährungsformen. Teilnehmende bei Green-Dating-Plattformen legen Wert auf eine pflanzenbasierte Ernährung aus ökologischen Gründen, aber ebenso aus ethischen, tierrechtlichen Gründen. Sie möchten in ihrer Partnerschaft ein Ernährungsverhalten praktizieren, welches nicht auf der Ausbeutung und Tötung von Tieren beruht und welches die Umwelt nicht oder so wenig wie möglich belastet.

Abgrenzung von der Mehrheitsgesellschaft: Teilnehmende von Green-Dating-Plattformen betrachten die Gesellschaft insgesamt kritisch und erleben die Gesellschaften, in denen sie leben, als mehrheitlich oberflächlich, egoistisch und nicht nachhaltig. Sie legen Wert darauf, Beziehungspartner:innen kennenzulernen, die sich ebenfalls von der Mehrheitsgesellschaft in diesem Sinne abgrenzen.

Kala identifizierte ebenfalls ein fünftes Thema, welches sich auf das Interesse an personalem Wachstum, Entwicklung und Spiritualität bezieht und oft mit Erfahrungspraktiken, wie Yoga oder Meditation, einhergeht.

Allerdings ist dieses Thema lediglich als ein optionales Thema zu bewerten. Ebenso können auf Nachhaltigkeit und Konsumkritik orientierende Einstellungen und Lebensmuster ohne spirituelle Überzeugungen auftreten.

Wenn Sie großen Wert auf ökologische Nachhaltigkeit legen, werden Sie bei allgemeinen Dating-Plattformen Schwierigkeiten haben, Menschen zu begegnen, die Ihre diesbezüglichen Einstellungen, Werte und Lebenspraktiken teilen.

Entsprechend lautet in diesem Fall die Empfehlung, nach ökologisch-alternativ ausgerichteten Dating-Angeboten zu suchen, wo Sie mit höherer Wahrscheinlichkeit übereinstimmende Menschen finden werden.

Diversität geschlechtlicher und sexueller Identitäten

Dating-Plattformen unterscheiden sich, in welchem Ausmaß sie geschlechtliche und sexuelle Diversität berücksichtigen:

• Wird Ihre eigene geschlechtliche oder sexuelle Identität bei einer Dating-Plattform nicht genannt, müssen Sie mit geringen Aussichten und zudem mit Diskriminierung und Zurückweisung rechnen.

Der geschlechtlichen Identität und sexuellen Orientierung kommt für die meisten Menschen bei der Partnersuche eine wichtige Funktion zu. Wenn eine unzutreffende geschlechtliche Identität angegeben oder eine zentrale sexuelle Orientierung weggelassen werden muss, dürften die Erfolgsaussichten einer Partnersuche eher gering sein.

Bei einer Sichtung von Dating-Plattformen werden Sie feststellen, dass eine Reihe von Dating-Plattformen im deutschsprachigen Bereich, unter ihnen die bekanntesten Online-Partnervermittlungen, nur Männer und Frauen sowie nur heterosexuelle oder homosexuelle Menschen kennen.

Non-binäre geschlechtliche Identitäten, Transgender und Intersexualität werden häufig nicht repräsentiert:

- Non-binäre Menschen können insofern an der Partnersuche bei diesen Plattformen nicht oder nur unter Angabe einer unzutreffenden geschlechtlichen Identität als Mann oder Frau teilnehmen. Nehmen sie dennoch teil, werden sie so in eine Situation gebracht, wo sie sich mit erhöhter Wahrscheinlichkeit mit Täuschungsvorwürfen, Belästigungen, Beschimpfungen und Beleidigungen auseinandersetzen müssen. Im noch besseren Fall werden sie in dem Moment ignoriert werden oder eine Ablehnung erhalten, wenn sie ihre geschlechtliche Identität offenlegen.

Auch Bisexualität als die dritte große sexuelle Orientierung des Menschen ist einem Großteil der Dating-Plattformen offenbar nicht bekannt[32]. Hierzu hat Nina Horcher (2020) einen lesenswerten Artikel in der österreichischen Zeitung der Standard geschrieben unter dem Titel: „Online-Dating: Wie Bisexuelle unsichtbar gemacht werden"[33].

Instruktives Zitat aus dem Artikel:

„Die Corona-Pandemie verlieh dem Online-Dating Aufwind. Doch was, wenn Menschen Frauen und Männer kennenlernen wollen? Zumindest auf den großen und zahlungspflichtigen Vermittlungsportalen ist das für Bisexuelle nicht möglich. Sie müssen sich für ein Geschlecht entscheiden. Wer das nicht will, muss sich zwei Profile anlegen, sich also als hetero- und homosexuell ausgeben und zusätzliche Kosten tragen. Damit werden User dazu gedrängt, ihre bisexuelle Orientierung unsichtbar zu machen."

Bei den meisten Dating-Anbietern ebenfalls unsichtbar ist Asexualität. Asexuelle Menschen auf Partnersuche suchen nach einer Beziehung ohne Sex. Berücksichtigt eine algorithmusbasierte Partnervermittlung Asexualität nicht, dürfte die Teilnahme für asexuelle Singles zwecklos sein. Denn bei nahezu allen Vorschlägen wird die andere Person Sex in einer Beziehung erwarten. Mit einer Häufigkeit von lediglich ca. 1 % in der erwachsenen Bevölkerung ist Asexualität so selten, dass es fast einem Wunder gleichkäme, wenn ohne gezielte Vermittlung ein passender Vorschlag erfolgen würde.

Auch bei allgemeinen Singlebörsen und Dating-Apps wird es für asexuelle Partnersuchende äußerst schwierig sein, unter den unzähligen Vorschlägen, die Wert auf eine auch sexuelle Beziehung legen, die minimale Anzahl an Profilen zu finden, bei denen dies womöglich anders ist.

Achten Sie daher bei der Suche nach einer für Sie geeigneten Plattform darauf, dass Ihre geschlechtliche Identität und sexuelle Orientierung durch die Plattform repräsentiert werden.

Behinderungen, Beeinträchtigungen und Inklusivität

Haben Sie sich schon einmal die Plakate und Fernsehspots der großen Online-Partnervermittlungen angeschaut? Ist Ihnen dabei auch aufgefallen, dass die Auswahl der gezeigten Menschen sich auf Menschen ohne sichtbare körperliche Handicaps beschränkt?

Die großen Partnervermittlungen folgen in ihrer Außendarstellung dem Muster einer gesellschaftlichen Normativität, die zahlreiche tatsächliche menschliche Phänomene ausklammert und sich auf die Herausstellung von Merkmalen einer scheinbaren „Unversehrtheit" ausrichtet. So fallen nicht nur Menschen mit Handicap, sondern ebenso Menschen mit körperlichen oder seelischen Erkrankungen oder überhaupt mit besonderen körperlichen (beispielsweise Kleinwüchsigkeit) oder seelischen (beispielsweise Lernbehinderung) Merkmalen durch das Raster.

Doch die Außendarstellung ist nur die eine Seite der Medaille. Leider gehören auch Zurückweisung und Ausgrenzung durch die Teilnehmenden innerhalb der Plattformen oft dazu.

Dabei ist das Bedürfnis nach Partnerschaft universell und wird von Menschen ohne und mit Behinderungen oder Erkrankungen oder anderen besonderen körperlichen oder seelischen Merkmalen geteilt.

Für partnersuchende Personen mit Behinderung oder gesundheitlichen Beeinträchtigungen oder anderen besonderen körperlichen oder seelischen Merkmalen ist es daher essenziell, selbstbewusst mit ihrer Situation umzugehen und sich nicht auf die jeweilige Behinderung, Erkrankung oder die anderen besonderen körperlichen oder seelischen Merkmale reduzieren zu lassen.

Achten Sie am besten bei der Auswahl der Plattform darauf, wie sowohl in der Außendarstellung als auch bei den Partnervermittlungen mit möglichen Behinderungen, Erkrankungen oder anderen besonderen Merkmalen umgegangen wird.

Besteht bei Ihnen eine solche Behinderung oder signifikante chronische Erkrankung, müssen Sie leider bei Plattformen, wo dieses Thema nicht vorkommt, vermehrt mit Zurückweisungen rechnen.

Zudem kann es zu einer sehr geringen Resonanz kommen, wenn Sie bereits im Profil offen die Situation ansprechen. Entscheiden Sie sich dagegen dafür, erst während der Kommunikation dieses Thema anzusprechen, mögen plötzliche Kontaktabbrüche oder Löschungen erfolgen.

Dies muss allerdings keineswegs gegen eine Suche bei solchen Plattformen sprechen, wenn Sie sich auf diese Situation einstellen, sich quasi bereits vorher immunisieren und sich so nicht von einer selbstbewussten Partnersuche abhalten lassen.

Alternativ können Sie erwägen, eine Plattform zu wählen, die sich direkt an Menschen mit Behinderungen oder Erkrankungen wendet. Hier brauchen Sie sich weniger vor Ablehnung zu fürchten und können davon ausgehen, dass Ihre Behinderung für viele Teilnehmende kein Ausschlusskriterium ist. Der Preis hierfür ist allerdings eine geringere gesellschaftlich wünschenswerte und auch individuell häufig angestrebte Inklusion. Denn auf solchen Plattformen sind mehrheitlich Menschen mit Behinderungen vertreten, die nach ebenfalls behinderten Beziehungspartner:innen suchen.

Eine weitere Alternative sind Plattformen, bei denen Sie in der Außendarstellung erkennen können, dass ein inklusiver Ansatz vorliegt und auch die Thematik von Behinderungen, Erkrankungen oder anderen besonderen Merkmalen visuell oder textlich auf den jeweiligen Webseiten deutlich angesprochen wird. Ist dies der Fall, erhöhen sich die Chancen, dass sich bei diesen Dating-Seiten Menschen einfinden, die stärker zur Inklusion bereit sind und die andere Menschen seltener aufgrund als abweichend wahrgenommener Merkmale aussortieren.

Ist die Plattform-Größe ein Qualitätsmerkmal?

Viele denken, dass ihre Vermittlungschancen umso besser sind, je mehr Mitglieder ein Anbieter hat. Dies ist jedoch in dieser Pauschalität ein Irrtum.

Tatsächlich werden die Vermittlungschancen vor allem dadurch beeinflusst, wie wahrscheinlich es ist, bei einem Anbieter einen passenden Menschen zu finden und mit diesem in eine weiterführende Kommunikation einzutreten.

Je besser es beispielsweise einer Partnervermittlung gelingt, passende Menschen einander vorzuschlagen und sie zu einem echten Kennenlernen zu motivieren, desto höher sind die Vermittlungschancen.

Die Fähigkeit, passende Beziehungspartner:innen vorschlagen zu können, hängt vor allem von der Seriosität der Plattform und ihrer Nutzer:innen, der Passung der Teilnehmenden zueinander und gegebenenfalls auch von dem Matching-Algorithmus ab.

Die Mitglieder-Anzahl spielt allerdings natürlich dennoch insofern eine Rolle, als dass Vorschläge nur erbracht werden können, wenn auch passende Personen vorhanden sind.

Da es jedoch in der Regel nur um das Kennenlernen einer Person geht und es genügt, wenn diese im Verlauf tatsächlich kennengelernt wird, können auch Plattformen mit wenigen Mitgliedern hohe Erfolgsaussichten haben.

Umgekehrt können Plattformen mit vielen Mitgliedern geringe Erfolgsaussichten haben, wenn diese nicht zur eigenen Person passen oder die Passung aufgrund oberflächlicher Profil-Darstellungen oder der Überflutung mit Vorschlägen nicht erkannt werden kann.

Zudem sinkt die Chance, von der anderen Person zur Kenntnis genommen zu werden, je mehr Kontaktmöglichkeiten es zu verschiedenen Personen gibt. Im Durchschnitt wird mit der Größe der Plattform aber auch die Anzahl der Kontaktmöglichkeiten ansteigen. Deshalb kann es eine unerwünschte Nebenfolge sein, dass die Vorschläge in großer Konkurrenz zueinander stehen und auf diese Weise der Wert eines einzelnen Vorschlages stark absinkt.

Ein einfaches Gedankenexperiment verdeutlicht diese Überlegung:
- Nehmen wir an, Sie erhalten 500 Vorschläge und alle diese 500 Vorschläge erhalten ebenfalls 500 Vorschläge. Nehmen wir ebenfalls an, dass Sie mit fünf dieser Personen womöglich tatsächlich eine tragfähige Partnerschaft führen könnten. Wie wahrscheinlich ist es nun, dass Sie diesen Personen

begegnen? Weil Sie nicht wissen können, wer die fünf geeigneten Personen sind, und weil diese das gleiche Problem haben, ähnelt das der berühmten Suche nach der Nadel im Heuhaufen und die Wahrscheinlichkeit eines wechselseitigen Kennenlernens ist auf diese Weise sehr gering.

Wäre die Anzahl der Nutzer:innen ein wesentlicher Faktor, müsste bereits fast jeder eine Partnerschaft gefunden haben. Schließlich sind so viele Menschen bei den Dating-Apps und den großen Partnervermittlungen angemeldet, dass im Falle einer reinen Abhängigkeit von der Mitglieder-Anzahl dem Erfolg nichts mehr im Wege stehen dürfte.

Das entscheidende Kriterium ist letztlich aber eben nicht die Anzahl der Teilnehmenden, sondern die Frage, ob sich bei einer Plattform Menschen befinden oder im Verlauf noch eintreffen werden, die zur eigenen Person passen und an einer langfristigen Beziehung interessiert sind.

Schauen Sie daher bei der Auswahl des geeigneten Anbieters nicht vorwiegend auf die Größe, sondern auf die Seriosität der Plattform und ihrer Mitglieder, die Passung der dortigen Klientel zu Ihrer Person und den Umgang miteinander auf einer Plattform.

Die Qualität der Kontakte und nicht die Quantität ist der entscheidende Faktor, der darüber bestimmen wird, ob Sie passende Menschen treffen oder nicht.

Resümee zu den Qualitätskriterien

Kurz zusammengefasst, können Sie sich bei der Auswahl der Dating-Plattform an folgenden Hinweisen orientieren:

• Wählen Sie eine Plattform mit einem fairen und transparenten Gebührenmodell ohne versteckte Kosten. Bedenken Sie, dass kostenlos oft bedeutet, dass viele weniger ernstgemeinte Anmeldungen erfolgen.

- Lesen Sie die AGB und nehmen Sie von jeder Plattform Abstand, wo Chat-Moderatoren eingesetzt werden (rote Flagge!).

- Schauen Sie sich die Internetseite der Anbieter gut an und recherchieren Sie bei Google und auf Bewertungsportalen. Wählen Sie Anbieter, wo der Schwerpunkt nicht auf der Anzahl der Mitglieder, sondern der Ernsthaftigkeit der Partnersuche liegt. Überzeugen Sie sich von der Seriosität eines Anbieters, wobei bewährte Plattformen potenziell seriöser sind als Plattformen, die soeben erst eröffnet haben.

- Schauen Sie sich auch die Werbung einer Plattform an. Wirbt eine Plattform mit platten Sprüchen, unseriösen Versprechungen, sexistischen Bildern, der Größe der eigenen Teilnehmer-Datenbank oder einer kostenlosen Teilnahme? Wirbt eine Plattform in Boulevard-Medien oder im Fernsehen bei wenig anspruchsvollen Sendern oder während Unterhaltungs- und Realityserien, die voller Plattitüden und Stereotype stecken? Oder betont eine Plattform in ihrer Werbung die Ernsthaftigkeit der Partnersuche, die Notwendigkeit von Geduld, die Suche nach einem wirklich passenden Menschen? Enthält sich die Werbung aller sexistischen Sprüche und Plattitüden, vermittelt ein realistisches Bild einer Partnersuche und wird in anspruchsvollen Medien platziert?

- Prüfen Sie, ob Sie sich selbst mit Ihren Besonderheiten, Einstellungen und Überzeugungen bei einer Plattform gut repräsentiert fühlen. Je stärker eine Plattform in ihrer Außendarstellung von Ihnen als zur eigenen Person passend wahrgenommen wird, desto wahrscheinlicher ist es, dass Sie hier auf zu Ihnen passende Menschen treffen werden. Achten Sie auch darauf, dass Themen der geschlechtlichen

und sexuellen Diversität Ihrer Situation entsprechend angemessen repräsentiert sind. Gleiches gilt für Akzeptanz und
Inklusivität gegenüber möglichen Behinderungen, Erkrankungen oder anderen besonderen körperlichen oder seelischen Merkmalen.

Konkrete Dating-Plattform identifizieren

Sie verfügen nun über alle Informationen, um sich fundiert
entscheiden zu können, ob Sie es bei einer Partnervermittlung,
einer Dating-App oder eine Singlebörse versuchen möchten
oder ob Sie diese verschiedenen Arten des Online-Datings miteinander kombinieren wollen. Sie wissen auch, wie Sie die
Qualität einer spezifischen Plattform einschätzen können.

Wie aber können Sie mögliche für Sie geeignete konkrete
Plattformen finden?

Dieser Ratgeber gibt Ihnen die Methoden an die Hand, um
selbst eine geeignete Plattform zu finden, möchte aber keine
Werbung für einen oder mehrere der in Frage kommenden
Anbieter betreiben.

Mögliche Plattformen können Sie durch eine einfache Google-
Suche finden, indem Sie Begriffe wie Partnersuche, Partner-
vermittlung oder Online-Dating eingeben und diese mit für
Sie passenden zusätzlichen Begriffen verbinden.

Begriffe, mit denen Sie Partnersuche, Partnervermittlung oder
Online-Dating kombinieren können, können beispielsweise
sein:

- vegan, vegetarisch, Behinderungen, Handicap, 50+, Senio-
  ren, junge Leute, Alleinerziehende, Polyamorie, BDSM, Sport-
  ler, kleinwüchsig, MS, asexuell, bisexuell, ökologisch, Autis-
  mus – nur um eine Idee zu geben.

Die Auswahl der Begriffe ergibt sich aus Ihren eigenen Merkmalen und Präferenzen.

Im Anschluss können Sie sich die jeweiligen Webseiten aufmerksam anschauen, um Seriosität, die Ernsthaftigkeit der Partnersuche der Nutzer:innen, Kostenstruktur und Transparenz sowie die Passung zu Ihrer eigenen Person besser abschätzen zu können.

Ebenfalls können Sie, wie bereits dargestellt, bei Bewertungsseiten wie Trustpilot nach den entsprechenden Plattformen suchen und sich so über die Erfahrungen anderer Personen informieren. Hier werden Sie auch auf andere ähnliche Plattformen stoßen und so von ihnen Kenntnis erhalten.

Haben Sie eine potenzielle Plattform gefunden, sollten Sie alle Fragen der Anmeldung ausfüllen, um sich einen Eindruck von den abgefragten und erfassten Informationen zu machen.

Bei offenen Fragen kann es hilfreich sein, den Kontakt zum Support-Team der Plattform aufzunehmen.

Einen Überblick über nahezu alle Dating-Plattformen im deutschsprachigen Raum bekommen Sie auf der Webseite Singlebörsen-Vergleich[34].

Die Seite finanziert sich aus Provisionseinnahmen, die sie von den Anbietern für die Vermittlung neuer Mitglieder erhält. Die großen Plattformen erhalten besonders viel Raum. Es werden aber auch zahlreiche mittlere und kleinere Dating-Plattformen vorgestellt.

Der Hauptvorteil der Seite ist, dass Sie schnell verschiedene Dating-Plattformen vorgestellt bekommen, über die Sie sich im Anschluss auch an anderer Stelle weiter informieren können.

Mit offenen Augen durch die Offline-Welt

Eine Gefahr des Online-Datings kann darin bestehen, dass partnersuchende Singles sich einseitig auf das Internet beschränken und dadurch Beziehungschancen in ihrem Lebensumfeld übersehen.

Lassen Sie sich durch den Einstieg in die Online-Partnersuche nicht den Blick für die Möglichkeiten in der Offline-Welt verstellen:

- Machen Sie sich bewusst, dass Ihre Teilnahme am Online-Dating nicht bedeutet, dass Sie Ihre Beziehungspartner:innen nur im Internet finden können oder gar müssen. Sehen Sie Ihre Online-Partnervermittlung im Gegenteil als Anreiz, um ebenfalls auf die Möglichkeiten in der Offline-Welt zu achten und mit Menschen in Kontakt zu treten, wenn Begegnungsmöglichkeiten entstehen.

- Nach wie vor entsteht die Mehrheit der Beziehungen nicht online, auch wenn sich dies künftig ändern mag. Die größte Partnervermittlung ist der soziale Nahraum, also Ihr Freundeskreis, Ihr Ausbildungs- oder Arbeitsplatz und überhaupt alle Orte, die Sie in Ihrer Freizeit aufsuchen.

- Gehen Sie offen mit Ihrer Partnersuche um und scheuen Sie sich nicht, den Personen in Ihrem sozialen Nahraum von ihr zu erzählen. Denn oftmals können dadurch ganz unvorhergesehene Ereignisse und Begegnungen entstehen.

Aber auch außerhalb Ihres sozialen Nahraumes gibt es zusätzlich zum Internet Möglichkeiten, Ihre Partnersuche voranzutreiben:

- Von der klassischen Kontaktanzeige in Zeitungen und Magazinen, von denen es noch einige gibt, über Speed- oder Slow-Dating bis hin zu Single-Reisen stehen vielfältige Möglichkeiten zur Verfügung.

Die Online-Partnersuche ist eine gute Möglichkeit und Sie haben jetzt alle Kriterien an der Hand, um eine fundierte und passende Auswahl der von Ihnen bevorzugten Plattform zu treffen. Engen Sie sich aber nicht auf die Online-Strategie ein, sondern seien Sie auch offline aktiv, um dem passenden Menschen zu begegnen.

Abschnitt 3

Start des Online-Datings

Bis jetzt haben Sie sich mit sich selbst und Ihren Vorstellungen von Partnerschaft und Beziehung auseinandergesetzt. Sie haben ein realistisches Bild Ihrer Suchkriterien gewonnen, Ballast aus der Vergangenheit reflektiert und ein Stück weit hinter sich gelassen. Sie haben geeignete Plattformen identifiziert, von denen Sie einen positiven Eindruck gewonnen haben und glauben, dass Sie dort gut aufgehoben sein könnten.

Damit sind Sie nun an der Wegstrecke angelangt, wo Sie mit Ihrer Online-Partnersuche tatsächlich beginnen können.

In den folgenden beiden Kapiteln werden Sie erfahren, wie Sie ein effektives Profil anlegen können und was das beste Such- und Kommunikationsverhalten ist. Sie werden aber auch erfahren, wie Sie sich vor möglichen Gefahren durch Liebes-Betrug und sexuelle Übergriffe am besten schützen können.

Das eigene Profil erstellen

Dieses Kapitel zeigt Ihnen, wie Sie sich bei der Partnersuche am besten in Ihrem Profil vorstellen.

Ehrliche Selbstdarstellung

Stellen Sie sich so vor, wie Sie sind. Partnersuche ist keine Bewerbung, sondern ein Kennenlernen. Es geht darum, dass Menschen zueinander finden, die eine gemeinsame Zukunft miteinander aufbauen können.

Es ist für alle Seiten ein Gewinn, wenn Profile ehrlich sind. Schließlich möchte niemand eine Partnerschaft mit einer anderen Person beginnen, die von Anfang an nicht tragfähig ist.

Für die Online-Partnersuche ist eine authentische Selbstschilderung daher zentral. Während für reines Online-Flirten und virtuelle Kommunikation Fantasiewelten aufgebaut werden mögen, ist dies für eine Partnersuche unmöglich. Denn hier soll das Leben nicht nur virtuell, sondern in der Offline-Realität erfolgen. Werden virtuelle Traumwelten aufgebaut, zerplatzen diese bei den ersten Treffen außerhalb des Internets. Spätestens zerplatzen sie dann, wenn sich in einer Beziehung zeigt, dass eine Passung für ein gemeinsames Leben nicht gegeben ist.

Sharabi und Caughlin (2018) untersuchten die Auswirkungen von Falschangaben bei der Online-Partnersuche auf den Verlauf direkter Begegnungen:

- Personen, die Falschangaben getätigt hatten, wurden nach dem ersten Treffen von der anderen Person negativer bewertet. Selbst wenn Falschangaben die Möglichkeit eines ersten Treffens im Einzelfall erleichtern mögen, wirken sie sich letztlich negativ aus.

Insbesondere grob falsche Angaben sind ein absolutes No-Go. Frisierte Fotos und komplett falsche Altersangaben führen typischerweise zu ablehnenden Reaktionen der anderen Person, wenn es zu einem direkten Treffen kommt. Bleiben Sie also bei der Wahrheit. Wenn Sie ein verzerrtes Bild von sich selbst entwerfen, laufen Sie Gefahr, in einer rein virtuellen Welt zu bleiben und den Erfolg Ihrer Partnersuche zu blockieren. Stellen Sie sich aber so vor, wie Sie sind, haben Sie gute Aussichten, einen Menschen kennenzulernen, der Sie so mag, wie Sie sind.

Veränderungswünsche benennen

Eine ehrliche Selbstbeschreibung schließt es nicht aus, dass Sie Eigenschaften, die womöglich für andere Personen attraktiv sein können, als Veränderungsziele benennen.

Wichtig ist aber auch hier, wiederum ehrlich zu bleiben. Veränderungsziele sollten Sie nur benennen, wenn diese ernstgemeint und realistisch sind:

- So können Sie beispielsweise schreiben, dass bei Ihnen bisher der Sport zu kurz gekommen ist, Sie aber soeben mit täglichem Jogging begonnen haben. Sie können darlegen, dass Sie bestimmte Interessen oder Hobbys längere Zeit vernachlässigt haben, Sie sie aber gerne gemeinsam reaktivieren möchten. Ebenso können Sie Wünsche nach gesellschaftlichem Engagement oder einer nachhaltigen Lebensweise als Ziele beschreiben, die Sie nunmehr angehen möchten oder gerne gemeinsam in einer Beziehung in Angriff nehmen wollen.

Es ist sogar ausdrücklich zu empfehlen, dass Sie sich nicht nur auf eine Schilderung des Ist-Zustandes beschränken, sondern in Ihrer Profilschilderung eine Zukunftsvision mit aufnehmen, die ebenso zu Ihrer Person gehört wie die Gegenwart.

Am besten ist es, wenn Sie sofort mit der Umsetzung der Veränderungsziele beginnen.

Vertrauenswürdige Informationen

Je vertrauenswürdiger ein Profil wirkt, desto mehr Interesse haben Menschen, mit der dahinterstehenden Person in Kontakt zu treten und vertrauenswürdig miteinander zu kommunizieren.

Vertrauenswürdige Informationen sind solche Informationen in Dating-Profilen, die authentisch sind und die beim Lesen unmittelbar den Eindruck von Vertrauenswürdigkeit erzeugen.

Ein besonders prägnantes Beispiel hierfür können Links zu einem externen Blog der eigenen Person oder auch zu anderen externen Websites sein, die über die eigene Person berichten.

Lassen sich nämlich Informationen anhand von unabhängigen Quellen überprüfen, werden sie als zuverlässiger erlebt. Dies wird wiederum als Vertrauensvorschuss bewertet.

Menschen, die so einen Vertrauensvorschuss geben, werden als sympathischer wahrgenommen. Gleichzeitig neigen Menschen dazu, auf einen Vertrauensvorschuss ebenfalls mit Vertrauen und der Übermittlung vertrauenswürdiger Informationen zu reagieren.

Fügen Sie daher in Ihr Profil, wenn es möglich ist, vertrauenswürdige Informationen ein. Den höchsten Grad an Vertrauenswürdigkeit erreichen Sie, wenn Sie auf weitere Informationsquellen, wie Ihre persönliche Homepage, von Ihnen geschriebene Artikel oder Bücher oder einem im Netz verfügbaren Lebenslauf verweisen.

Allerdings mögen dem nachvollziehbare Sicherheitsbedenken und der Wunsch nach Anonymität entgegenstehen. In diesem Fall können Sie den Grad an Vertrauenswürdigkeit auch erst im Verlauf des Kennenlernprozesses schrittweise steigern.

Alles beginnt mit dem freien Text

Sicherlich beginnt für viele alles mit dem Foto. Dieser Tendenz wird aktuell durch die Dating-Apps noch einmal zusätzlich

Vorschub geleistet. Inhaltlich ist dies bedauerlich, weil das Foto tatsächlich kaum etwas über die Eigenschaften, Beziehungsmodelle und Ziele eines Menschen sagt, die für den Zusammenhalt in einer Partnerschaft tatsächlich von Bedeutung sind. Gerade bei Plattformen für eine ernsthafte Partnersuche spielt dagegen der freie Text für die meisten Mitglieder eine große Rolle. Er entscheidet oft zu einem nicht unerheblichen Anteil mit darüber, ob ein Interesse entsteht und ein Kontakt gesucht oder erwidert wird.

Während ein nicht zur Verfügung gestelltes Foto, das der Furcht geschuldet sein mag, aus der Anonymität zu treten, am Anfang eines Kennenlernprozesses durchaus noch zu vermitteln ist, kann ein fehlender freier Text schnell den Eindruck von mangelnder Ernsthaftigkeit und Desinteresse vermitteln.

Diese Überlegungen lassen sich auch anhand härterer Daten bestätigen. So ergab eine Auswertung zum Einfluss des freien Textes auf den Vermittlungserfolge von 4756 Partnersuchenden durch Gleichklang[35] folgende Ergebnisse:

- Mitglieder mit freiem Text gelangten häufiger zum Erfolg als Mitglieder ohne freien Text.

- Mitglieder mit nur sehr kurzem freiem Text gelangten seltener zum Erfolg als Mitglieder mit einem freien Text mittlerer Länge.

- Mitglieder mit einem langen freien Text gelangten häufiger zum Erfolg als Mitglieder mit einem freien Text mittlerer Länge.

In der untersuchten Stichprobe zeigte sich, dass 41 % derjenigen ohne freien Text eine Partnerschaft fanden, 56 % derjenigen mit einem freien Text bis maximal 725 Zeichen, aber 62 % derjenigen mit einem Text von mehr als 725 Zeichen.

Bezüglich einer über 725 Zeichen hinausgehenden Textlänge zeigte sich, dass bis zu einer Textlänge von 1 300 Zeichen der Vermittlungserfolg mit wachsender Textlänge deutlich zunahm. Danach verlangsamte sich die Zunahme des Vermittlungserfolges bis zu einer Gesamtlänge von 2 000 Zeichen. Ab 2 000 Zeichen nahm der Vermittlungserfolg mit steigender Textlänge weder zu noch ab.

Weitere Datenanalysen zeigten, dass das Vorhandensein und die Länge eines freien Textes statistisch signifikant mit der Anzahl an erhaltenen Nachrichten von anderen Mitgliedern zusammenhängen. Ein freier Text, insbesondere wenn er etwas ausführlicher ist, erhöht offenbar die Profilattraktivität und das Interesse, mit der entsprechenden Person in Kontakt zu treten. Entsprechend erhalten Personen mit einem freien Text mehr Zuschriften als Personen ohne freien Text. Personen mit längerem freiem Text (bis 2 000 Zeichen) erhalten mehr Zuschriften als Personen mit kürzerem freiem Text.

Um gute Erfolgschancen bei der Partnersuche zu haben, ist es also wichtig, einen freien Text einzustellen, wobei eine Textlänge von ca. 2 000 Zeichen optimal ist und das gesamte Potenzial des positiven Effektes ausschöpft.

Aber auch ein kürzerer Text ist besser als kein Text und ein Großteil der Wirksamkeit ist bereits bei einer Textlänge von ca. 1 300 Zeichen erreicht.

Der Inhalt ist entscheidend
Natürlich kommt es nicht vorwiegend auf die Länge, sondern auf den Inhalt Ihres freien Textes an. Dass längere Texte effektiver sind, liegt sicherlich daran, dass längere Texte inhaltsreicher sind.

Der Text sollte etwas Authentisches von Ihrer Person, Ihrer Lebenssituation, Ihren Wünschen, Hoffnungen, Träumen und Zielen schildern, sodass die andere Person einen plastischen

Eindruck von Ihnen gewinnen kann. Lebensphilosophie, ethische Überzeugungen, Beziehungsmodelle und die Schilderung des Typus von Person, den Sie suchen, sollten die zentralen Inhalte sein. Positiv wirkt es aber auch, wenn kurz auf biografische Zusammenhänge und eine daraus abgeleitete Zukunftsvision eingegangen wird.

Auch Besonderheiten der eigenen Lebenssituation oder der Beziehungssuche, wie Alleinerziehenden-Rolle, Suche nach einer asexuellen Beziehung, Interesse an Polyamorie, Auswanderungswünsche, Handicaps oder Erkrankungen, können im freien Text bereits angesprochen werden.

Unbedingt sollte im Text das Interesse an einer wirklichen Beziehung zum Ausdruck kommen. Hilfreich ist ebenfalls eine Einladung an die andere Person, mit Ihnen in Kontakt zu treten.

Dies sind die Hauptregeln für den freien Text:
Geben Sie der anderen Person authentische Informationen über Ihr Leben, übertreiben Sie nicht, sondern seien Sie offen und ehrlich.

Stellen Sie sich vor mit Ihren Wünschen, Bedürfnissen und Sehnsüchten, aber auch mit Ihren Befürchtungen, Sorgen und Unsicherheiten.

Was Ihnen besonders wichtig ist, sollte im freien Text unbedingt angesprochen werden. Ist für Sie beispielsweise eine gemeinsame vegane Ernährungs- und Lebensweise zentral, sollten Sie genau dies im freien Text auch zum Ausdruck bringen.

Probleme und Schwächen dürfen erwähnt werden und können sogar Interesse und Verständnis erzeugen, sollten aber auch nicht überbetont werden und das gesamte Profil prägen.

Schildern Sie Ihren Wunsch nach einer Beziehung und beschreiben Sie die Art der Beziehung und des Umgangs miteinander, den Sie sich wünschen.

Machen Sie Ihre eigenen Merkmale, Meinungen und Vorstellungen deutlich, zeigen Sie aber ebenfalls Spielraum für Veränderung und Flexibilität.

Komplizierte Formulierungen und intellektuelle Akrobatik sind für Ihren freien Text – auch bei Menschen mit hohem Bildungsstand – nicht notwendig. Einfachheit, Direktheit, Freundlichkeit, die Signalisierung von Ernsthaftigkeit und Interesse sowie die authentische Darstellung Ihrer Person, Wünsche, Ziele und Träume sind das Wesentliche.

Wenn möglich, geben Sie vertrauenswürdige und nachprüfbare Informationen, z. B. einen Link zu einer Webseite oder einem Projekt von Ihnen.

Schreiben Sie den Text so, dass Sie die andere Person direkt ansprechen und damit deutlich machen, dass Sie an der anderen Person und ihren Lebenseinstellungen, Wünschen, Bedürfnissen und Zielen sowie an einem wirklichen Kennenlernen interessiert sind.

Manche Nutzer:innen von Partnervermittlungen im Internet stellen zunächst nur einen kurzen vorläufigen freien Text ein, weil sie sich später für den Text mehr Zeit nehmen wollen. Hiervon ist jedoch unbedingt abzuraten, da in diesem Fall ausgerechnet die ersten Vorschläge einen Großteil ihres Wertes verlieren. Wenn andere Partnersuchende sich nämlich ein Profil anschauen, welches keinen oder einen nur sehr rudimentären freien Text hat, verliert mancher von ihnen an diesem Profil sofort das Interesse. Nicht selten ist rasche Löschung die Konsequenz. Erstellen Sie also zuerst den vollständigen freien Text und gehen Sie erst danach mit Ihrer Partnersuche online.

Nehmen Sie sich Zeit für den freien Text. Es kommt nicht darauf an, ob Sie heute oder morgen mit der Partnersuche beginnen. Oft kann es auch hilfreich sein, den eigenen freien Text mit Freunden zu besprechen, wobei es aber bei der

Beratung durch Freunde keineswegs um positive Selbstdarstellung oder Verzerrungen, sondern eine authentische Selbst-
vorstellung gehen sollte.

Einige besondere Themen für den freien Text!

Der freie Text sollte Ihre Person vorstellen, Ihre Alltagssitua-
tion, Überzeugungen, Beziehungswünsche und Lebensziele.
Im Folgenden finden Sie einige Anmerkungen zu möglichen
weiteren Themen, die je nach Bedeutsamkeit für Sie in den
freien Text einfließen können oder nicht.

Sexualität und sexuelle Vorlieben

Die Sexualität in einer Beziehung entwickelt sich in deren Verlauf. Deshalb ist ein Bezug auf eigene sexuelle Vorlieben im
freien Text bei der Partnersuche nicht notwendig. Manche
Personen mögen darauf sogar eher negativ reagieren, weil es
so verstanden werden könnte, dass weniger die Partnersuche
und mehr die Suche nach Sex im Vordergrund stünde.

Wenn es Ihnen wichtig ist, können Sie aber durchaus allge-
meinere Aussagen zur Sexualität machen, wie etwa, dass eine
Beziehung mit sexueller Erfüllung angestrebt wird, dass
Interesse an gemeinsamen Tantra-Kursen besteht, eine sexuell
monogame oder eben eine sexuell offene oder polyamoröse
Beziehung angestrebt wird.

Ist eine sexuelle Vorliebe eher selten und gleichzeitig für
Sie unverzichtbar – beispielsweise eine ausgeprägte Neigung
zu BDSM-Praktiken –, kann eine Erwähnung im freien Text
ebenfalls angemessen und sinnvoll sein.

Hilfreich ist es auch, wenn die Suche nach einer asexuellen
Beziehung ohne Sexualität unmittelbar im freien Text angesprochen wird.

Sexuelle Schwierigkeiten, Ängste, Hemmungen oder Funktionsstörungen können gegebenenfalls ebenfalls bereits im

231

freien Text angesprochen werden. Dies sollten Sie vorwiegend dann tun, wenn für Sie Akzeptanz bei Beziehungspartner:innen hierfür sehr wichtig ist und Sie sich innerpsychisch entlastet fühlen, wenn Sie wissen, dass die andere Person bereits von Anfang an hierüber informiert ist. Manche von vornherein nicht in Frage kommenden Personen mögen sich dadurch selbst ausschließen.

Grundsätzlich sollte Sexualität, wenn Sie über Sexualität im Profiltext sprechen wollen, nicht den Großteil des Profiltextes einnehmen, sondern nur ein zusätzlicher Aspekt sein. Schwerpunkte sollten auf der Vorstellung Ihrer Person, Ihrer Lebenssituation, Grundeinstellungen, Beziehungsvorstellungen und Lebensziele liegen.

Behinderungen oder Erkrankungen

Es gibt keine Vorschrift, Erkrankungen oder Behinderungen zwangsläufig im freien Text des Profils zu erwähnen. Es ist ebenso gut möglich, hierüber erst zu sprechen, wenn bereits eine Kommunikation stattfindet.

Je stärker mögliche Behinderungen oder Erkrankungen, einschließlich seelischer Erkrankungen, für Ihren Alltag oder Ihre gegenwärtige Situation prägend sind und je sichtbarer sie sind, desto sinnvoller kann es aber sein, sie bereits in der freien Selbstdarstellung anzusprechen.

Wichtig ist, die eigene Person nicht auf das bestehende Handicap oder die Erkrankung zu reduzieren. So könnte bei den anderen Personen der unberechtigte Eindruck entstehen, dass eine Beziehung mit Ihnen für sie vorwiegend belastend wäre.

Zu empfehlen ist stattdessen eine gelassene Darstellung, bei der die Handicaps oder Erkrankungen eben auch vorhanden sind, aber nicht den Fokus für Ihre Partnersuche oder die angestrebte Beziehungsgestaltung darstellen.

Jenseits des Handicaps oder der Erkrankungen gibt es vieles Weitere zu Ihrer Person, Ihren Einstellungen, Ihrer Lebensphilosophie und ihren Vorstellungen von Beziehung zu erzählen. Hiervon sollte die Schilderung des Handicaps oder der Erkrankung nicht ablenken.

Hilfreich ist es, wenn bei Schilderung der Behinderung oder der Erkrankung ebenfalls über die Möglichkeiten zur positiven Bewältigung gesprochen wird.

Außerdem können Sie es auch in Ihrem freien Text zum Ausdruck bringen, wenn Sie selbst offen für eine Partnerschaft mit einer Person mit Handicap oder Erkrankung sind. Dies kann andere Personen ermutigen, mit Ihnen in Kontakt zu treten.

Aussehen und Figur

Der freie Text braucht auf das eigene Aussehen gar nicht einzugehen, insbesondere dann nicht, wenn Sie zusätzlich ein oder mehrere Fotos einstellen, auf denen Sie zu sehen sind. Wenn Sie aber das Bedürfnis haben, über Ihr Äußeres zu sprechen, ist dies durchaus möglich, sollte aber nur einen Randaspekt des freien Textes darstellen. In den Vordergrund gestellt werden sollten Aussehen, Figur und Körpertyp nicht.

Bleiben Sie authentisch, schildern Sie sich, wie Sie sind. Sofern Sie mit Ihrer Figur unzufrieden sind oder diese verändern möchten, können Sie dies ebenfalls gerne in Ihrem freien Text mitteilen. Dies mag Ihnen mehr Gelassenheit und Lockerheit im Umgang mit Ihrem Aussehen in der Kommunikation ermöglichen. Es mag auch Ihre Motivation steigern, tatsächlich an einer Veränderung zu arbeiten.

Sie können das Profil grundsätzlich ebenfalls nutzen, um Ihnen wichtige körperliche Merkmale der gesuchten Person zu benennen. Es kann hierdurch allerdings der Eindruck entstehen, dass bei Ihnen innere Werte zu kurz kommen. Dies kann das Interesse anderer Personen mindern, manchmal sogar derjenigen, die dem gewünschten Aussehen entsprechen. Daher sollten Sie solche Schilderungen im freien Text entweder ganz unterlassen oder auf das kürzeste mögliche Maß beschränken.

Alter

Wenn Sie schon etwas älter sind, sich aber jünger fühlen, oder umgekehrt, wenn Sie noch im jungen Alter sind, sich aber reifer fühlen, können Sie dies im freien Text ohne Weiteres ansprechen.

Auch den für Sie in Frage kommenden Alterssuchbereich können Sie im freien Text noch einmal benennen, was allerdings vor allem dann interessant sein kann, wenn Sie sich eine Beziehung auch mit einer deutlich vom eigenen Alter abweichenden Person vorstellen können.

Besonders ansprechend können Schilderungen sein, wie Ihr Alter und Ihre Lebenserfahrungen zu einer besonderen Lebensphilosophie oder Zukunftsvision beigetragen haben.

Kinder und Kinderwunsch

Besteht ein klarer Kinderwunsch, ist es sinnvoll, dies im freien Text zum Ausdruck zu bringen. Auch die Ablehnung von (weiteren) Kindern kann im freien Text benannt werden. Wenn Sie aktuell alleinerziehend sind oder Ihre Kinder für Sie eine wichtige Rolle im Alltag spielen, können Sie dies ebenfalls im freien Text schildern. Ihre Kinder sind schließlich ein Teil Ihres Lebens, der auch bei einer Partnerschaft eine Rolle spielen wird.

Sind die Kinder bereits erwachsen und spielen für Sie in Ihrem Alter keine tägliche Rolle mehr, mögen Sie sie je nach Ihrem eigenen Empfinden erwähnen oder nicht.

Das Thema Kinder sollte nur angerissen werden und keineswegs im Zentrum Ihres Profils stehen. Auf jeden Fall sollten Sie deutlich machen, dass Sie genug inneren und äußeren Freiraum für eine neue Beziehung haben.

Religion und Spiritualität

Wenn Sie einen festen religiösen Glauben haben oder stark in spirituelle Praktiken eingebunden sind, ist es eine gute Idee, dies in Ihren freien Text einfließen zu lassen. Schreiben Sie auch, wie stark Sie Ihren Glauben oder Ihre Spiritualität gemeinsam in einer Beziehung leben möchten oder wie sehr Sie umgekehrt aufgeschlossen sind für Beziehungspartner:innen, die Ihren Glauben oder Ihre Spiritualität nicht teilen.

Personen, die Ihren Glauben oder Ihre Spiritualität teilen, werden sich durch Ihr Profil besonders angesprochen fühlen. Natürlich führt dies andererseits dazu, dass Personen, die Ihren Glauben oder Ihre Spiritualität nicht teilen oder ablehnen, weniger Interesse an einem weiteren Kennenlernen haben werden. Dies wird umso mehr der Fall sein, je deutlicher Sie in Ihrem Profil machen, dass Sie nach Beziehungspartner:innen mit ähnlichen religiösen oder spirituellen Ausrichtungen suchen.

Einkommen und materielle Situation

Einkommen und materielle Situation sollten keine oder höchstens eine stark untergeordnete Rolle in Ihrem freien Text spielen. Die innere Passung von Menschen ergibt sich nicht aus dem Einkommen.

Pragmatisch-materielle Beziehungsmodelle mögen zwar traditionell durchaus verbreitet und im Einzelfall erfolgreich sein, in der Regel wird aber die Beziehungszufriedenheit in solchen Partnerschaften gemindert sein.

Es gilt daher die Empfehlung, sich von solchen materiell gebundenen Haltungen zu Liebe und Partnerschaft zu befreien und diese entsprechend nicht in die freie Selbstschilderung einfließen zu lassen.

Allerdings folgen viele Dating-Profile diesen Empfehlungen nicht. Vielmehr zeigen Profile recht häufig eine geschlechtsstereotype Thematisierung von Einkommen und materieller Situation. So schildern Männer häufiger ihre (gehobene) finanzielle Situation oder berichten über andere Statussymbole. Ersichtlich wird aus solchen Profilen der Versuch, die andere Person mit dem eigenen Wohlstand zu beeindrucken und den eigenen Wohlstand mindestens ein Stück weit als Argument für eine Beziehung mit der eigenen Person anzuführen.

Besser ist es, die Partnersuche nicht mit materiellen Aspekten zu verbinden und allein die eigene Person und nicht den eigenen Besitz in die Waagschale zu werfen. Abzuraten ist entsprechend ebenfalls davon, die Suche nach wohlhabenden Beziehungspartner:innen im freien Text herauszustreichen.

Dennoch mag es sinnvoll sein, die eigene materielle Situation in bestimmten Fällen zu erwähnen. Dies betrifft beispielsweise Menschen, die selbst finanziell mittellos sind und die bei der Partnersuche wegen ihrer Mittellosigkeit bereits auf Ablehnung gestoßen sind. Die Darstellung Ihrer knappen finanziellen Situation mag Ihre eigenen Hemmungen für die weitere Kontaktpflege reduzieren. Natürlich sollte die eigene Mittellosigkeit dabei im freien Text einen nur kleinen Anteil einnehmen und Ressourcen Ihrer Person sollten nicht zu kurz kommen.

Vorherige Beziehungen

Sie können Ihre vorherigen partnerschaftlichen Beziehungen erwähnen, müssen dies aber nicht. Der Verlust einer Beziehung durch Tod oder Trennung ist eine Information, die andere Personen durchaus interessieren kann. Die Verarbeitung und Integration des Verlustes, die Neuorientierung und Ihre hieraus entstehende Zukunftsversion einer neuen Partnerschaft können wichtige Teile der Schilderung sein.

Beziehungs-Komplikationen

Es gibt viele innere oder äußere Komplikationen, die die Partnersuche, den Beziehungsaufbau oder die Beziehungsgestaltung erschweren können. Das mögliche Spektrum von Komplikationen ist breit und kann beispielsweise umfassen:

- Trauer- und Trennungsprozesse, Unsicherheit über den Aufenthaltsort, ein bevorstehender Umzug, berufliche Veränderungen oder eine jedenfalls auf den ersten Blick unklare Beziehungssituation, wie ein Zusammenleben mit alten Beziehungspartner:innen.

Einen Großteil solcher Komplikationen sollten Sie bereits zu dem Zeitpunkt überwunden haben, ab dem Sie mit Ihrer Partnersuche beginnen. Schließlich macht eine Partnersuche nur Sinn, wenn Sie auch in der Lage sind, sich auf einen anderen Menschen und einen Beziehungsaufbau einzulassen.

Allerdings gibt es im Leben selten nur schwarz oder weiß, sondern meistens viele Grautöne. Zudem schwanken unsere Lebenssituation und unsere Erlebnisweisen. So mag uns beispielsweise Trauer gerade jetzt wieder einholen, auch wenn wir gestern noch glaubten, sie bewältigt zu haben.

Liegen solche inneren oder äußeren Komplikationen vor, sollten Sie mit diesen von Anfang an ehrlich umgehen. Hierfür ist der freie Text eine geeignete Stelle. Manche Menschen mögen ein Kennenlernen unter solchen Voraussetzungen ablehnen. Andere aber mögen die Situation wiedererkennen, nachempfinden, verstehen und mit ihr umgehen können.

Arbeit, Ausbildung oder Studium

Arbeit, Ausbildung oder Studium sind prägende Faktoren unseres Alltags. Allerdings ist Ihr Profil für die Partnersuche keine berufliche Bewerbung. Es besteht also kein Grund, sich ausgeprägt auf die eigene berufliche Tätigkeit oder die beruflichen Qualifikationen zu konzentrieren. Dennoch können Sie Ihre aktuelle berufliche oder ausbildungsbezogene Situation erwähnen. Dies gilt umso mehr, wenn Sie Ihren Beruf oder werdenden Beruf als Berufung erleben, sodass dieser einiges über Ihre Person zum Ausdruck bringt.

Die meisten anderen Personen werden neugierig sein, zu wissen, was Sie machen. Seien Sie dennoch sparsam und belassen Sie es bei einer kurzen Erwähnung oder knappen Schilderung.

Sie sind nicht berufstätig?
Auch dies und die Gründe hierfür können Sie erwähnen, einschließlich anstehender Veränderungen („bewerbe mich gerade" etc.). Genauso gut können Sie sich aber entscheiden, Ihr Profil auf andere Aspekte zu fokussieren und der beruflichen Situation keinen Raum einzuräumen.

Manche Menschen möchten Beziehungspartner:innen mit dem gleichen, einem ähnlichen oder auch einem ganz anderen Beruf als dem eigenen suchen. Grundsätzlich ist dies natürlich möglich. Je stärker Sie diesen Wunsch im Profil deutlich machen, desto weniger werden sich freilich andere Personen für Sie interessieren, die dieser Anforderung nicht entsprechen.

Ein gemeinsamer Beruf kann durchaus verbindend sein und der Wunsch ist insofern nachvollziehbar. Machen Sie sich aber klar, dass es bei der Mehrheit glücklicher Beziehungen keinen gemeinsamen Beruf gibt. Der gleiche Beruf ist also sicher keine Voraussetzung für eine hohe Beziehungszufriedenheit.

Bildung und Wissen
Legen Sie den Schwerpunkt auf Ihre Interessen und Ihr Bedürfnis nach geistigem Austausch, weniger aber auf die formale Bildung. Schildern Sie, womit Sie sich geistig beschäftigen, beispielsweise welche Bücher Sie gerade lesen.

Menschen mit ähnlichen intellektuellen Interessen werden
Ihr Profil besonders sympathisch finden, wenn Sie durch Ihren
freien Text hier eine Übereinstimmung erkennen.

Bedürfnis nach Unabhängigkeit

Partnerschaftliche Beziehungen beinhalten typischerweise ein
hohes Ausmaß an gemeinsamer Zeit, aber natürlich auch Aktivitäten, die nicht gemeinsam durchgeführt werden. Bewegen
Sie sich mit Ihrem Partnermodell in diesem Spektrum, brauchen Sie dies nicht gesondert in Ihrem freien Text zum Ausdruck zu bringen.

Legen Sie aber sehr viel Wert auf Unabhängigkeit mit vielen getrennten Aktivitäten in einer Beziehung, kann es hilfreich sein, dies im freien Text zu erwähnen. So werden sich
vorwiegend Personen angesprochen fühlen, die ein ähnliches
Bedürfnis nach Unabhängigkeit in einer Beziehung haben.

Familie und Freundeskreis

Typischerweise verfügen Partnersuchende über einen mehr
oder weniger großen oder kleinen Familien- und Freundeskreis. In Ihrem Profiltext brauchen Sie hierauf aber nicht näher
einzugehen, es sei denn, es besteht eine besondere Konstellation, von der absehbar ist, dass diese tiefgreifend in eine Beziehung eingreifen würde.

Die Wahrnehmung einer Pflegerolle kann beispielsweise
ein solcher Faktor sein. Aber auch wenn Sie ein ausgesproche-
ner Familienmensch sind und im Rahmen der Beziehung großen Wert auf einen intensiven gemeinsamen Kontakt zu Familie
oder Freundeskreis legen, ist dies ein Faktor, der im Profil
erwähnt werden kann und sollte.

Manche Menschen werden sich hiervon angesprochen fühlen, andere wünschen sich keine engere Einbettung in bereits
vorhandene Familien- und Freundeskreise. Unbedingt sollte

erkennbar sein, dass Sie Raum, Zeit und Motivation für eine partnerschaftliche Beziehung haben.

Kein Foto im Profil
Wenn Sie kein Foto im Profil haben, sollten Sie Ihre Gründe dafür darlegen. Hilfreich kann auch der Hinweis sein, dass Sie im Verlauf einer Kommunikation zum Austausch von Fotos bereit sind.

Erstellen Sie jetzt Ihren freien Text
Die Vorarbeiten für Ihren freien Text haben Sie bereits im ersten Abschnitt durch die schriftliche Beantwortung dieser drei Fragen geleistet:

- Was ist mir wichtig im Leben?

- Wie sollte die Person sein, mit der ich eine Beziehung führe?

- Wie sollte sich meine Beziehung gestalten?

Nehmen Sie sich jetzt noch einmal diesen Text zur Hand. Wahrscheinlich können Sie diesen Text sogar bereits zu einem guten Teil als freie Selbstschilderung für Ihr Dating-Profil übernehmen.

Prüfen Sie aber noch einmal die Länge und ergänzen Sie den Text um das eine oder andere Thema, welches oben angesprochen wurde.

Schauen Sie auch noch einmal in Ihren ebenfalls bereits erstellten Text zu dem Thema, wie Sie künftig eine Beziehung leben und was Sie vermeiden möchten, sowie in Ihren Text zu Ihren Grundannahmen und deren Hinterfragung. Womöglich können Sie hier den einen oder anderen Aspekt zur Schilderung Ihrer Lebensphilosophie oder Ihrer partnerschaftlichen Vision noch integrieren. Ebenfalls hilfreich mögen Ihre bereits erstellten Überlegungen zu eigenen Grundüberzeugungen und deren Veränderbarkeit sein.

Beenden Sie Ihren freien Text mit einem freundlichen, einladenden Gruß zur Kontaktaufnahme und einer Verabschiedung mit Ihrem Vornamen. Dies wirkt offener und vertrauter als ein Pseudonym.

Fotos im Profil

Bei den Dating-Apps wird fast nur auf das Foto geschaut. Meistens sind bei diesen Anbietern daher Fotos auch verpflichtend. Profile ohne Foto hätten sowieso keine Chance. Ohne Foto mögen Sie allerhöchstens Resonanz erleben, wenn Sie von sich aus – sofern möglich – den Kontakt zu anderen Profilen aufnehmen und diesen nach kurzem Erstkontakt über die Chatfunktion ein Foto zusenden.

Bei Partnervermittlungen und Singlebörsen ist die Rolle des Textes höher, sodass Sie hier grundsätzlich auch ein Profil ohne ein Foto erstellen können, wobei es allerdings Anbieter gibt, die dies nicht zulassen. Manche Anbieter verlangen gar ähnlich wie einige Dating-Apps, dass es sich um ein Gesichtsfoto handeln muss.

Es wäre eine Illusion zu glauben, dass Fotos bei der Partnersuche keine Rolle spielen. Fotolose Profile erreichen auch bei seriösen Partnervermittlungen viel weniger Resonanz als Profile mit Fotos. Grundsätzlich können Sie davon ausgehen, dass Ihr Profil ohne Foto in der entscheidenden Phase, in der sich andere Menschen erstmals Ihr Profil anschauen, weniger Interesse erzeugen wird als Profile, wo bereits Fotos unmittelbar sichtbar sind. Die sofortige Verfügbarkeit eines Fotos kann insofern die Aussichten auf den Erfolg Ihrer Partnersuche erhöhen.

Trotzdem kann es gute Gründe geben, kein Foto einzustellen. So mögen Sie in einem therapeutischen Beruf arbeiten und von Ihren Patienten nicht erkannt werden wollen. Bei manchen

Partnervermittlungen ist es möglich, Fotos zunächst zu verbergen und diese nur ausgewählten Personen anzuzeigen. Dies kann ein passender Weg für Sie sein, wenn Sie gute Gründe haben, auf ein Foto zu verzichten. Allerdings sollten Sie es sich in diesem Fall zur Gewohnheit machen, von sich aus den Kontakt mit interessanten Profilen aufzunehmen, da sich nur wenige bei Ihnen melden werden. Zudem ist bei Profilen ohne Foto ein aussagekräftiger freier Text umso wichtiger.

Sie haben keinen starken Grund, auf ein Foto zu verzichten, aber es ist Ihnen dennoch unangenehm, mit einem Foto auf einer Dating-Plattform präsent zu sein?

Dies ist verständlich und viele Menschen möchten mit ihrer Partnersuche im Internet nicht allgemein bekannt werden. Fragen Sie sich aber selbst, ob es wirklich so riskant oder peinlich ist, im Internet nach einer Liebesbeziehung zu suchen?

Bei der Fotoauswahl ist es eine naheliegende Tendenz, ein besonders attraktives Foto einzustellen. In der Tat mag ein besonders attraktives Foto mehr unmittelbare Reaktionen bewirken. Dennoch ist von solch einer Fotoauswahl abzuraten. Der entscheidende Faktor bei der Fotoauswahl sollte sein, dass das Foto einen realitätsgerechten Eindruck vermittelt. Das Foto sollte aktuell und nicht gestellt sein. Es sollte auf alle Retuschierungen konsequent verzichtet werden. Je realitätsgerechter das Foto ist, desto selbstsicherer und unbefangener können Sie in die erste Begegnung außerhalb des Internets gehen.

Viele Plattformen erlauben das Einstellen mehrerer Fotos. Dies ist durchaus sinnvoll. Wählen Sie mehrere Fotos aus, die Sie aus unterschiedlichen Blickwinkeln oder auch in unterschiedlichen Alltagsaktivitäten zeigen. Wenn es Ihnen schwerfällt, ein Foto auszuwählen oder anzufertigen, können Sie auch zum Fotografen gehen. Aber machen Sie dort den Anlass deutlich und erklären Sie, dass es Ihnen wichtig ist, über das Foto einen authentischen Eindruck zu vermitteln.

Weitere Profil-Informationen

Plattformen erheben in unterschiedlichem Ausmaß auch Informationen durch Abfragen, die dann automatisch im Profil dargestellt werden. Alter und Geschlecht gehören beispielsweise nahezu immer zu diesen abgefragten Faktoren.

Bleiben Sie auch bei diesen Abfragen in allen Ihren Angaben ehrlich und bemühen Sie sich an jeder Stelle, authentische Angaben zu machen.

Je stärker bestimmte Angaben bereits direkt abgefragt und automatisch angezeigt werden, desto weniger brauchen Sie übrigens im freien Text auf sie einzugehen. Sie sollten Ihren freien Text also auch ein Stück weit von der Plattform abhängig machen. Je nach gewählter Plattform kann es sein, dass Sie Ihren oben bereits erstellten freien Text wieder etwas kürzen oder umstrukturieren sollten.

Sinnvolle Suchkriterien einstellen

Partnerwahl ist kein beliebiger Prozess, wo alle ebenfalls partnersuchenden Singles für eine Beziehung miteinander in Frage kämen.

Gerade weil Partnersuche aber hochgradig selektiv ist, sollten Sie sich davor hüten, die Selektivität weiter auf die Spitze zu treiben, sodass am Ende niemand mehr in Frage kommt.

Entscheidend für den Erfolg Ihrer Partnersuche wird die richtige Balance von einer erforderlichen Konsistenz, also Treue mit und zu sich selbst, und einer ausreichenden Flexibilität sein. Zentrale Präferenzen, Bedürfnisse und Werthaltungen sollen zum Ausdruck kommen, aber eine unnötige Einschränkung der Partnerwahl durch Fixierung auf unwichtige, oberflächliche oder leicht veränderliche Merkmale sollte unterbleiben.

Zwei Extreme sollten Sie daher bei der Partnersuche unbedingt vermeiden:

Handeln aus Torschlusspanik

Es gibt für Panik und Zeitdruck keinen Grund. Jeder kann eine Partnerschaft finden und die Partnersuche darf dauern. Sie brauchen nicht bereits nächsten Monat verpartnert zu sein.

Manche Menschen finden innerhalb einiger Wochen, andere innerhalb einiger Monate, einiger Jahre oder sogar erst nach vielen Jahren den passenden Menschen. Rückblickend ist dies egal, denn es zählt allein das gefundene Liebesglück.

Glauben Sie nicht, dass Sie glücklich werden, wenn Sie aus Torschlusspanik eine Partnerschaft mit einer Person eingehen, mit der Sie nicht zusammenpassen. Unvereinbare Gegensätze können zu kurzweiliger Faszination führen, sind aber keine Basis für eine dauerhaft glückliche Beziehung. Himmelhochjauchzend und am Ende zu Tode betrübt oder frustriert – diese Gefahr können Sie vermeiden, wenn Sie nach dem Motto handeln, keine Beziehung um jeden Preis zu beginnen, sondern sich die Zeit zu nehmen, nach dem Menschen zu suchen, der wirklich zu Ihnen passt.

Partner:in nach Katalog

Sie sollten sich Gedanken darüber machen, wie der Mensch sein sollte, mit dem Sie eine Beziehung führen möchten. Dies haben Sie auch bereits getan. Sehen Sie dabei ab von engen Festlegungen und Ausschlüssen, die in Wirklichkeit unnötig sind. Solche Ausschlüsse können schnell dazu führen, dass Sie gerade die Menschen ausschließen, mit denen Sie glücklich werden würden.

Körpergröße, Einkommen und Status sind gute Beispiele von Merkmalen, auf die Sie verzichten können, wenn Sie stattdessen auf die Passung der viel wichtigeren Beziehungs-Modelle, Werthaltungen und Lebensziele achten.

Beim Online-Dating treffen Sie je nach Plattform die Entscheidung, welche Personen Ihnen vorgeschlagen werden können, oder Sie sortieren Profile selbst aus, von denen Sie annehmen, dass sie für Sie nicht in Frage kommen.

Jede Einschränkung in der Suche oder jede Ablehnung eines Profils führt dazu, dass Sie Menschen, die Sie sonst hätten kennenlernen können, nicht mehr kennenlernen werden. Je mehr Ausschlusskriterien Sie verwenden, desto mehr Ausschlüsse werden erfolgen.

Befolgen Sie die Sparsamkeitsregel, die Sie davor schützt, passende Personen auszuschließen:

- Verwenden Sie ausschließlich sinnvolle und reflektierte Ausschlusskriterien, um Ausschlüsse nur dort zu setzen, wo sie notwendig sind, sie aber dort zu vermeiden, wo ein oberflächlicher Eindruck negativ sein mag, ein Kennenlernen aber zu einer anderen Bewertung führen könnte.

Bleiben Sie im Verlauf Ihrer Partnersuche offen gegenüber einer Veränderung Ihrer eigenen Suchkriterien. Prüfen Sie daher gelegentlich Ihre Kriterien und gehen Sie die Partnersuche mit einem gewissen Ausmaß an Experimentierbereitschaft an.

Dating-Plattformen unterscheiden sich stark bezüglich der Anzahl und Art der Suchkriterien, die Sie eingeben können, um die Eigenschaften von Menschen näher zu beschreiben, die Sie suchen.

Bei Partnervermittlungen sind eingegebene Suchinformationen in der Regel dauerhaft wirksam, können aber verändert werden.

Bei Singlebörsen gibt es keine dauerhaft wirksamen Suchkriterien. Sie können aber mithilfe einer Reihe von Filterkriterien nach passenden Profilen suchen. Oder es gibt eine minimale Anzahl dauerhafter Suchkriterien, wie Alter oder Geschlecht, die Sie dann um Filterkriterien ergänzen können.

Fokussieren Sie sich in Ihrer Suche auf innere Werte, Beziehungs- und Lebensmodelle und weniger auf oberflächlichere Merkmale wie Wohnort oder Aussehen.

Die Partnersuche aktiv schalten

Sie haben eine klare und realistische Vorstellung von Ihrer Suche, haben eine oder mehrere geeignete Plattformen gefunden und dort bereits Ihre Suchprofile erstellt. Nun ist der Zeitpunkt gekommen, an dem Sie Ihre Partnersuche starten können. Dieses Kapitel zeigt Ihnen die Schritte, wie Sie Ihre Partnersuche aktiv gestalten und zum Erfolg führen können.

Aber bevor Sie loslegen, rufen Sie sich vier wichtige Handlungsempfehlungen aus dem ersten Abschnitt dieses Ratgebers noch einmal ins Gedächtnis.

Wer nämlich diese Empfehlungen vergisst, verpasst oft Chancen und gibt nicht selten die eigene Partnersuche frustriert auf:

Stellen Sie sich auf eine längere Suchdauer ein

Partnersuche kann sehr schnell gehen, aber ebenso gibt es viele Online-Paare, die sich erst nach jahrelanger Suche kennenlernten.

Für viele Dinge im Leben sind wir bereit, hohe Anstrengungen und einen hohen Zeitaufwand zu investieren. Denken Sie nur an Ausbildung und Beruf. Für ein eigenes Haus sparen manche Menschen Jahrzehnte.

Warum sollten wir also nicht auch für die Partnersuche bereit sein, Zeit und Geduld aufzubringen?

Planen Sie daher von Anfang an zwei bis drei Jahre für Ihre Partnersuche ein und lassen Sie sich positiv überraschen, wenn es schneller geht. Es kann sogar länger dauern.

Setzen Sie sich zeitlich bei der Partnersuche nicht unter Druck, sondern kultivieren Sie die entscheidende Tugend der Geduld. Machen Sie sich auch bewusst, dass das Ziel nicht in vielen Kontakten, Unterhaltung oder Spaß besteht, sondern allein darin, dass Sie eines Tages die passende Person kennenlernen, mit der Sie eine hoffentlich dauerhaft glückliche Liebesbeziehung begründen werden.

Haben Sie diese Person erst kennengelernt, wird es keine Rolle mehr spielen, wie lange Sie auf der Suche gewesen sind.

Immunisieren Sie sich daher von vornherein gegen die Gefahr, früh aufzugeben, und stellen sich auf eine lange Suchdauer ein.

Sie können es auch positiv betrachten, wenn eine Online-Partnersuche Zeit braucht und nicht sofort zum Erfolg führt. Wenn Sie es nämlich innerlich akzeptieren und annehmen können, dass die Partnersuche durchaus auch mehrere Jahre dauern kann, fällt der Druck weg und es wird Ihnen gelingen, Ihre Partnersuche mit positiver Einstellung und Gelassenheit anzugehen und am Ball zu bleiben.

Wer ungeduldig ist, läuft ständig Gefahr, vorzeitig aufzugeben oder falsche Entscheidungen zu treffen. Sehen Sie die Online-Partnersuche aber als einen zeitlich offenen Prozess, können Sie leichter durchhalten, bis der Erfolg eingetreten ist.

Vermeiden Sie vorschnelles Aussortieren

Erinnern Sie sich ebenfalls daran, dass viele Paare, die online zusammenkamen, anfangs das Profil ihrer späteren Beziehungspartner:innen nicht besonders interessant fanden. Erwarten Sie daher von einem Profil nicht zu viel und greifen Sie nicht vorschnell zum Löschbutton.

Sie haben sich mithilfe dieses Buches ausführlich mit dem Thema auseinandergesetzt und deshalb ein aussagekräftiges eigenes Profil erstellt.

Die meisten Partnersuchen machen sich über das Online-Dating vorab keine vertieften Gedanken und beginnen einfach nach eigenem Gusto. So mag ein Profil als oberflächlich erscheinen, obwohl sich dahinter ein interessanter und womöglich zu Ihnen passender Mensch verbirgt.

Aber selbst für ein mit hoher Sorgfalt und Authentizität zusammengestelltes Profil gilt, dass letztlich alle Profile nur einen Teil des Menschen zeigen können. Profile beim Online-Dating sollen insofern nur ein erster Anreiz sein, um den Kontakt aufzunehmen. Erst der weitere Austausch wird zeigen, ob eine Übereinstimmung besteht und eine Liebesbeziehung entstehen kann.

Löschen Sie daher Vorschläge nur aus sehr gutem Grund. Das Löschen eines Profils bedeutet, dass ein künftiger Kontakt nicht mehr entstehen kann. Bedenken Sie, wenn Sie den Lösch-Button drücken wollen, dass Profilinformationen notwendigerweise nur oberflächlich sind. Selbst bei einem Nachrichtenaustausch können noch unvollständige Eindrücke und Missverständnisse auftreten, die sich bei Nachfrage auflösen lassen. Für die reine Betrachtung eines Profils gilt dies umso mehr.

Nutzen Sie den Löschbutton also nur, wenn Sie sich zweifelsfrei sicher sind, dass eine Partnerschaft mit dieser Person unmöglich ist.

Gehen Sie mit realistischem Optimismus an Ihre Suche heran

Optimismus ist hilfreich, wenn er an konkrete Ziele und Handlungsmöglichkeiten gebunden ist. Ihre Grundeinstellung wirkt wie eine sich selbst erfüllende Prophezeiung.

Wenn Sie beim Online-Dating optimistisch sind, zeigen Sie ein aktives Suchverhalten, kommunizieren authentisch und positiv und erzeugen damit Interesse an einem Kennenlernen bei anderen Personen.

Optimismus bedeutet nicht, sich Dinge schönzureden oder mit der rosa Brille durch die Welt zu laufen. Eine solche verzerrte Form des Optimismus führt dazu, dass Sie Probleme nicht lösen, sondern die Dinge so laufen lassen, bis diese sich hoffentlich von selbst lösen. Meistens ist dies jedoch nicht der Fall, sondern unrealistisches Denken, Problemleugnung und Problemvermeidung führen lediglich zum Fortbestand der Probleme.

Sie haben gute Aussichten, über die Online-Partnersuche erfolgreich zu sein, müssen aber selbst aktiv werden und auch in Zeiten der Flaute bei der Stange bleiben. Dies ist die realistische und korrekte Grundhaltung, auf derer Basis Sie mit Optimismus an die Partnersuche herangehen sollten.

Sind Sie demgegenüber pessimistisch, werden Sie sich schwer zu einem aktiven Kommunikationsverhalten motivieren können. Sie werden zur Inaktivität neigen und sich vorschnell entmutigen lassen. Diese negativ-resignative und verbitterte Haltung werden Sie auch in die Kommunikation mit anderen Personen einbringen. Dadurch werden Sie wiederum weniger Resonanz erhalten.

Vielleicht hatten Sie negative Erfahrungen in der Vergangenheit, die Sie heute noch prägen. Machen Sie sich bewusst, dass die Vergangenheit nicht die Zukunft zu sein braucht, sondern dass Sie Ihre Zukunft zu einem guten Stück selbst in der Hand haben.

Legen Sie sich eine dickere Haut zu

Online-Dating ganz ohne negative Erfahrungen ist wie ein Sechser im Lotto. Typischerweise werden Sie einiges Negatives erleben:

- Ignoriert werden, unfreundliche Absagen, Zurückweisungen, womöglich gar primitive Anmache oder Beleidigungen. Sie werden es auch immer wieder erleben, dass eine andere Person sich Ihr Profil nicht anschaut, nicht antwortet oder

Ihr Profil löscht. *Ghosting* ist ebenfalls ein häufiges Phänomen: Eine Person, mit der Sie kommunizieren und die Ihnen gefällt oder mit der sich gar bereits eine Beziehung zu entwickeln scheint oder sogar besteht, bricht die Kommunikation plötzlich ab und verschwindet. Sie müssen aber auch mit *Breadcrumbing* rechnen, bei dem immer mal wieder ein Kontaktinteresse vorgegeben wird oder Grüße gesandt werden, tatsächlich jedoch keine Intention besteht, den Kontakt jemals zu vertiefen. Selbst vor bereits geschlossenen Verabredungen mögen sich manche plötzlich umentscheiden oder im schlimmsten Fall ohne Absage nicht erscheinen. Hat der Beziehungsaufbau bereits begonnen, bekommen manche Menschen Bindungsängste oder entscheiden sich doch für jemand anderen.

Lassen Sie sich von allen diesen möglichen negativen Ereignissen nicht abschrecken, sondern kalkulieren Sie ihr Auftreten gleich mit ein. Malen Sie sich solche Situationen vorab aus und legen Sie sich wirksame Selbstinstruktionen zurecht nach dem Motto: „Ich wusste, dass dies geschehen kann, und lasse mich dadurch nicht von meiner Partnersuche abbringen".

Spielen Sie solche Situationen in Ihrer Vorstellung durch und planen Sie fest ein, bei solchen Enttäuschungen Ihre Aufmerksamkeit auf den Fortgang der Partnersuche und auf andere Personen zu legen.

Wenn Sie sich innerlich vorbereiten, werden Sie von den Ereignissen nicht überrannt werden, sondern sie gut bewältigen und so das Beste aus Ihrer Partnersuche machen können.

EFFEKTIVE STRATEGIEN DER ONLINE-PARTNERSUCHE

Die folgenden Empfehlungen werden Ihnen helfen, die weiteren Schritte Ihrer Partnersuche effektiv anzugehen, dabei Chancen zu erkennen und Risiken zu vermeiden:

Nehmen Sie jeden Vorschlag ernst

Sehen Sie in jedem Vorschlag die Möglichkeit Ihres künftigen Liebesglücks. Vermeiden Sie ein Konsumverhalten, bei dem Sie die Vorschläge wie Kleidungsstücke beim Shopping anschauen.

Beim Online-Dating kann solch ein Konsumverhalten schnell entstehen und echte Begegnung und Beziehung verhindern. So springen Menschen von Vorschlag zu Vorschlag, wollen sich nicht festlegen und hoffen immer, noch ein besseres Schnäppchen zu finden.

Viele, die diesem Konsumverhalten unterliegen, bleiben am Ende bei der Online-Partnersuche partnerlos. Gehen Sie daher mit ernsthaftem Interesse an jedes Profil heran und geben Sie damit sich und dem dahinterstehenden Menschen eine faire Chance, sich kennenzulernen.

Lassen Sie sich auf Profile ohne Bild ein

Grundsätzlich gilt der Rat, beim Online-Dating von Anfang an ein Profilbild oder besser sogar mehrere Bilder der eigenen Person in natürlicher Umgebung in ein Profil einzustellen. Sachlage ist aber – wie bereits dargestellt –, dass es gute Gründe geben kann, zunächst kein Foto einzustellen:

Die Sorge, erkannt zu werden und den Schutz der Anonymität zu verlieren, ist ein häufiger Grund. Manche Menschen legen aber auch aus grundsätzlichen Gründen Wert darauf, erst textlich miteinander zu kommunizieren, bevor Bilder ausgetauscht werden. Dies betrifft gerade solche Personen, die sehr ernsthaft suchen, aber die Oberflächlichkeit einer stark auf Fotos und visuelle Reize bezogenen Dating-Aktivität ablehnen.

Hinter einem bilderlosen Profil kann die Person stehen, mit der Sie eine glückliche Beziehung begründen können. Lehnen Sie Profile aber vorschnell aufgrund eines fehlenden Fotos ab, geht diese Chance verloren.

Wenig sinnvoll ist es, sofort in der Erstnachricht um ein Foto zu bitten. Dies kann als Druck erlebt werden, als ob jemand mit der Tür ins Haus fällt. Aber wenn die erste Antwort eingegangen und der Kontakt bereits entstanden ist, ist die Frage nach einem Bild ohne Weiteres möglich und es wird ihr auch meistens entsprochen. Die große Mehrheit derjenigen, die keine Fotos in Online-Dating Profilen einstellen, ist im Verlauf der Kommunikation zu einem Bilderaustausch bereit.

Ganz wenige Teilnehmende beim Online-Dating tauschen selbst im Verlauf einer Kommunikation keine Fotos aus und wollen ihr Äußeres erst bei einem Treffen zeigen. Es ist Ihre Entscheidung, ob Sie so ein Wagnis eingehen möchten oder nicht. Ist der textliche Austausch tiefgründig, mag der Versuch sich durchaus lohnen.

Betrachten Sie ein Profil ganzheitlich

Viele Menschen entscheiden in Sekunden auf der Basis eines Fotos, ob jemand für sie in Frage kommt oder nicht. Bei den Dating-Apps ist dies sogar der allgemeine Standard. Tun Sie dies, entsteht jedoch die Gefahr, dass Sie unpassende Menschen als passend und passende Menschen als unpassend betrachten.

So können Kontakte entstehen, die sich als nicht tragfähig zeigen, während mögliche tragfähige Kontaktoptionen verloren gehen.

Lassen Sie sich daher durch den ersten Blick nicht zu schnell beeinflussen. Lesen Sie das gesamte Profil und insbesondere auch den freien Text. Erlauben Sie sich einen zweiten Blick.

Machen Sie sich klar, dass auch ästhetische Eindrücke und Präferenzen sich ändern können, wenn zwei Menschen aufgrund ihrer inneren Werte gut zueinander passen.

Schreiben Sie die Erstnachricht

Seien Sie nicht zu stolz, um selbst die erste Nachricht zu schreiben. Wenn beide warten, warten beide umsonst.

Viele machen es sich bei der Partnersuche im Internet zur Angewohnheit, abzuwarten, bis die andere Person den ersten Schritt tut. Diese Haltung schädigt aber die Erfolgsaussichten der eigenen Partnersuche, führt zumindest zu einem erheblichen Zeitverlust. Demgegenüber gelangen diejenigen am häufigsten und am schnellsten zum Erfolg, die es sich zur Angewohnheit machen, selbst den ersten Schritt zu tun.

Ein häufiger Irrtum ist es, zu glauben, die andere Person sei nicht interessiert, weil sie sich nicht von sich aus melde. Möglicherweise denkt die andere Person das Gleiche.

Teilweise sind es Geschlechterrollen-Erwartungen, die gerade Frauen eine abwartende Rolle einnehmen lassen. Es gibt sie eben doch noch, die Vorstellung, der Mann solle um die Frau werben und sie erobern.

Während Männer bei den Dating-Apps oder auch bei Erotik-Portalen diese Rolle tatsächlich oft erfüllen, ist dies bei Partnervermittlungen anders. Hier gibt es ebenso Frauen wie Männer, die die abwartende Rolle einnehmen, bis sie kontaktiert werden. Umso wichtiger ist es für Ihren Erfolg, dass Sie selbst die Initiative ergreifen und aus der abwartenden Rolle herausgehen.

Es gilt daher die Empfehlung, den Erstkontakt selbst aufzunehmen, und zwar bei allen Vorschlägen, bei denen keine unüberwindlichen Bedenken bestehen.

Erst im Verlauf der Kommunikation wird sich zeigen, ob von einer weiteren Begegnung Abstand genommen werden soll oder ein vertieftes Kennenlernen möglich ist. Oft können erst durch den Nachrichten-Austausch bestehende Übereinstimmungen festgestellt werden. Ihre Erstnachricht erhöht die Aussicht, dass so ein Austausch entsteht und sich womöglich aus ihm eine Beziehung entwickelt.

Erstnachrichten, die Wirkung zeigen

Blockieren Sie sich nicht mit dem Wunsch, die perfekte Erstnachricht zu schreiben. Perfektion gibt es nicht und Partnersuche ist kein Schreibwettbewerb.

Ausführliche Erstnachrichten kommen gut an, aber die Erstnachricht braucht dennoch kein Roman zu sein. Wenn die Erstnachricht persönlich und interessiert wirkt, kann auch ein knapper Text positive Resonanz erzeugen.

Gerade wenn Ihnen das Schreiben etwas schwerer fällt, kann es daher hilfreich sein, sich zunächst eher knapp zu halten.

Fällt Ihnen das Schreiben aber leicht, brauchen Sie sich keine Zwänge anzulegen und können gerne auch einen längeren Text schicken. Unbedingt sollte die Erstnachricht individuell sein.

Menschen, denen das spontane Schreiben schwerfällt, können sich eine allgemeine Struktur für eine Erstnachricht zurechtlegen, die aber für jede Person, die angeschrieben wird, individualisiert werden sollte. Die Erstnachricht darf nicht wie ein einfach kopierter Standard-Text wirken, sondern sie soll ein persönliches Interesse an der Person zum Ausdruck bringen, die angeschrieben wird.

Deshalb ist es wichtig, auf Ihnen bedeutsam erscheinende Aspekte des Profils der anderen Person einzugehen, Gemeinsamkeiten zu benennen, Gründe für Ihr Interesse zu geben und auch ein paar Sätze zur eigenen Person zu schreiben.

Als Zeichen Ihres individuellen Interesses ist ein Bezug auf den freien Text der anderen Person sinnvoll. Auch auf ungewöhnliche, herausstechende oder seltene Merkmale der anderen Person können Sie eingehen, insbesondere dann, wenn Sie diese teilen.

Es geht nicht um eine vollständige Auflistung. Greifen Sie einzelne Aspekte heraus, die eine gute Grundlage geben, um an sie anzuknüpfen.

Fragen laden zur Antwort ein. Scheuen Sie sich also nicht, in Ihrer Erstnachricht Fragen zu stellen. Beenden Sie die Erstnachricht mit Ihrem Wunsch, von dem anderen möglichst bald zu hören.

Welche Inhalte oder Merkmale von Erstnachrichten kommen gut an und was ist für eine Erstnachricht ein No-Go? Eine Umfrage[36] unter Gleichklang-Mitgliedern erbrachte hierzu folgende Ergebnisse:

Positiv bewertete Inhalte und Merkmale
Von einer großen Mehrheit als positiv bewertet wurden Erstnachrichten, die auf Gemeinsamkeiten eingehen, ein echtes Interesse an einem Kennenlernen vermitteln, den eigenen Eindruck von der angeschriebenen Person schildern und eine Einladung beinhalten, miteinander in Kontakt zu treten.

Sehr interessierten sich die meisten Befragten auch, zu erfahren, warum die andere Person den Kontakt zu ihnen suchte.

Verschiedene Textformen können einen positiven Eindruck hinterlassen. Insbesondere humorvolle Texte, informative Texte und auch Texte, die einen positiven Ausblick und Hoffnung vermitteln, kamen bei einer großen Mehrheit der Befragten gut an. Persönlich wirkende Texte, ein Eingehen auf die eigenen Hobbys und Interessen sowie Komplimente stießen ebenfalls bei der großen Mehrheit der Befragten auf positive Resonanz.

Beliebt waren außerdem tiefsinnige Texte, die Darstellung der eigenen Lebensphilosophie, die Verdeutlichung der eigenen Beziehungsbereitschaft und das Eingehen auf eigene Gefühle.

Auch ungewöhnliche Texte und ausführliche Texte wurden meistens positiv bewertet.

Negativ bewertete Inhalte und Merkmale

Das absolute No-Go ist eine Nachricht, die nur aus einem „Hallo" besteht. Solche Nachrichten wurden von fast allen Befragten abgelehnt.

Anders mag dies freilich bei Dating-Apps sein, wo oftmals hochfrequent kurze Nachrichten und Grüße mit minimalem inhaltlichem Bezug ausgetauscht werden. Bei einer Partnervermittlung oder auch einer Singlebörse, wo nicht gechattet wird, sondern echte Nachrichten geschrieben werden, sind solche Hallo-Nachrichten aber unangebracht und werden meistens auf Ablehnung stoßen.

Ebenfalls negativ bewertet wurden von einer großen Mehrheit der Befragten Erstnachrichten, die sich mit Finanzen, Dating-Erfahrungen oder den Gründen des eigenen Single-Daseins beschäftigten.

Auch traurige Nachrichten, politische Inhalte und schwer verständliche Texte stießen mehrheitlich auf Ablehnung.

Eher unbeliebt waren ebenfalls sexuelle Inhalte, kontroverse oder negative Texte, Kritik an der angeschriebenen Person.

Auch eine ausführliche Darlegung der eigenen Lebensgeschichte in einer Erstnachricht wurde von der Mehrheit der Befragten nicht erwünscht.

Zusammenfassend lautet die Empfehlung, einen persönlichen Text zu schreiben, der auf Gemeinsamkeiten eingeht, das Interesse an einem Kennenlernen verdeutlicht und zu weiterem Kontakt einlädt.

Der Text kann humorvoll, informativ, auch ungewöhnlich und ausführlich sein. Es ist sinnvoll, die eigene Beziehungsbereitschaft zu unterstreichen. Auch eine Schilderung der eigenen Lebensphilosophie, Hobbys und Interessen ist durchaus empfehlenswert.

Demgegenüber sollten in einer Erstnachricht Kritik, kontroverse Inhalte, Schilderungen vorheriger Dating-Erfahrungen oder ein ausführlicher Rückgriff auf die eigene Lebensgeschichte eher vermieden werden.

Sexuelle Inhalte sind meistens fehl am Platz. Aber auch politische Inhalte werden in einer Erstnachricht typischerweise nicht erwünscht.

Gerade der Befund zu den politischen Inhalten, aber auch zu den sexuellen Inhalten, macht andererseits deutlich, dass es auf den Einzelfall ankommt:

- Ergibt sich aus einem Profil ein starkes politisches Interesse oder wird auf einem Profil bereits über Sexualität gesprochen, mag es sehr wohl im Einzelfall sinnvoll sein, hierauf in einer Erstnachricht einzugehen. In der Regel wird dies jedoch nicht der Fall sein.

Gehen Sie auf die oben erwähnten, meistens negativ bewerteten Themen also in Ihrer Erstnachricht nur dann ein, wenn Sie dem Profil der angeschriebenen Person entnehmen können, dass sich eine Person gerade für diese Inhalte besonders interessiert.

Ergeben sich aus einem Profil keine solchen Hinweise, ist es ratsam, typische kritische Inhalte in einer Erstnachricht wegzulassen.

Lassen Sie sich aber auch von den als positiv bewerteten Merkmalen eines Textes, wie Ausführlichkeit, Humor oder Ungewöhnlichkeit, nicht verschrecken. Wenn Sie auf die wichtigsten Empfehlungen eingehen, kann ein knapper Text völlig ausreichend sein.

Hier ein Beispiel einer kurzen, aber effektiven Erstnachricht:

- Lieber Norbert, mit großem Interesse habe ich Dein Profil gelesen. Sofort fiel mir auf, dass Du Dich ebenso wie ich für Permakultur interessierst. Ich glaube, dies ist eine wichtige

Gemeinsamkeit, an die wir anknüpfen können. Außerdem gehe ich genauso gerne in die Natur wie Du. Was denkst Du? Ich bin hier auf der Suche nach dem Partner für ein gemeinsames Leben. Ob Du es sein könntest? Wollen wir es herausfinden? Ich finde Dein Profil jedenfalls ansprechend. Über eine Nachricht von Dir würde ich mich sehr freuen! Liebe Grüße, Deine Karin.

Bei ausbleibender Antwort nachfragen
Geben Sie nicht sofort auf, wenn Sie keine Antwort erhalten. Scheuen Sie sich nicht, noch einmal nachzufragen.

In der Hektik des Alltags passiert es leider allzu oft, dass Antworten aufgeschoben und dann vergessen werden. Dies bedeutet nicht, dass ein Kontakt bereits chancenlos ist. Sind Sie weiterhin interessiert, lassen Sie dies Ihr Gegenüber noch einmal wissen.

Beispieltext für eine Nachfrage:
• Noch habe ich nichts von Dir gehört, aber nach wie vor bin ich auf Deine Antwort gespannt!

Statistisch ist es übrigens beim Online-Dating völlig normal, wenn eine Erstnachricht nicht beantwortet wird. So kam eine Datenauswertung[37] der Antwortrate auf Erstnachrichten bei der Dating-Plattform AYI.com zu dem Ergebnis, dass Männer – je nach Altersdifferenz zu einer angeschriebenen Frau – nur in minimal 1 % bis maximal 9 % der Fälle einer Antwort erhielten. Bei Frauen schwankte diese Rate zwischen 12 % und 22 %.

Sicherlich kommt es auch auf die gewählte Dating-Plattform an, wie hoch die Antwortraten sein werden. Lassen Sie sich aber durch ausbleibende Antworten nicht verunsichern, sondern fragen Sie nach.

Natürlich kann es sein, dass eine Person tatsächlich nicht an Ihnen interessiert ist und deshalb nicht antwortet. Es mag auch nicht an Ihrer Person an sich liegen, sondern an Ihrem Profil oder der Art Ihrer Erstnachricht. Haben Sie alle Ratschläge in diesem Buch befolgt, sollte dies allerdings meistens nicht die Erklärung sein.

Oft ist es so, dass einer fehlenden Antwort temporäre Gründe zugrunde liegen und gerade in diesem Fall kann eine Nachfrage aussichtsreich sein.

Gründe für ausbleibende Antworten

Dies sind nach einer Gleichklang-Umfrage[38] die sechs Hauptursachen für ausbleibende Antworten, wobei noch viele weitere Gründe denkbar sind:

- **Profil oder Erstnachricht sind wenig aussagekräftig:** Ein fehlender, sehr kurzer oder oberflächlicher freier Text, fehlende Fotos oder eine pauschale Copy-Paste-Erstnachricht ohne persönliche Bezüge kann die Motivation, zu antworten, reduzieren. Achten Sie daher darauf, dass Sie bei Ihrer Profilgestaltung und Ihren Erstnachrichten die in diesem Buch gegebenen Empfehlungen berücksichtigen. So werden Sie Antworten, die aus diesem Grund nicht gegeben werden, vermeiden können.

- **Kein Interesse:** Sie können und brauchen nicht jedem zu gefallen. Vielleicht hat die entsprechende Person wirklich kein Interesse und möchte Ihnen keine Absage senden. Trotzdem schadet eine Nachfrage nicht, auf die Sie entweder erneut keine Antwort oder aber eine Absage erhalten werden.

- **Eigene Hemmungen:** Manche Menschen fühlen sich gehemmt, wenn sie eine Zuschrift beantworten wollen. Die Ursachen können Befürchtungen, dem Anspruch nicht zu genügen, oder Schreibschwierigkeiten sein. Sie werden das Problem der anderen Person nicht lösen können. Aber eine Nachfrage Ihrerseits mag Anlass sein, dass die Person sich doch zu einer Antwort aufrafft.

- **Temporär verhindert:** Menschen sind im Urlaub, erkranken oder werden durch andere Umstände in ihrem Alltag davon abgelenkt, Nachrichten zu lesen oder sich die Zeit zu nehmen, um auf diese zu antworten. Auch hier kann eine freundliche Nachfrage einen Anreiz zur prompten Antwort geben, wenn die temporären Umstände sich wieder geändert haben.

- **Aufschieben und vergessen:** Oft schieben wir Dinge auf, die wir dann doch sein lassen oder sogar vergessen. Gründe hierfür können sein, dass jemand in diesem Moment keine Zeit hat, abgelenkt ist oder sich mehr Zeit für eine aussagekräftige Antwort nehmen möchte. Hier kann eine Erinnerung oft Wunder wirken.

Erwarten Sie also nicht, dass alle Ihre Erstnachrichten unmittelbar beantwortet werden. Lassen Sie sich durch ausbleibende Erstnachrichten nicht in Selbstzweifel treiben.

Prüfen Sie aber dennoch, ob Ihr Profil und Ihre Erstnachrichten den Empfehlungen für eine aussagekräftige Vorstellung und die Vermittlung eines ernsthaften Kontaktinteresses entsprechen. Ist dies nicht der Fall, können Sie jederzeit Optimierungen vornehmen. Partnersuche kann so auch ein Lernprozess sein.

Nicht selten wird jedoch eine einfache freundliche Nachfrage das Problem lösen. Dennoch wird es immer eine mehr oder weniger große Anzahl an Erstnachrichten geben, auf die Sie niemals eine Antwort erhalten.

Psychologische Befunde zeigen, dass implizite, unterschwellige Ablehnung durch Ignorieren oft schmerzvoller erlebt wird als explizite, ausdrückliche Ablehnung durch eine klare Absage:

- So zeigte eine Studie von Alba (2021), dass Menschen auf implizite Ablehnung häufiger mit Zweifeln an ihrem eigenen Profil und der Intention, dieses zu verändern, reagieren als auf direkte Absagen, wobei dieser Effekt aber nur bei Personen mit geringem Selbstwert zu beobachten war.

Diese Beobachtungen sind psychologisch gut erklärbar:

- Als Menschen haben wir ein Bedürfnis nach Klarheit und Sicherheit. Dieses Bedürfnis lässt sich evolutionspsychologisch leicht damit herleiten, dass in unsicheren Situationen Gefahren lauern können. Das Bedürfnis nach Klärung hatte so in unserer Entwicklung einen Überlebensvorteil und ist bis heute erhalten geblieben und handlungssteuernd.

- Erfolgt keine Antwort auf eine Erstnachricht, geraten wir in einen unklareren Zustand, als wenn wir eine explizite Absage erhalten. Unser Bedürfnis nach Klarheit lässt uns so in einen Klärungsprozess eintreten, in dessen Verlauf wir nach Antworten auf die Frage nach dem „Warum?" suchen.

- Je schwächer unser Selbstwert ist, desto eher neigen wir dazu, Fehler und negative Eigenschaften bei der eigenen Person zu sehen. Insofern ist es nachvollziehbar, dass Menschen mit geringem Selbstwert auf die Unsicherheit mit der Suche nach Gründen innerhalb der eigenen Person und mit Selbstzweifeln reagieren.

Dies bedeutet freilich nicht, dass diese Suche nach Fehlern in der eigenen Person immer falsch sein muss. Womöglich übersehen Menschen mit hohem Selbstvertrauen, die keine Antworten auf ihre Erstnachrichten erhalten, Defizite in ihrem eigenen Profil oder ihrer Erstnachricht.

Es ist daher durchaus sinnvoll, nach Optimierungsmöglichkeiten zu schauen. Wichtig ist es aber, jede Katastrophisierung zu vermeiden und die Tatsache akzeptieren zu lernen, dass beim Online-Dating Erstnachrichten durchaus nicht selten oder sogar je nach Plattform mehrheitlich nicht beantwortet werden.

Der Fokus sollte nicht auf dem Ärger oder der Verunsicherung durch nicht erfolgende Antworten, sondern auf der Klärung liegen. Hierzu können die Prüfung und gegebenenfalls Veränderung des eigenen Profils oder der eigenen Erstnachrichten sowie eine freundliche Nachfrage an die Betreffenden gehören.

Was wir nicht ändern können, müssen wir akzeptieren, um nicht unglücklich zu werden. Dies gilt nicht nur für das Online-Dating, sondern für das ganze Leben.

Aufpassen sollten Sie allerdings, dass Sie nicht vorschnell Probleme für nicht lösbar erklären, deren Lösung sehr wohl möglich wäre. Deshalb kann ein Blick in das eigene Profil und die geschriebene Erstnachricht sehr wohl lohnen. Es geht um das richtige Verhältnis von Selbstreflexion, Veränderung und Akzeptanz, wobei Gelassenheit hilfreich ist.

Ärgern Sie sich also nicht, wenn eine andere Person Ihnen nicht antwortet oder sogar Ihr Profil oder Ihre Erstnachricht nicht einmal anschaut. Es hilft weder, wütend auf die andere Person zu sein, noch in Selbstzweifel zu verfallen.

Nehmen Sie Optimierungen an Ihrem Profil und in Ihren Erstnachrichten vor, wenn diese möglich sind. Übertreiben Sie es aber nicht, sondern lernen Sie es, mit ausbleibenden Antworten beim Online-Dating gut umzugehen.

Fragen Sie freundlich nach, enthalten Sie sich dabei aller Anzeichen von Ungeduld, Ärger oder Vorwürfen. Denn solche werden das Interesse des Gegenübers höchstens reduzieren.

Lassen Sie die Angelegenheit auf sich beruhen, wenn auf Ihre Nachfrage keine Antwort erfolgt. Richten Sie Ihren Fokus in diesem Fall auf andere aktuelle oder künftige Kontakte.

Immer und zeitnah antworten

Gerade weil ausbleibende Antworten oft schmerzhaft sind, sollten Sie selbst alle eingehenden Nachrichten beantworten. Einzige Ausnahme ist, wenn der Inhalt übergriffig, beleidigend oder bedrohend ist. In diesem Fall können Sie das Profil blockieren und es je nach Schweregrad bei der Plattform melden.

Wichtig ist es ebenfalls, für die eigene Antwort nicht viel Zeit verstreichen zu lassen. Erfolgt die Antwort spät, mag die andere Person daraus schließen, dass Ihr Engagement gering ist. Vielleicht hat die Person nun auch bereits mit jemand anderem Kontakt. Stark verzögerte Antworten beeinträchtigen zudem den Fluss der Kommunikation.

Sollten Sie wirklich keine Zeit haben oder durch andere Ereignisse zu sehr abgelenkt sein, hilft eine kurze Nachricht, dass Sie gerade sehr im Stress oder abgelenkt sind, sich aber von sich aus melden und antworten werden. Dadurch wird wenigstens die Unsicherheit reduziert, die entsteht, wenn Antworten ausbleiben. Allerdings sollten Sie Ihr Versprechen auch später einlösen und sich bei der anderen Person melden, am besten stellen Sie eine Erinnerungsfunktion ein.

Mit zeitnahen Antworten erhöhen Sie die Aussichten, dass eine weiterführende Kommunikation eintritt und ein Kennenlernen Wirklichkeit wird. Durch zeitnahe Antworten verhindern Sie ebenfalls, dass Sie aus dem Fokus der Aufmerksamkeit der anderen Person herausfallen oder gar wegen mangelnder Resonanz gelöscht werden.

Sofern Ihnen das Antworten schwerfällt und Sie es deshalb verschieben, sollten Sie sich klarmachen, dass es nicht um Leistung geht. Antworten Sie spontan und legen Sie Ihre eigenen

Gedanken und Empfindungen dar. Stellen Sie Fragen, um mehr über die andere Person zu erfahren.

Wie bereits beim freien Text und der Erstnachricht kommen ausführliche Texte oft durchaus positiv an, Sie können es aber ebenfalls knapper lassen, wenn aus Ihren Antworten weiterhin ein echtes Interesse an einer vertieften Kommunikation und einem Kennenlernen deutlich wird.

Neigen Sie dazu, Antworten aufzuschieben?
Aufschieben löst Ihre Schwierigkeiten nicht, sondern verhindert, dass Sie spontanes Schreiben einüben. So kommen Sie nicht in den Fluss.

Geben Sie daher einem möglichen Impuls, Antworten aufzuschieben, nicht nach. Je mehr Sie den Impuls zum Aufschieben verspüren, desto mehr sollten Sie es sich zur Gewohnheit machen, immer sofort zu antworten.

Manche Menschen haben mit Aufschieben ein echtes Problem. In der Psychologie wird hier von Prokrastination gesprochen, einer extremen Tendenz, notwendige Handlungen auf die Zukunft zu vertagen.

Mithilfe der im ersten Abschnitt geschilderten Selbststeuerungstechniken der Selbstbeobachtung („ich will gerade wieder aufschieben"), Selbstinstruktion („setz Dich jetzt hin und schreib die Antwort"), Selbstverstärkung („ich bin stolz auf mich") und Selbstbestrafung („dafür gebe ich mir eine 6") wird es Ihnen gelingen, dem Aufschieben ein Ende zu bereiten.

Im Verlauf des Online-Kennenlernens sind alle Fragen erlaubt, die Ihnen wichtig sind. Gehen Sie nicht strategisch vor, sondern fragen Sie sich selbst, was Sie gerne über die andere Person erfahren möchten. Vorstellungen von Partnerschaft und Beziehung, Lebenseinstellungen und Lebensziele, die aktuelle Lebenssituation und mögliche Veränderungen, Beruf, Familie und Freunde, aber auch biografische Aspekte können im Verlauf der Online-Kommunikation miteinander besprochen werden. Dabei können auch kritische Themen und heiße Eisen durchaus bereits vor der ersten Begegnung angesprochen werden.

Der Vorteil der Online-Partnersuche ist, dass bereits vor der ersten tatsächlichen Begegnung ein beidseitig vertieftes Kennenlernen entstehen kann. Perspektivlose Kontakte können so von Anfang an vermieden werden, das erste Treffen startet auf einer besseren Basis.

Was für den freien Text gilt, gilt daher umso mehr für die weitere Online-Kommunikation in Ihren Nachrichten:

Geben Sie einen authentischen Einblick in Ihre eigene Person. Schildern Sie Ihre Wünsche, Interessen, Sehnsüchte und Träume. Scheuen Sie sich nicht, über Ihr Leben zu sprechen und deutlich zu machen, was Ihnen wichtig ist. Auch mögliche Hindernisse, Probleme und Barrieren können Sie im Verlauf des Online-Austauschs ansprechen.

Selbstöffnung fördert den Prozess des Kennenlernens und beginnt bereits online. Dadurch bleibt der Nachrichtenaustausch lebendig und es entsteht Motivation für weitere Begegnungen.

Zeigen Sie ebenso im gesamten Kommunikationsprozess Interesse an der anderen Person. Sprechen Sie nicht nur über sich selbst, sondern fragen Sie nach der anderen Person. Machen Sie Ihren Wunsch deutlich, von der anderen Person mehr zu erfahren. Je vertiefter Sie fragen, desto mehr werden Sie erfahren.

So werden Sie und Ihr Gegenüber bald spüren, ob der nächste Schritt getan werden und auf andere Kommunikationsmedien übergegangen werden soll oder sogar eine baldige Begegnung außerhalb des Internets stattfinden kann.

Orientieren Sie sich an dem Grundsatz, dass ein vertiefter Online-Austausch die Aussichten erhöht, dass es Ihnen bei den ersten Begegnungen außerhalb des Internets gelingen wird, an die bereits entstandene Begegnung anzuschließen und diese quasi ganz natürlich fortzusetzen.

Greifen Sie zu Telefonhörer oder Video-Chat

Hat ein schriftlicher Nachrichtenaustausch einen guten Verlauf genommen, ist der nächste Schritt das Telefon oder ein Video-Chat. Gerade bei Video-Gesprächen gewinnen die beteiligten Personen auf eine sehr natürliche Art und Weise einen Eindruck vom wechselseitigen Aussehen, Auftreten und Habitus, was sich auf die erste Begegnung positiv auswirken kann.

Wie bei allen Empfehlungen gilt allerdings auch hier die Einschränkung, dass alles bei individuellen Personen auch wieder ganz unterschiedlich sein kann. So gibt es Menschen, die nur sehr ungern telefonieren oder Video-Chats völlig ablehnen und den schriftlichen Nachrichtenaustausch präferieren. In so einem Fall mag von vorherigen Telefonaten Abstand genommen und nach einem bisher positiven Kommunikationsverlauf direkt ein Treffen anberaumt werden.

Achten Sie auf Konsistenz von Gefühl und Verstand

Nehmen Sie es ernst, wenn sich im Online-Austausch Gefühle entwickeln. Achten Sie aber ebenso auf Ihren Verstand.

Können Sie sich mit der anderen Person ein gemeinsames Leben vorstellen oder gibt es unüberwindbare Barrieren? Sind die Partnermodelle von Ihnen und der anderen Person übereinstimmend oder gegensätzlich?

Nutzen Sie die Online-Kommunikation, aber auch Telefonate oder Video-Gespräche, um Antworten auf diese Fragen zu erhalten. Lautet die Antwort „Nein", ist es das Beste, den Kontakt im Guten zu beenden.

Lautet die Antwort aber „Ja", kann der Zeitpunkt für den nächsten Schritt gekommen sein und das erste direkte Treffen von Angesicht zu Angesicht braucht nicht weiter aufgeschoben zu werden.

Es kann Ihnen ebenfalls passieren, dass alles vom Verstand für einen Kontakt spricht, aber Sie sich emotional nicht zu der

Person hingezogen fühlen. Passt eigentlich alles ansonsten gut zusammen, sollten Sie den Kontakt nicht vorschnell beenden, sondern ihm durch ein direktes Treffen eine weitere Chance geben. Schließlich entstehen Liebesgefühle oft nicht sofort und viele Liebesbeziehungen beginnen gerade im mittleren Alter eben nicht mit der großen Verliebtheit, sondern einer Sympathie, die sich erst im Verlauf zu Vertrautheit und Liebe vertieft.

Anders ist es jedoch, wenn Sie eine klare Antipathie spüren. In diesem Fall ist es ratsam, den Kontakt zu beenden.

Haben Sie keine Angst, sich zu verlieben!

Verliebt-Sein ist ähnlich wie Verrückt-Sein. Alles wird durch die rosa Brille gesehen. Die Gefühlslage ist euphorisch. Für eine künftige Partnerschaft kann das Verliebt-Sein ein gutes Zeichen sein. Mindestens aktuell stimmt die emotionale Basis und ist Anziehung vorhanden.

Menschen können sich bereits online verlieben. Zahlreiche Partnersuchende im Internet berichten, dass sie sich in das Profil ihres späteren Partners verliebten. Die Beschreibungen im Profil, der freie Text, die Bilder, vor allem aber auch der Nachrichtenaustausch, können intensive Gefühle aktivieren. Trauen Sie sich, sich zu verlieben, und nehmen Sie Ihr Verliebt-Sein als Hinweis, dass Ihr Online-Gegenüber möglicherweise bereits die geeignete Person für Ihr Partnerglück ist.

Machen Sie es aber umgekehrt nicht zur Voraussetzung, dass Sie verliebt sind, da Liebe auch erst viel später entstehen kann.

Treffen nicht allzu lange aufschieben

Dauert ein schriftlicher Nachrichtenaustausch längere Zeit an, kann es passieren, dass er einschläft. Dies ist eine Erfahrung, die beim Online-Dating recht oft gemacht wird.

Wieso schlafen Kontakte bei langem schriftlichem Nachrichtenaustausch eher ein?

Es kann der Punkt kommen, wo die Möglichkeiten des schriftlichen Austausches erschöpft sind, wo alles Wichtige bereits kommuniziert wurde und wo das weitere Schreiben, ohne dass eine Klärung durch ein Treffen erfolgt, als anstrengend erlebt werden mag.

Telefon und Video-Chat mögen dieser Entwicklung zwar entgegenwirken, aber selbst hier wird irgendwann die Zeit kommen, wo sich die Betreffenden ein direktes Kennenlernen wünschen, um einen weiteren Schritt zu tun.

Werden Verabredungen von einer Seite hinausgeschoben, mag zudem der Eindruck entstehen, dass diese womöglich die Partnerfindung nicht ernst nimmt, nicht bereit ist für die weiteren Schritte, kein Engagement zeigt beziehungsweise gleichzeitig mit anderen Personen kommuniziert, sich nicht entscheiden will oder kann und so ein Weitergehen nicht möglich ist.

Es ist daher ratsam, nicht zu lange bis zur ersten direkten Begegnung zu warten. Letztlich wird die erste Begegnung entscheidend dafür sein, ob ein Kontakt fortgesetzt oder abgebrochen wird. Möglich ist ebenfalls, dass sich aus der direkten Begegnung zwar keine Partnerschaft, aber eine Freundschaft entwickelt.

Allerdings kann es auch problematisch sein, den Weg des schriftlichen Austausches und der Kommunikation per Telefon oder Video-Chat zu überspringen und sich sofort zu treffen.

Zwar mögen sofortige Treffen als natürlich und spontan erscheinen, können aber dazu führen, dass sich Partnersuchende oft mit anderen Personen treffen, ohne dass sich hieraus jemals eine Beziehung entwickelt. Dies kann zum Muster werden, bei dem schließlich implizit die Treffen an sich als Ziel an die Stelle der Partnerfindung treten.

Sind schnelle und lockere Treffen erst zur Gewohnheit geworden, kann das Motiv der Auslotung und Wahrnehmung einer Beziehungschance zurücktreten, wobei dieser Motivwechsel von den Betreffenden nicht einmal bemerkt werden muss. Im Ergebnis mögen Menschen dauerhaft Dating mit schnellen, direkten Treffen als Freizeitbeschäftigung betreiben und dabei das Ziel der Partnerfindung aus den Augen verlieren.

Bei so einem Muster wird der Erfolg der Partnersuche dann an der Anzahl der direkten Treffen gemessen. Über solche Entwicklungen kann man beispielsweise auf Bewertungsseiten im Internet lesen, wo manche Bewertenden die Qualität einer Dating-Plattform von der Anzahl ihrer direkten Treffen abhängig machen.

Warum können sofortige Begegnungen zu einem oberflächlichem Dating-Verhalten führen?

Ein Grund liegt darin, dass es bei geringem vorherigem Austausch vermehrt zur Begegnung zwischen Personen kommt, die für eine Beziehung miteinander nicht infrage kommen. Tritt dies mehrfach ein, werden sich Erwartungen ändern und es kann ein Dating-Modus entstehen, der sich nicht mehr auf die Partnerfindung, sondern auf die Wahrnehmung von Verabredungen ausrichtet.

Beides, sowohl direkte Begegnungen lange hinauszuschieben, als auch sich sofort und schnell zu verabreden, ist also mit möglichen Nachteilen verbunden. Meistens dürfte der beste Weg in der goldenen Mitte liegen.

Was tun, wenn ein zeitnahes Treffen nicht möglich ist?

Die Corona-Pandemie hat gewohnte Muster von Kommunikation und Begegnung unterbrochen. Dies wirkte sich auch auf das Online-Dating aus. So mussten direkte Treffen oft monatelang verschoben werden.

Es bleibt abzuwarten, wie sehr Veränderungen, die sich daraus beim Dating-Verhalten ergeben, dauerhafte Spuren hinterlassen.

Es gibt auch andere Situationen außer einer Pandemie, die einem zeitnahen direkten Treffen im Weg stehen können:
- Zwischen manchen Partnersuchenden liegen temporär oder dauerhaft weite Entfernungen. Über das Online-Dating können sich schließlich Menschen kennenlernen, die in unterschiedlichen Ländern oder gar auf unterschiedlichen Kontinenten leben. Da ist ein zeitnahes direktes Treffen oftmals nicht möglich.

Machen Sie das Beste daraus, wenn Sie sich in einer Situation befinden, wo ein baldiges direktes Treffen nicht möglich ist. Nutzen Sie die Möglichkeit der Online-Kommunikation und der Video-Gespräche, um diese Zeit nicht nur zu überbrücken, sondern die Basis der beginnenden Beziehung weiter zu stärken.

Auf diese Weise kann eine Beziehung bereits online entstehen und sich später nach direkten Begegnungen in einem natürlichen Fluss fortsetzen.

Wird die Gefahr, dass ein Kontakt einschläft, umschifft, kann eine verlängerte Online-Kommunikation sogar hilfreich sein:
- Je besser sich Personen bereits online kennen, je stärker sie einander mit modernen Mitteln der Kommunikation bereits in den Alltag integriert haben, desto seltener wird der Online-Kontakt nach der ersten direkten Begegnung in Desillusionierung oder Enttäuschung enden.

- Bei intensiven, tiefsinnigen und multimedialen Online-Kontakten sind die Chancen gut, dass eine sich entwickelnde Beziehung später nach dem ersten direkten Treffen zwanglos fortgesetzt werden kann.

Während der Corona-Pandemie war eine solche Vertiefung der Online-Kommunikation klar erkennbar:

- Begegnungen wurden vielfach auf Eis gelegt. Menschen kommunizierten in der Pandemie ausführlicher online miteinander, behandelten zentralere Themen, griffen stärker zu Telefongesprächen und Video-Begegnungen. Es verlängerten sich bei den Dating-Apps die Nachrichten – Tinder[39] berichtete von einer durchschnittlichen Verlängerung um 32 %. Eine Studie aus Australien (Combe et al., 2021) zum Sexualverhalten während des Lockdowns ergab unter anderem eine Abnahme von unverbindlichen Erotik-Kontakten, eine Zunahme von Selbstbefriedigung, eine Abnahme der Nutzung von Dating-Apps insgesamt, aber eine Zunahme der Nutzung von Dating-Apps für reine Textnachrichten und virtuelle Verabredungen. In Israel beobachteten Shilo und Mor (2020) während der durch die Pandemie bedingten Einschränkungen bei homosexuellen und bisexuellen Männern eine Abnahme von riskantem Sexualverhalten, eine Zunahme der in Dating-Apps verbrachten Zeit sowie eine Zunahme von Telefonsex und Sexualität über Video-Chats. In Deutschland fand eine Umfrage des Digitalverbands Bitkom[40] heraus, dass 38 % der Singles während der Pandemie Video-Chats nutzten und sich sogar jeder siebte Single auf diese Weise verliebte. Drei von vier Befragten gaben zudem an, dass sie diese Art der Kommunikation auch nach der Pandemie weiterhin nutzen möchten.

Tatsächlich können sich Menschen mithilfe von verlängertem Nachrichtenaustausch, Telefongesprächen und Video-Begegnungen in den verschiedensten Situationen und Perspektiven erleben und sich so vor dem ersten Treffen besser kennenlernen.

Das Phänomen der sogenannten Love-Scammer ist ein, wenn auch tragischer, Beweis, mit wie starken Gefühlen Online-Begegnungen und Telefonate verbunden sein können:

- Love-Scammer erschleichen sich das Vertrauen von Partnersuchenden, indem sie ihnen Liebe und eine romantische Zukunft vorspielen. Ist erst Verliebtheit entstanden, werden Geldforderungen gestellt.

- Zahlreiche Geschädigte solcher Love-Scammer schildern, dass es sich für sie wie eine echte Liebesbeziehung angefühlt habe, der sie sogar oft nach Aufdeckung des Betruges und sogar nach Erleichterung um tausende oder zehntausende Euro weiterhin nachtrauern.

Dennoch macht dieses Negativbeispiel deutlich, dass eine langfristige Online-Kommunikation zu tiefer emotionaler Verbundenheit führen kann. Im Fall der Love-Scammer ist dies schädlich. Wenn aber alle Beteiligten ernsthaft nach einer Beziehung suchen, ist das Ergebnis für alle positiv und hilfreich.

Sie können Ihre Partnersuche also flexibel angehen: Typischerweise ist es sinnvoll, zunächst intensiver online zu kommunizieren, dann zu Telefon und Video-Gesprächen überzugehen und sich irgendwann relativ zeitnah zu treffen.

Stehen einem baldigen Treffen objektive Gründe entgegen (räumliche Distanz, Pandemie etc.), können Sie trotzdem viel dazu beitragen, dass ein Kontakt nicht einschläft. Mit der Bereitschaft zu länger andauernder Online-Kommunikation und dem Einbeziehen verschiedener Medien kann es Ihnen gelingen, die Zwischenzeit zu überbrücken und sogar bereits mit einer Beziehung zu beginnen.

Gefühle können online entstehen, wechselseitige Unterstützung kann online und multimedial gegeben werden, eine Teilhabe am Alltag und an Alltagsentscheidungen ist möglich und auch Sexualität kann online und per Video-Begegnung gelebt werden.

Gerade bei einem langfristigen Online-Kontakt ohne baldige direkte Treffen sollten Sie aber darauf achten, vertrauenswürdige Informationen auszutauschen, die eine wechselseitige Identifizierung der Beteiligten erlaubt. So kann eine Basis für Vertrauen und Intimität entstehen und Sie können gleichzeitig verhindern, dass Sie zum Opfer von Love-Scammern oder Catfishing werden, wo eine Person mit einem völlig fiktiven Profil mit Ihnen kommuniziert.

Entsteht bei einem längeren Online-Kontakt nicht das Vertrauen, die eigene Identität nachprüfbar offenzulegen, ist eine Fortsetzung des Kontaktes als sinnlos zu bewerten – es sei denn, Sie haben Interesse an einer rein fiktiven Online-Beziehung, die sich nie in der Wirklichkeit fortsetzen wird. Auch solche virtuellen Beziehungen sind übrigens möglich und werden von manchen als Bereicherung erlebt. Im Interesse aller Beteiligten sollte hierüber aber vorab Transparenz geschaffen werden.

SCHUTZ VOR LIEBES-BETRUG UND SEXUELLEN ÜBERGRIFFEN

Es gibt unerfreuliche Themen, die in einem Buch über die Online-Partnersuche nicht verschwiegen werden dürfen:

* Love-Scammer sind Betrüger:innen, die gezielt über Online-Dating-Plattformen und soziale Netzwerke agieren. Ihr Ziel ist die finanzielle Bereicherung. Zu diesem Zweck versuchen sie, bei ihrem Gegenüber positive Gefühle zu erzeugen, um diese im Anschluss ausnutzen zu können.

* Sexuelle Übergriffe sind ein allgemeines gesellschaftliches Problem, welches auch beim Online-Dating auftritt. Mehrheitlich betroffen von solchen Übergriffen sind Frauen und non-binäre Personen, aber auch Männer können betroffen sein.

Es ist daher wichtig, wirksame Strategien zu ergreifen, um sich bei der Online-Partnersuche vor Love-Scammern und sexuellen Übergriffen zu schützen.

Liebes-Betrüger:innen im Internet

Wie gesagt, sind Love-Scammer Betrüger:innen, die gezielt über Online-Dating-Plattformen und soziale Netzwerke agieren. Ihr Ziel ist es, sich finanziell zu bereichern. Hierzu versuchen sie, bei ihrem Gegenüber positive Gefühle zu erzeugen, um diese im Anschluss ausnutzen zu können. Dabei kommt es im Regelfall nie zu direkten Begegnungen, die Kommunikation bleibt auf der Online-Ebene, es wird telefoniert und selten finden auch Video-Gespräche statt. Video-Gespräche sind selten, weil oft mit falschen Bildern operiert wird.

Ist eine emotionale Verbindung hergestellt, wird von Notlagen erzählt, die angeblich ein direktes Kennenlernen verhindern. Meistens halten sich die Betreffenden angeblich (und übrigens auch oft tatsächlich) im Ausland auf und es tritt angeblich eine Serie von Komplikationen auf, die eine finanzielle Unterstützung erforderlich machen.

Begonnen wird meistens mit relativ geringen Bitten um finanzielle Unterstützung, die sich nachfolgend so lange steigern, bis die Geschädigten über keine Mittel mehr verfügen oder den Betrug erkannt haben und aussteigen. Geschädigte werden ebenfalls gelegentlich für Geldwäsche (Überweisung von zu waschenden Geldbeträgen auf das eigene Konto) oder als Drogenkuriere eingesetzt.

Hinter Profilen von Love-Scammern verbergen sich in der Regel nicht Einzelpersonen, sondern mehrere Personen oder eine Organisation. Typischerweise werden falsche Fotos eingesetzt und es wird ein fiktives Profil erstellt, welches romantische Sehnsüchte anspricht.

Love-Scammer schleichen sich immer wieder bei Dating-Portalen ein, um so an neue Opfer heranzukommen. Sie versuchen dabei, Einsamkeit und das Bedürfnis nach Liebe auszunutzen.

Oft charakterisieren sich Profile von Love-Scammern durch einen englischen oder in gebrochener deutscher Sprache geschriebenen Text, wobei unmittelbar im freien Text – wenn die Dating-Plattformen dies zulassen – bereits auf eine E-Mail-Adresse, Facebook oder einen Messengerdienst hingewiesen wird. Dies tun Love-Scammer, weil sie mit der schnellen Löschung ihres Profils rechnen. So möchten sie rasche Kontaktmöglichkeiten schaffen.

Meistens melden sich Love-Scammer eigeninitiativ bei ihren potenziellen Opfern, wobei sie typischerweise gleich alle möglichen in Frage kommenden Personen anschreiben. In der Regel wird vorgeschlagen, die Kommunikation sofort über die erwähnte E-Mail-Adresse, Facebook oder einen Messenger-Dienst ablaufen zu lassen. Lässt sich ein Opfer hierauf ein, wird es bald romantische Texte und Liebesbeteuerungen erhalten, die die Sehnsüchte vieler Partnersuchenden ansprechen.

Mittlerweile gibt es aber auch bereits raffiniertere Vorgehensweisen mit professionelleren Texten. Weil Dating-Plattformen nach auffälligen Kommunikationsmustern suchen, schreiben manche Love-Scammer nur noch wenige Personen an oder warten sogar ab, bis sie selbst kontaktiert werden. Sie lassen sich in diesem Fall auch länger auf eine Kommunikation innerhalb der Dating-Plattform ein, um nicht vorschnell erkannt zu werden.

Oft geht der Kontakt irgendwann auf die telefonische Ebene über, die dann im Regelfall auf Englisch erfolgt. Love-Scammer achten darauf, die Sehnsüchte des Gegenübers zu erkennen und zu nutzen. Sie machen Hoffnung auf die große Liebe und eine dauerhafte Beziehung, betreiben Love-Bombing mit Liebesbotschaften und erzeugen so bei den Geschädigten ein

Gefühl des Verliebtseins. Die Geschwindigkeit und Stärke, mit der eine solche vermeintliche Liebe entsteht, sind enorm.

Auf Vorschläge für persönliche Begegnungen wird oftmals zunächst ausweichend reagiert. Hindernisse werden benannt und Verabredungen werden mehrfach verschoben. Dafür wird fast immer ein aktueller Auslandsaufenthalt mit finanziellen, gesundheitlichen oder juristischen Problemen als Ursache genannt. Um Misstrauen zu zerstreuen, können gefälschte Ausweiskopien zugesandt werden. Es können auch Kontaktadressen von angeblichen Rechtsanwälten gegeben werden, hinter denen sich tatsächlich die kriminelle Organisation oder Freunde des Täters verbergen.

Geraten Sie in so eine Situation und wollen nicht glauben, dass Sie es mit Love-Scammern zu tun haben, lautet der dringende Rat, sich an die Botschaft des angeblichen Herkunftslandes der Person in ihrem angeblichen Aufenthaltsland zu wenden, anstatt mit irgendwelchen nicht zu identifizierenden Personen noch länger zu kommunizieren. Sinnvoller ist es aber, den Kontakt sofort abzubrechen, was leider viele nicht tun wollen.

Früher oder später werden alle Love-Scammer eine finanzielle Forderung stellen. Typischerweise wird eine besondere Lebenssituation geschildert, die plötzlich in einer akuten Finanznot resultiere – z. B. aufgrund von Passverlust, Erkrankung, Problemen von Familienangehörigen oder Schwierigkeiten mit den Behörden.

Die Opfer werden gebeten, kurzfristig zu helfen, wobei der zeitliche Druck hoch ist und zu einer sofortigen Entscheidung gedrängt wird. Auch eine baldige Begegnung wird in Aussicht gestellt. Lassen sich Opfer hierauf ein und tätigen einen Geldtransfer, gibt es kurze Zeit später meist schon neue Komplikationen und es wird um weitere Summen gebeten.

Die finanziellen Forderungen enden erst, wenn das Opfer den Kontakt beendet. Zudem werden die Adressen der Geschädigten aufgehoben und später für weitere Betrugszwecke verwandt. Adressen werden auch im Darknet verkauft. Beim Love-Scamming handelt es sich um einen Teil der organisierten Kriminalität. Love-Scammer sind darauf spezialisiert, beim Opfer Gefühle und emotionale Abhängigkeiten zu erzeugen, um es finanziell auszunehmen. Opfer können alle Geschlechter sein, auch wenn Frauen am häufigsten betroffen sind.

Opfer von Love-Scammern werden nicht nur finanziell, sondern auch emotional geschädigt. Im schlimmsten Fall kann es zu einer Traumatisierung mit fortbestehendem Misstrauen kommen, die der weiteren Partnersuche im Wege steht. Auch schwerwiegende Trauerprozesse können durch die Aufdeckung des Betrugs und den Wegfall der vermeintlichen Beziehung ausgelöst werden.

Sicherer Schutz ist möglich

Die gute Nachricht in Anbetracht dieses bedrückenden Themas ist, dass Sie sich vor Love-Scammern sehr gut schützen können:

• Schalten Sie Ihren Verstand ein und lassen Sie den Wunsch nicht Vater oder Mutter des Gedankens sein. Eine so schnelle innige Verbundenheit und tiefgreifende Liebe, wie sie Love-Scammer oftmals bereits ab der zweiten E-Mail-Nachricht vorgaukeln, sollte immer Anlass zur Skepsis sein. Ist die Basis für so starke Gefühle bei Ihrem Gegenüber wirklich bereits gegeben? Stellen Sie sich diese Frage und behalten Sie einen kühlen Kopf.

Auffällige Unstimmigkeiten sind Grund zur Vorsicht. Lassen Sie sich nicht durch schöne Worte besänftigen, wenn Sie im Profil oder in den Nachrichten Ihres Gegenübers Unstimmigkeiten oder Widersprüche entdecken. Nehmen Sie diese zum Anlass, um an der Ernsthaftigkeit und Wahrhaftigkeit der Person, mit der Sie kommunizieren, zu zweifeln.

- Bestehen Sie auf einem Video-Gespräch, Telefon genügt nicht. Wegen der oftmals falschen Bilder wollen viele Love-Scammer Video-Gespräche vermeiden. Ganz sicher ist auch dieser Schutz freilich nicht, weil einige auch mit Bildern operieren mögen.

- Werden Sie misstrauisch, wenn Verabredungen verzögert oder verschoben werden. Wird auf den Wunsch nach einer Verabredung ausweichend reagiert, werden Hindernisse benannt oder finden gar mehrfache Verschiebungen statt, ist dies Anlass genug für ernsthaften Zweifel. Dies gilt auch und gerade dann, wenn sich die Person im Ausland aufhält und einen Besuch in Aussicht stellt, der sich aufgrund diverser Komplikationen immer wieder verzögert.

- Fragen Sie bei der Dating-Plattform nach, wenn Ihnen irgendetwas unstimmig vorkommt. Bleiben Sie mit Ihrem Verdacht nicht allein. Oftmals wird es hierdurch dem Dating-Anbieter erleichtert, auffällige Muster zu erkennen, Love-Scammer zu identifizieren und zu entfernen. Mit Ihrer Meldung helfen Sie anderen und sich selbst. Wird das Profil blockiert oder verschwindet plötzlich, halten Sie auf keinen Fall Kontakt über E-Mail, soziale Netzwerke oder Messenger-Systeme. Haben Sie bereits Ihre Telefonnummer ausgetauscht, legen Sie auf, wenn die betreffende Person sich meldet, oder wechseln Sie die Nummer.

- Hilfreich ist es auch, wenn Sie Unstimmigkeiten mit Freunden oder Familienangehörigen besprechen und diesen hierfür den Nachrichtenaustausch zur Verfügung stellen. Bekämpfen Sie Ihre Impulse, gar nicht hinschauen zu wollen, weil die romantischen Gefühle und die Sehnsucht bereits zu groß sind. Ist es echte Liebe, wird ein genauer und prüfender Blick sicherlich keinen Schaden anrichten können. Laufen Sie aber Gefahr, Opfer von Love-Scammern zu werden, können Sie so das Schlimmste noch abwenden.

- Finanzielle Bitten jeder Form sollten immer und ohne Ausnahme die sofortige Beendigung des Kontaktes bedeuten. Seien Sie ehrlich zu sich selbst. Liebe ist nicht käuflich. Versuchen Sie nicht, durch finanzielle Unterstützung Ihre Sehnsucht kurzfristig aufrechtzuerhalten oder zu befriedigen. Jedwede Bitte nach finanzieller Unterstützung ist im Prozess der Partnersuche unangemessen und weist in nahezu allen Fällen und mit nahezu an Sicherheit grenzender Wahrscheinlichkeit auf das Treiben von Love-Scammern hin.

Wie gesagt, Zielstellung der Love-Scammer ist die finanzielle Bereicherung – deshalb sind ab einem bestimmten Punkt der Kommunikation Bitten um finanzielle Unterstützung für Love-Scammer nahezu unumgänglich. Damit geben sie sich aber als Love-Scammer zu erkennen.

Wenn Sie es sich zur eisernen Regel machen, jeden Kontakt ohne Umschweife abzubrechen, der mit einer finanziellen Bitte oder Forderung an Sie herantritt, sind Sie gegenüber den allermeisten Love-Scammern gefeit und somit auf der sicheren Seite.

Allerdings gibt es einige, wesentlich seltenere Methoden von Love-Scammern, um Partnersuchende auszunutzen oder zu kriminellen Handlungen zu verleiten.

Beenden Sie den Kontakt sofort, wenn folgende Ereignisse eintreten:

- Die mit Ihnen scheinbar romantisch verbundene Person bittet Sie, ihr Ihre Bankdaten zu geben. Lassen Sie sich hierauf nicht ein, egal, welche Gründe der Betreffende benennt, warum er auf Ihr Konto Geldbeträge überweisen möchte. In aller Regel wird es sich um Geldwäsche handeln und Sie begeben sich in Gefahr, selbst Straftaten zu begehen.

- Sie werden gebeten, irgendwelche Koffer oder andere Gegenstände über Mittelleute anzunehmen oder zu transportieren. Dies mag mit der Aussicht auf ein Treffen in einem anderen Land verbunden sein. In Wirklichkeit sollen Sie hier für Schmuggel, in der Regel Drogen-Schmuggel, eingesetzt werden.

Es mag vorkommen, dass Sie in ein anderes Land reisen sollen, damit Sie sich beide treffen können. Dies allein kann durchaus ein legitimer Kennenlernprozess sein. Stellen Sie aber sicher, dass Sie vorher über offizielle Wege die Identität der betreffenden Person abgeklärt haben, und treffen Sie sich nur an neutralen Orten. Informieren Sie auch Freunde oder Familienangehörige und suchen Sie vor Ort nach unabhängigen Kontakten (z. B. ausgewanderte Landsleute).

Ohnehin sollten Sie eine solche Auslandsreise nur nach guter Überlegung antreten und wenn tatsächlich keinerlei Unstimmigkeiten zu erkennen sind. Erkundigen Sie sich bei Ihrer Botschaft vor Ort, ob diese eine Gefahr sieht.

Lehnen Sie selbst bei einem positiven Verlauf des Treffens unbedingt jeden Wunsch ab, irgendwelche Gepäckstücke für die betreffende Person zu transportieren. Es gibt Fälle, wo Love-Scammer sich tatsächlich im Ausland mit Ihren Opfern getroffen haben und auch intim geworden sind, um sie sodann als Drogenkuriere zu benutzen. Dagegen können Sie sich mit Vorsicht und Wachsamkeit schützen.

Geschädigte von Love-Scammern können sehr unterschiedlich reagieren:

- Eine Übersichtsarbeit von Coluccia et al. (2020) beschreibt Schock, Wut, Trauer, aber auch die Leugnung des Betrugs, Selbstbeschuldigungen oder die Suche nach sozialer Unterstützung. Aus dem Übersichtsartikel wird deutlich, dass Frauen mittleren Alters häufiger betroffen sind als Männer und andere Altersgruppen. Opfer von Love-Scammern zeigen im Durchschnitt erhöhte Idealisierungstendenzen, Impulsivität, Neurotizimus, Einsamkeit, aber auch eine erhöhte Neigung zur Sucht.

Es geht hier keineswegs darum, den Geschädigten die Verantwortung zuzuweisen, sondern darum, persönliche Merkmale zu erkennen, die von Love-Scammern ausgenutzt werden können.

Sich die eigene Situation und die eigenen Merkmale bewusst zu machen, kann dazu beitragen, dass Sie sich bei Warnsignalen strikt an Ihrem Verstand orientieren und den obigen Empfehlungen folgen.

Einsamkeit und der Wunsch nach einer baldigen Partnerschaft sollten nicht dazu führen, dass Sie sich den Blick verstellen lassen und auf Love-Scamming mit Idealisierung oder Verleugnung reagieren.

Es kann eine Stärke sein, ein kurzentschlossener Mensch zu sein, dennoch sollte die Vorsicht bei der Partnersuche nicht außer Acht gelassen werden.

Geben Sie Love-Scammern keine Chance. Setzen Sie einen klaren Schlusspunkt, sobald Anzeichen von Love-Scamming erkennbar werden, und wenden Sie sich bei Unsicherheit sofort an die jeweilige Plattform.

Sind Sie Opfer von Love-Scammern geworden, sollten Sie Anzeige erstatten; auch können Sie sich an Selbsthilfeplattformen wenden.

Sexuelle Übergriffe

Sexuelle Gewalt ist ein endemisches Problem in allen Gesellschaften:

- Nach einer repräsentativen Befragung des *National Center for Injury Prevention and Control* zu erlittener sexueller Gewalt in den USA (2018) erlebte fast jede zweite Frau (43,6 %) mindestens einmal in ihrem Leben sexuelle Gewalt, wobei fast jede fünfte Frau (21,3 %) Opfer einer Vergewaltigung oder einer versuchten Vergewaltigung wurde. Bei den Männern wurde fast jeder vierte Mann (24,8 %) Opfer sexueller Gewalt, wobei 7,1 % über eine erzwungene Penetration einer anderen Person und 2,6 % über eine erlittene eigene Vergewaltigung berichteten.

- Ein früherer Report (2013) des *National Center for Injury Prevention and Control* zum Zusammenhang zwischen sexueller Gewalterfahrung und sexueller Orientierung zeigte wesentlich höhere Raten erlittener sexueller Gewalt bei bisexuellen Frauen im Vergleich zu heterosexuellen Frauen, sowie bei homosexuellen und bisexuellen Männern im Vergleich zu heterosexuellen Männern.

- Eine Studie von Langenderfer-Magruder et al. (2016) weist auf ein erhöhtes Risiko für Transgender-Personen im Vergleich zu homosexuellen und bisexuellen Cis-Männern und Cis-Frauen hin[41].

Es liegen keine repräsentativen Daten zur Häufigkeit von sexueller Gewalt beim Online-Dating vor. Zu unterscheiden ist dabei zwischen sexueller Belästigung auf der Online-Ebene, Erpressung mit ausgetauschtem sexuellem Material sowie sexueller Gewalt und Übergriffigkeit bei Treffen mit Personen, die ursprünglich online kennengelernt wurden.

Einige Untersuchungen haben sich dem Thema bereits gewidmet:

- In einer Studie von Choi et al. (2016) mit Studierenden aus Hongkong berichteten 12,4 % der Befragten, im zurückliegenden Jahr sexuelle Gewalt oder Übergriffigkeit außerhalb des Internets erlitten zu haben, wobei sich die Benutzung von Dating-Apps als ein Risikofaktor hierfür zeigte.

- Echevarria (2021) untersuchte die Häufigkeit von erlittener sexueller Gewalt und Übergriffigkeit bei 144 Studierenden, die Dating-Apps verwendeten: 88,1 % der Befragten berichteten von sexueller Belästigung über das Internet, 37,8 % berichteten von ungewollter Zusendung sexueller Bilder, 42,0 % schilderten sexuelle Aggression oder Zwang und 49,7 % schilderten auf ihr Geschlecht oder ihre sexuelle Orientierung bezogene sexuelle Belästigung. Es zeigten sich zudem statistisch bedeutsame Zusammenhänge zwischen erlittenen sexuellen Übergriffen und psychischer Belastung in Form von Angst, Depression, Einsamkeit, verminderter Selbstkontrolle, geringem Selbstwert oder traumatischen Erinnerungen.

Manche Täter suchen gezielt auf Online-Dating-Plattformen nach Opfern für geplante sexuelle Übergriffe. Ebenso können sexuelle Übergriffe stattfinden, die vorher nicht geplant waren und die eher aus der Situation heraus impulsiv stattfinden, wobei Alkohol- und Substanzkonsum eine erleichternde Rolle spielen können.

Es ist wichtig, dass Sie diese Risiken kennen und dass Sie wirksame Gegenmaßnahmen ergreifen, damit Ihre Online-Partnersuche zu positiven menschlichen Begegnungen und nicht zum Leid durch sexuelle Übergriffe führt.

Eine Garantie auf Sicherheit kann es nicht geben, aber mit folgenden Strategien können Sie das Risiko sexueller Übergriffe deutlich vermindern:

Wählen Sie eine kostenpflichtige Partnervermittlung

Kostenlose Portale und Dating-Apps werden besonders oft von Personen genutzt, denen es nicht um eine echte Partnersuche geht. Einige dieser Personen wiederum zeichnen sich verstärkt durch Impulsivität, Substanzmissbrauch, Sexsucht oder die Bereitschaft zu sexuellen Übergriffen aus.

Bei Dating-Apps und Singlebörsen kann ein schnellerer Zugang zu einer größeren Anzahl von Personen erfolgen, die sich in räumlicher Nähe aufhalten, als bei Partnervermittlungen, wo Vorschläge durch den Algorithmus gesteuert sind und in der Regel länger ausschließlich anonym und über die Plattform kommuniziert wird.

Wer gezielt nach Opfern für sexuelle Übergriffe sucht, wird auch um der Anonymität willen meistens keine kostenpflichtigen Plattformen nutzen wollen. Natürlich ist dies keine absolute Schranke, zumal teilweise auch anonyme Zahlungen oder Zahlungen mit entwendeten Zahlungsdaten möglich sind.

Erstes Treffen an einem öffentlichen Ort

Es ist dringend davon abzuraten, sich in einer Privatwohnung oder draußen an einsamen Orten zu verabreden. Hier steigt die Gefahr, Opfer sexueller Übergriffe zu werden. Öffentliche Plätze der Innenstadt oder Cafés sind der geeignete Ort für die erste Begegnung.

Benachrichtigen Sie Freunde oder Bekannte

Erzählen Sie Freunden oder Bekannten von Ihrer Verabredung und sagen Sie Ihnen auch, an welchem Ort Sie sich treffen. Vereinbaren Sie unbedingt eine telefonische Sicherheitsrückmeldung. Das Telefonat können Sie offen vor der Person führen, mit der Sie sich treffen. Die andere Person darf und soll wissen, dass das Treffen kein Geheimnis ist. Sie signalisieren damit, dass Sie nicht allein stehen. Für Personen, die Übergriffe planen, ist dies oft eine Abschreckung, und das Wissen darum, dass auch andere einbezogen sind, mag jemanden von spontanen Übergriffen abhalten.

Achten Sie auf Ihr Bauchgefühl

Sie können es vielleicht nicht genau benennen, aber Ihr Gefühl sagt, dass irgendetwas nicht stimmt? Nehmen Sie dieses Signal ernst, denn oft bemerken wir Gefahren, noch bevor wir sie bewusst erfassen und begründen können. Da Sie sich an einem öffentlichen Ort befinden, können Sie dennoch ruhig und gelassen bleiben. Nehmen Sie sich die Zeit, um Ihr Gefühl zu überprüfen. Scheuen Sie sich nicht, eine Verabredung mit freundlichen Worten zu beenden, wenn das bedrohliche Gefühl bleibt. Sie können sich auch von Freunden abholen lassen, wenn Sie einen Ort allein nicht verlassen wollen.

Sprechen Sie offen über Sexualität und Ihre Grenzen

Sexuelle Übergriffe sind nicht immer geplant und sie sind auch nicht immer bösartig motiviert. Übergriffe können Ausdruck von Missverständnissen sein. Natürlich gilt dies nicht für strafbare Sexualdelikte, wohl aber für körperliche Annäherungen. Je offener Sie miteinander über die wechselseitigen Einstellungen zu Sexualität, Erotik, körperlicher Nähe und auch zur gewünschten Geschwindigkeit von körperlicher Nähe bei einem Partnersuchprozess sprechen, desto eher können solche Missverständnisse vermieden werden. Schließen Sie Sexualität beim ersten Treffen von vornherein aus, ist es sinnvoll, dies sogar noch vor dem Treffen klar zu vermitteln.

Das erste Mal nicht zu Hause

Möchten Sie und die andere Person beim ersten Treffen miteinander intim werden? Ein schneller Beginn von Sexualität schadet nicht, wenn er von beiden gewünscht wird, kann im

Gegenteil sogar hilfreich sein. Gehen Sie für das erste Mal aber lieber in ein Hotel als zu der anderen Person oder sich selbst nach Hause, es sei denn, Sie leben in einer Wohngemeinschaft und andere Personen sind anwesend.

Machen Sie es sich zum Leitsatz:
- Vorsicht und ein gesundes Risikobewusstsein sind für die Partnersuche erforderlich.

Nicht selbst übergriffig werden

Es gibt nicht nur diejenigen, die Übergriffe erleiden, sondern natürlich ebenso die, die Übergriffe verüben. Anders könnte es keine Übergriffe geben. Wie bereits dargestellt, sind nicht alle Übergriffe geplant und es mögen – wie ebenfalls bereits angesprochen – Missverständnisse zugrunde liegen.

Dies betrifft keine schweren Sexualdelikte, wohl aber beispielsweise eine Umarmung, Küssen oder andere Berührungen. Geschehen diese nicht in beiderseitigem Einverständnis, sind sie ebenfalls als Übergriffe zu bewerten.

In einer Umfrage von Gleichklang[42] unter Mitgliedern berichteten 27 % aller Männer und 11 % aller Frauen, bereits mindestens einmal in ihrem Leben übergriffig geworden zu sein. Bei diesen Übergriffen handelte es sich vorwiegend um Berührungen außerhalb und innerhalb des Intimbereichs, Küssen und versuchte Entkleidungen. Mehrere Männer und Frauen, die von eigenen sexuellen Übergriffen berichteten, gaben an, die Wünsche der anderen Person fehlinterpretiert zu haben. Mehrfach wurde in der Befragung auch angegeben, dass über Sexualität nicht gesprochen worden sei.

Halten Sie sich daher unbedingt an die folgende Grundregel:
- Fragen Sie die andere Person direkt, ob sie eine körperliche Annäherung oder Sexualität möchte oder nicht. Achten Sie

darauf, dass Sie für jede körperliche Annäherung und sexuelle Handlung eine ausdrückliche verbale Zustimmung der anderen Person haben. Sie befinden sich erst im Prozess der Partnersuche und kennen sich womöglich noch nicht gut genug, um sich allein auf eine non-verbale Zustimmung zu verlassen.

Trotz aller sexuellen Liberalisierung sind Fertigkeiten und Mut zum offenen Gespräch über Sexualität und körperliche Nähe nach wie vor bei vielen Menschen nicht vorhanden. Missverständnisse lassen sich aber durch einfache Fragen vermeiden wie: „Darf ich Dich in den Arm nehmen?", „Ich möchte Dich küssen, möchtest Du dies auch?", „Wollen wir zusammen schlafen?".

Sie sollten diese Fragen stellen, wenn Sie den Eindruck haben, dass auch die andere Person womöglich an einer körperlichen Annäherung oder Sexualität interessiert ist.

DAS ERSTE TREFFEN RICHTIG ANGEHEN

Mit dem ersten Treffen ist die erste direkte Verabredung mit einer Person gemeint, die Sie bisher nur online kannten. Insofern werden Sie bei der Online-Partnersuche meistens mehrere oder gar eine ganze Reihe von ersten Treffen haben. In diesem Kapitel erfahren Sie, was Sie tun können, damit das erste Treffen positiv verläuft. Dieses Kapitel handelt aber auch davon, was Sie am besten tun können, wenn das erste Kennenlernen nicht gut gelaufen ist.

Der Beginn wird bereits online gelegt

Das erste Treffen findet beim Online-Dating nicht in einem luftleeren Raum statt, sondern schließt an die bereits erfolgte Online-Kommunikation an:

- Je vertiefter zuvor kommuniziert wurde, desto weniger wird das erste Treffen beim Online-Dating einem reinen Blind Date ähneln.

Wie wichtig die vorherige Online-Kommunikation ist, zeigen auch psychologische Studien:

- Sharabi und Caughlin (2017) beobachteten, dass bei Teilnehmenden am Online-Dating das Interesse an einem zweiten Treffen nach dem ersten Treffen umso höher war, je stärker bereits online eine Übereinstimmung in den Einstellungen festgestellt werden konnte. Ebenfalls wirkten sich das Ausmaß der Online-Kommunikation und die Selbstöffnung während der Online-Kommunikation positiv auf das erste Treffen aus.

- In einer weiteren Studie zeigten Sharabi und Caughlin (2018), dass das erste Treffen negativer verläuft, wenn Partnersuchende den Eindruck gewinnen, durch die andere Person in der Online-Kommunikation getäuscht worden zu sein.

- Aus einer dritten Studie (Sharabi und Dykstra-DeVette, 2019) ergab sich, dass die Wahrscheinlichkeit zu einer zweiten Verabredung nach dem ersten Treffen stieg, wenn bereits online über Beziehungspräferenzen gesprochen wurde.

Die beste Vorbereitung für Ihre erste Verabredung treffen Sie, wenn Sie vorher ernsthaft, authentisch und vertieft miteinander online kommunizieren.

Wenn Sie ehrlich und sinnreich miteinander kommunizieren, wird es Ihnen leichter fallen, bei der ersten direkten Begegnung hieran anzuknüpfen oder diese gar zu einem positiven Wendepunkt zu machen.

Die meisten Partnersuchenden werden nicht sofort bei der allerersten Verabredung ihre Beziehung finden. Dies ist aber keineswegs in Stein gemeißelt: Gehen Sie an jedes erste Treffen mit der Haltung heran, dass Sie womöglich der Person begegnen, mit der Sie zusammenkommen werden.

Blockierende Hemmungen überwinden

Sie haben Ängste vor dem ersten Treffen und fühlen sich gehemmt? Sprechen Sie dies direkt online oder in einem vorher erfolgenden Telefonat an. Sind Hemmungen ausgesprochen, nehmen sie meistens ab. Helfen können auch Fragen, die Sie sich vor dem ersten Treffen überlegen. Läuft das Treffen aber gut, brauchen Sie sich an diese natürlich nicht zu halten.

Die Hemmungen waren doch so hoch, dass Sie sich beim Treffen zu distanziert verhalten haben?

Das Kind ist noch nicht in den Brunnen gefallen. Schreiben Sie eine Textnachricht oder senden Sie eine Audionachricht, dass Sie ein bisschen schüchtern waren, die andere Person Sie aber beeindruckt hat und Sie das Treffen gerne wiederholen möchten.

Beim Treffen offen und zugewandt kommunizieren

Emotional kühle Begegnungen führen meistens nicht zum Ziel. Haben Sie keine Angst, schon beim ersten Treffen Ihre Gefühle zu zeigen. Manchen Sie es direkt deutlich, wenn Sie Interesse haben. Ehrliche Komplimente kommen gut an und zwar völlig unabhängig vom Geschlecht.

Nehmen Sie das erste Treffen zum Anlass, um sich, wie bereits online begonnen, weiter zu öffnen. Sprechen Sie über Ihre Beziehungswünsche und Zukunftserwartungen. Fragen Sie nach, um mehr vom anderen zu erfahren. Achten Sie auf ein gutes Verhältnis von eigener Mitteilsamkeit, Nachfragen und

Zuhören. Beide Personen sollen beim ersten Treffen zur Geltung kommen.

Viel wichtiger als weltgewandte Gespräche über Gott und die Welt, Politik, Reisen, Musik oder Sport ist die Selbstöffnung und das Gespräch über die Beziehungswünsche und Beziehungsvorstellungen. Andere Themen sind höchstens Steigbügelhalter für den Einstieg in den eigentlichen Austausch.

Selbstöffnung und die gemeinsame Reflexion eines möglichen Miteinanders erhöhen die Aussicht, dass das erste Treffen positiv verläuft und die Basis für eine Partnerschaft geschaffen wird.

Sagen Sie es direkt, wenn Sie einen positiven Eindruck haben und das Kennenlernen gerne fortsetzen möchten. Damit machen Sie klar, dass von Ihrer Seite aus die erste Begegnung positiv verlaufen ist und ein Beziehungsinteresse besteht.

Fragen Sie die andere Person nach ihrem eigenen Erleben, falls diese sich nicht spontan äußert.

Körperliche Nähe und Sexualität ist möglich

Fühlen Sie sich wechselseitig verbunden, ist körperliche Nähe bereits beim ersten Treffen möglich. Distanz und Zurückhaltung sind dann eher schädlich.

Natürlich gehört hierzu aber Empathie und eine differenzierte Wahrnehmung des Gegenübers. Denn nur bei gegenseitiger Anziehung wird Nähe als positiv erlebt werden. Direkt zu fragen, ist der beste Weg.

Dem Gegenüber tief in die Augen schauen, lächeln, flirten und körperliche Zärtlichkeiten austauschen – all dies kann bereits beim ersten Treffen stattfinden.

Wenn beide es möchten, ist auch nichts gegen Sex beim ersten Treffen zu sagen. Alles kann, nichts muss.

Meistens verlaufen die ersten Treffen eher etwas ruhiger, neutraler oder noch leicht unbeholfen. Dies ist keineswegs negativ zu bewerten und in späteren Begegnungen kann eine stärkere Intimität entstehen.

Sollte für Sie Sexualität beim ersten Treffen definitiv nicht in Frage kommen, ist es sinnvoll, dies bereits vor dem Treffen klarzustellen.

Rasch erneut verabreden

Wenn es eine positive Resonanz gab, sollten Sie sich so schnell wie möglich erneut treffen. Je schneller nach dem ersten Treffen ein erneuter Kontakt und ein zweites Treffen zustande kommen, desto wahrscheinlicher ist es, dass sich eine partnerschaftliche Beziehung entwickelt. Natürlich gilt dies nur, wenn ein schnelles Treffen überhaupt möglich ist.

Eine möglichst sofortige erneute Kontaktaufnahme und Verabredung erhöhen die Erfolgsaussichten. Warten kann demgegenüber als Ablehnung missverstanden werden.

Genauso wie bei der ersten Online-Nachricht vergeben Sie sich nichts, wenn Sie nach dem Treffen als Erste*r den Kontakt suchen. Geben Sie schnell eine positive Rückmeldung und schlagen Sie ein erneutes Treffen vor.

Umgang mit Desillusionierung und Enttäuschung

Das Treffen verlief mehr oder weniger gut, aber irgendwie sind Sie enttäuscht:

- Trotz aller Kommunikation online, per Telefon und Video-Gespräch hatten Sie sich die Person anders vorgestellt. Sie erleben es so, als sei eine Illusion geplatzt.

Möglicherweise bedeutet dies tatsächlich, dass Sie beide für eine große Liebe miteinander nicht geeignet sind. Aber ziehen Sie diesen Schluss nicht zu früh:

- Vielleicht war es die vorherige Kommunikation, die der Wahrheit am nächsten kam. Es mag an vielen, auch temporären

Faktoren liegen, warum es keine Resonanz beim ersten Treffen gab.

Schreiben Sie oder greifen Sie zum Telefon, um die Situation mit der anderen Person zu klären.

Hat die andere Person es genauso erlebt? Wollen Sie sich beide die Chance auf einen zweiten Versuch geben?

So manch eine Beziehung kann durch so einen zweiten Versuch doch noch entstehen.

Nicht vorschnell wegen des Äußeren ablehnen

So nett die andere Person auch ist, die äußere Erscheinung entspricht nicht Ihren Vorstellungen? Ist dies ein finaler Eindruck oder kann Ihre Bewertung sich noch ändern?

Grundsätzlich sind Veränderungen bei der Wahrnehmung von Attraktivität möglich. Tatsächlich geht es beim Erleben von Attraktivität nicht nur um das Aussehen, sondern auch um geistig-emotionale und kommunikative Faktoren.

Zudem sind viele Menschen dazu in der Lage, ihre Bewertungsschemata bei neuen Erfahrungen zu relativieren. So mögen Sie auf den zweiten Blick eine Schönheit erkennen, die Ihnen zunächst verborgen geblieben war.

Vergessen Sie auch nicht die Volksweisheit „Kleider machen Leute". Überlegen Sie, ob Ihr Eindruck sich womöglich bei anderer Aufmachung oder anderer Kleidung ändern würde.

Funke springt nicht über

Der Funke springt nicht über. Sie erleben keine Schmetterlinge im Bauch. Verliebtheit tritt nicht ein.

Natürlich wäre es wünschenswert gewesen, wenn gleich beim ersten Treffen große Gefühle entstanden wären.

Andererseits muss dies jedoch nicht sein und Sympathie kann sich auch schrittweise entwickeln.

Wenn beim ersten Treffen Sympathie entsteht, ist dies bereits ein gutes Zeichen. Im Verlauf weiterer Begegnungen mag sich die Gefühlsebene vertiefen. Stellen Sie keine zu hohen Erwartungen an die Intensität der Gefühle, sondern seien Sie offen für eine langsamere, schrittweise Entwicklung. Es wäre schade, wenn eine Chance für eine Beziehung verpasst wird, weil die Liebe erst schrittweise entsteht.

Chance für eine zweite Bewertung

Grundsätzlich gilt der Rat, sich die Chance auf eine zweite Bewertung zu geben. Selbst wenn die erste Begegnung ernüchternd verlief, können sich bei weiteren Begegnungen Aspekte herausstellen, die schließlich doch gefühlsmäßig verbinden.

Es lässt sich hier zwischen primärer und sekundärer Bewertung unterscheiden:

• Die primäre Bewertung findet sekundenschnell statt und wird nur wenig von übergeordneten Prozessen des Verstandes beeinflusst.

• Die sekundäre Bewertung ist ein langsamerer, aber komplexerer Prozess, der stärker rationale Komponenten und die Gesamtheit der Informationen berücksichtigt.

Führt die sekundäre Bewertung zu einer neuen Einschätzung, werden daraus auch veränderte Gefühle entstehen. Viele Paare kommen nach dem ersten Treffen sofort gefühlsmäßig zueinander, andere benötigen mehr Zeit des Kennenlernens und des Austausches, um Sympathie, freundschaftliche Gefühle und Liebe weiterzuentwickeln.

Wenn ein Treffen insgesamt freundlich-sympathisch verlaufen ist, ist eine weitere Begegnung sinnvoll, selbst wenn eine gewisse Enttäuschung da ist, das Äußere nicht ganz den eigenen Präferenzen entsprach oder einfach nur der Funke nicht übergesprungen ist.

Erleben Sie aber eine Antipathie oder eine Aversion, macht eine weitere Begegnung in aller Regel keinen Sinn. Seien Sie freundlich, scheuen Sie sich aber nicht, offen zum Ausdruck zu bringen, dass die Chemie nicht passt.

Auch eine vorzeitige Beendigung des Treffens kann in so einem Fall völlig angemessen sein und wird manchmal von beiden Seiten als Erleichterung erlebt.

Umgang mit Verletzungen

Die andere Person hat sie beim Treffen oder danach mit einer zurückweisenden, schroffen oder abwertenden Äußerung verletzt?

Dies ist beim Online-Dating nicht der Regelfall, kann aber vorkommen. Nehmen Sie es nicht so schwer und beginnen Sie nicht, an sich selbst zu zweifeln.

Nicht alle Menschen passen zueinander und nicht jeder Mensch hat höfliche Umgangsformen. Betrachten Sie das Erlebnis als eine Erfahrung, die Ihnen helfen kann, souverän zu reagieren und sich abzuhärten gegenüber den Verletzungen, die wir im sozialen Miteinander erleiden können.

Abschnitt 4

Von der Partnerwahl zum Beziehungserhalt

Wie geht es nach dem ersten Treffen weiter? Wie können Sie erkennen, dass der Mensch, den Sie getroffen haben, die richtige Person für Sie ist? Wie gestalten Sie die Erprobung und den Aufbau der Beziehung? Wie kann eine neue Beziehung erhalten und weiterentwickelt werden? Dieser abschließende Abschnitt wird Ihnen noch Antworten auf diese Fragen geben.

Nach dem ersten Treffen ist es wichtig, die emotionale Basis der Begegnung weiter zu vertiefen. Auch hier – wie in allen Phasen der Partnersuche – sind offene Kommunikation und Ehrlichkeit von größter Bedeutung.

Wenn Sie sich zu der anderen Person hingezogen fühlen und diese das Gleiche erlebt, gibt es bereits eine wichtige Basis für Ihre Beziehung. Ist die Bereitschaft zu Bindung und Veränderung auf beiden Seiten vorhanden und gibt es gemeinsame Lebensziele, ist der Zeitpunkt gekommen, in die Phase des Beziehungsaufbaus einzusteigen, in der Sie Ihre Verbundenheit erproben und Schritte in Richtung einer Partnerschaft tun können.

Läuft diese Phase positiv, spricht alles dafür, sich bald für die Beziehung zu entscheiden. Zeigen sich Bedenken oder Probleme, die nach Probezeit und Bedenkzeit fortbestehen, sind eine Abgrenzung von der anderen Person und eine Fortsetzung der Partnersuche zu empfehlen.

Die folgenden Kapitel erklären Ihnen, wie Sie dies am besten angehen und wie Sie die neuentstandene Beziehung erhalten und fortentwickeln können.

Der Weg zur Beziehung

Was können Sie, wenn das erste Treffen positiv verlaufen ist, tun, damit eine glückliche Partnerschaft entsteht?

Intensiv kommunizieren und verabreden

Weder nach dem ersten noch nach dem zweiten Kennenlernen ist Wartezeit angesagt. Wenn es allen Beteiligten möglich ist, ist es ratsam, sich so oft wie möglich zu treffen und Zeit miteinander zu verbringen.

Durch gemeinsame Wochenenden oder Urlaube können Sie sich im Alltag besser kennenlernen, gemeinsam Positives erleben, über Lebensziele sprechen, Ihre Beziehung thematisieren, aber auch erste Probleme und Konflikte lösen.

Reisen erweitert den Horizont. Je vielfältiger die Begegnung ist, desto mehr kann die Verbundenheit wachsen. Treffen Sie sich an verschiedenen Orten und wagen Sie es, gemeinsame Reisen zu unternehmen. Bleibt die Verbundenheit erhalten, ist das Beziehungsglück schon fast gewiss.

Allerdings mag es nicht immer möglich sein, sich häufig oder für längere Zeit zu treffen. Es gibt Lebenssituationen, die solches nicht zulassen.

Setzen Sie in diesem Fall auf Multimedia und lassen Sie sich über Textnachrichten, Foto-Austausch und gemeinsame Video-Gespräche wechselseitig an Ihrem Alltag teilnehmen.

Auch Sexualität und Erotik können über moderne Multimedia-Kanäle als intim und befriedigend erlebt werden.

Setzen Sie andere Kontakte aus

Sie sind bereits weit gekommen und eine mögliche partnerschaftliche Beziehung liegt zum Greifen nahe. Erlauben Sie dem Prozess des weiteren Kennenlernens und des Beziehungsaufbaus die Exklusivität, die er benötigt. Lassen Sie sich nicht durch andere oder neue Kontakte ablenken. Setzen Sie neue Vorschläge bei Partnervermittlungen aus und lassen Sie die Dating-App liegen, sofern Sie eine solche nutzen.

Gibt es bereits andere Kontakte, können Sie diesen freundlich und verbindlich mitteilen, dass Sie sich gerade in einer Phase der Kontaktvertiefung befinder und nicht mehrere Kontakte gleichzeitig pflegen wollen. Dies wird typischerweise auf Verständnis und Sympathie stoßen. Sollte der Beziehungsaufbau scheitern, wird es oftmals möglich sein, einen vorherigen Kontakt neu aufzunehmen.

Machen Sie sich klar, dass Mehrgleisigkeit in der Phase der Beziehungsanbahnung schädlich ist. Verwenden Sie jetzt vielmehr Ihre Energie darauf, eine Beziehung aufzubauen, anstatt auf einen immer noch besseren Kontakt zu hoffen.

Wenn Sie demgegenüber damit fortfahren, auch andere Kontakte zu schließen, sich zu treffen oder gar mehrere Beziehungen gleichzeitig anzubahnen, blockieren Sie Ihre Beziehungsbereitschaft und werden auch der anderen Person nicht gerecht. Schnell mag eine Haltung entstehen, bei der es weniger um Partnerschaft als um kurzfristige Treffen, Thrill und die Suche nach immer noch etwas Besserem geht. Wer so sucht, wird jedoch meistens nicht finden.

Selbst bei einer polyamorösen Suche sollten Sie, wenn Sie einen Menschen gerade kennenlernen, die weitere Suche zunächst aussetzen. Kommen Sie zusammen, können Sie sich nämlich wesentlich effektiver gemeinsam nach einer weiteren Person auf die Suche begeben, die in Ihre Beziehungskonstellation passt.

Der Wunsch, mehrere Eisen im Feuer haben zu wollen, kann bei der Partnersuche schnell zum Beziehungs-Aus führen. Wenn Sie es sich zur Gewohnheit machen, mehrere Kontakte gleichzeitig zu vertiefen, werden Sie sich in einem permanenten Abwägungsprozess wiederfinden, der eine Entscheidung erschwert. Auch mag Ihnen so die Hoffnung, dass noch jemand Besseres kommen werde, den Blick auf die Person und die Beziehungsoption mit der Person verstellen, die Sie bereits gefunden haben.

Schließlich sollten Sie ebenfalls bedenken, dass die Person, mit der Sie aktuell den Kontakt vertiefen oder eine Beziehung erproben, durchaus nachvollziehbar enttäuscht und verletzt sein mag, wenn ihr bewusst wird, dass Sie weitere Kontakte pflegen.

So kann schnell der Eindruck entstehen, nur das fünfte Rad am Wagen zu sein, oder es entstehen Zweifel, ob Sie überhaupt ernsthaft an einer Beziehungserprobung interessiert sind.

Für den Erfolg Ihrer Partnersuche ist es daher dringend zu empfehlen, in dem Moment, wo Sie sich vorstellen können, die passende Person gefunden zu haben, alle anderen Alternativen ruhen zu lassen.

Wenn Sie bereits so weit zueinander gefunden haben, sollte es ebenfalls möglich sein, dieses Thema offen gemeinsam zu besprechen. So wird gleichzeitig deutlich werden, wie viel Gewicht und Ernsthaftigkeit beide Seiten dem weiteren Kennenlernen und einem möglichen Beziehungsaufbau tatsächlich zukommen lassen.

Spätestens wenn Sie feststellen, dass die Person, mit der Sie sich eine Zukunft vorstellen können, weiterhin anderweitig

Kontakte sucht und pflegt, ist der Zeitpunkt gekommen, wo ein klärendes Gespräch ein wichtiger Wendepunkt sein kann:

Es mag deutlich werden, dass die andere Person sehr ambivalent ist oder einer gemeinsamen Beziehung sogar eher kritisch oder ablehnend gegenübersteht.

In diesem Fall sollten Sie den Kontakt unterbrechen, um sich ganz abzugrenzen oder der anderen Person eine ausreichende Zeit zum Bedenken zu geben.

Ebenso mag sich aber zeigen, dass die andere Person den Beziehungsversuch ernst nimmt und von sich aus gerne bereit ist, das Online-Dating erst einmal auf Eis zu legen. Ihr Wunsch, das Online-Dating auszusetzen, mag sogar auf positive Resonanz und Freude stoßen, da Sie dadurch Ihre Bereitschaft verdeutlichen, sich für die Beziehung zu entscheiden.

Nehmen Sie noch eine ergebnisoffene Haltung ein

Gehen Sie an das weitere Kennenlernen und die Erprobung der Beziehung nicht mit einer ausgesprochen prüfenden oder abfragenden Haltung heran. Auch sollte Ihnen weder eine naiv optimistische noch eine kritisch pessimistische Haltung den Blick auf die sich aufbauende Beziehung und Ihr Erleben in ihr verstellen.

Versuchen Sie, die andere Person bewusst zu erleben. Üben Sie aber auch, sich einmal fallen zu lassen. Welche Gefühle nehmen Sie bei sich wahr? Freuen Sie sich auf die nächste Begegnung? Spüren Sie eine wachsende innere Verbundenheit?

Achten Sie auf Ihre Gefühle und blockieren Sie sich nicht durch Übervorsicht und Angst, sondern lassen Sie sich auf den Prozess des Kennenlernens ein.

Probleme und Hindernisse ansprechen

Irgendetwas stört Sie? Zweifel tauchen auf? Probleme und Konfliktlinien werden sichtbar? Nehmen Sie bei sich Enttäuschung, Frustration, Ablehnung, Ärger oder Angst wahr? Sie sollten diese Signale nicht ignorieren, sondern ernst nehmen. Machen Sie sich klar, worauf sich diese Signale beziehen. Was tut die andere Person, was bei Ihnen diese Reaktionen auslöst? Was könnte sie anders machen? Wie stark sind Ihre eigenen Anteile? Liegen womöglich Missverständnisse vor? Oder gäbe es Möglichkeiten, das Problem abzustellen beziehungsweise einen Kompromiss zu schließen?

Machen Sie sich klar, dass jeder Begegnungsprozess auch mit Schwierigkeiten verbunden ist. Es ist eine Rarität, dass Menschen in Beziehungen für immer auf Wolke 7 schweben. Bleiben Sie also gelassen und gehen Sie alles ruhig, freundlich, zugewandt und offen an.

Benennen Sie Ihre eigenen Wahrnehmungen und Gefühle. Fragen Sie die andere Person aber auch nach deren Wahrnehmung und Bewertung. Es ist wichtig, die verschiedenen Perspektiven auszutauschen und zu verstehen, um so zu einer Lösung zu gelangen.

Je tiefer die emotionale, geistige und kommunikative Basis zwischen Ihnen bereits ist, desto besser wird es Ihnen gelingen, Hindernisse aus dem Weg zu räumen. Manchmal sind nicht einmal Änderungen notwendig, sondern alles klärt sich als Missverständnis auf, wenn darüber gesprochen wird.

Geben Sie nicht vorschnell auf. Sollten sich aber doch trotz Gespräch und Reflexion unüberwindbare Hindernisse zwischen Ihnen zeigen, scheuen Sie sich nicht, den Kontakt zu beenden und sich wieder in die vorherige Stufe der Partnersuche zurückzubegeben.

Geben Sie also nicht vorschnell auf, aber schieben Sie Entscheidungen auch nicht allzu lange vor sich her. Ist eine

Beziehung perspektivlos, führt eine Verschiebung nur zu mehr seelischem Schmerz.

Üben Sie radikale Ehrlichkeit

Bestimmt wollen Sie nicht eines der Paare werden, die nach Jahrzehnten feststellen, dass sie sich nicht kennen und wohl auch nie gekannt haben. Nutzen Sie die Möglichkeiten zur direkten sprachlichen Kommunikation, damit Sie diese Entwicklung vermeiden können.

Dies sind die vier zentralen Merkmale von radikal ehrlicher Kommunikation für die Phase von Kennenlernen und Erprobung:

- **Zeigen Sie Ihre Gefühle so, wie Sie sie erleben:** Sie sollten Ihre Gefühle nicht verbergen und ihren Ausdruck nicht strategisch einsetzen. Zeigen Sie Ihre Gefühle nicht, wächst das Risiko, dass die andere Person sie nicht oder falsch wahrnimmt oder dass die andere Person ihre Gefühle ebenfalls nicht zeigt. So entsteht ein Irrgarten, aus dem es schwierig werden kann, wieder herauszukommen. Auch können zahlreiche Missverständnisse eintreten. So mögen Hemmungen oder die Zurückhaltung von Gefühlen schnell als Eindruck von Desinteresse interpretiert werden. Daran kann der oftmals noch zaghafte Beginn einer partnerschaftlichen Beziehung sogar scheitern. Umgekehrt mag eine Beziehung entstehen, in der die emotionale Resonanz nicht vorhanden ist, weil die Gefühle bei den Beteiligten verborgen oder vorgespielt wurden, anstatt sie authentisch auszudrücken.

- **Sagen Sie, was Sie partnerschaftlich wollen:** Sie nehmen am Online-Dating teil und es geht Ihnen beiden darum, eine partnerschaftliche Beziehung zu finden. Sie brauchen nichts zu verstecken und nichts zu schauspielern. Sagen Sie direkt,

was Sie denken, und sagen Sie es, wenn Sie eine Partnerschaft mit der anderen Person wollen. Dies wird die Aufmerksamkeit der anderen Person auf Sie verstärken und
mögliche, aber unbegründete Zweifel senken.

- **Fragen Sie die andere Person, was diese partnerschaftlich will:**
  Sie möchten eine Partnerschaft beginnen, aber die Signale
  Ihres Gegenübers sind Ihnen unklar. Ist Ihr Gegenüber zu
  distanziert, kühl, rational oder unverbindlich? Lassen Sie
  dies nicht im Raume stehen, sondern fragen Sie direkt nach.
  Kommt eine negative Antwort, betrachten Sie es als Glück,
  dass Sie sich noch rechtzeitig umorientieren können. Ist die
  andere Person unsicher, können Sie Ihrer Beziehung noch
  eine Chance geben, indem Sie eine Probezeit mit Treffen
  und eine nachfolgende Bedenkzeit mit klarem Termin vereinbaren. Zeigt sich, dass die andere Person zwar eine Beziehung mit Ihnen möchte, aber eine Beziehung anderer Art,
  beispielsweise mit getrenntem Wohnen, können Sie dies
  miteinander besprechen und prüfen, ob dies für beide ein
  guter Weg wäre. Verharren Sie niemals aus Angst im Unkla-
  ren, sondern stellen Sie die richtigen Fragen, für die Sie die
  richtigen Antworten brauchen.

- **Stellen Sie Offenheit her:** Vereinbaren und üben Sie es, sich
  auf beiden Seiten jeder Lüge und Unehrlichkeit zu enthalten.
  Scheinbare oder tatsächliche Notlügen und selektive Wahr-
  heiten prägen einen Großteil der menschlichen Kommunikation. Aber in einer Partnerschaft muss dies nicht sein. Eine
  Notlüge in einer Beziehung bedeutet, dass Ängste bestehen
  (Angst vor Bestrafung oder negativer Reaktion), dass Konflikte vermieden werden sollen, die aber geklärt werden sollten, oder dass die andere Person hintergangen werden soll,
  obwohl es doch eigentlich um Gemeinsamkeit geht. Die gesell-

schaftliche Normalisierung der Lüge lässt diese nahezu unbemerkt und unhinterfragt auch in viele Beziehungen eintreten. Dem können Sie aber entgegensteuern, indem Sie von vornherein mit angehenden Beziehungspartner:innen radikale Ehrlichkeit vereinbaren und diese konsequent einüben.

Manchmal mag es durchaus wehtun oder Angst erzeugen, die ganze Wahrheit zu hören und genau zu wissen, was eine andere Person denkt, fühlt und erlebt. Schließlich sind wir alle voller Zweifel und Ambivalenzen, die wir jedoch im Regelfall auflösen oder bewältigen können, wenn wir sie nicht zurückdrängen, sondern sie offen benennen und angehen.

Machen Sie erst die Erfahrung, dass offene Kommunikation in angstfreier Atmosphäre möglich ist, wird sich ein Kennenlernen zu einer partnerschaftlichen Beziehung vertiefen. Sollte sich aber durch die radikale ehrliche Kommunikation zeigen, dass eine Beziehung tatsächlich nicht möglich ist, ist auch dies ein positives Ergebnis, welches Ihnen eine Entscheidung und die Verlagerung Ihrer Ressourcen ermöglicht.

Befriedigende Sexualität entwickeln

Radikale Ehrlichkeit ist ebenfalls der beste Weg zu einer befriedigenden Sexualität.

Bleiben sexuelle Wünsche, Sehnsüchte, Ängste, Hemmungen, Schmerzen bei der Sexualität, Verkrampfungen, Erektionsstörungen oder andere sexuelle Funktionsstörungen unbenannt, werden die gemeinsame Sexualität und die eigene sexuelle Zufriedenheit notwendigerweise darunter leiden.

Eine geringe sexuelle Zufriedenheit kann ebenfalls die allgemeinere Beziehungszufriedenheit und die eigene Lebenszufriedenheit senken.

Menschen unterscheiden sich in ihren sexuellen Erlebnisweisen, ihren sexuellen Bedürfnissen, Befürchtungen und Wünschen. Sexuelle Appetenzen und Aversionen sind keineswegs gleich verteilt. Oft ist man auch offen gegenüber sexuellen Variationen, die jedoch nie zum Tragen kommen werden, wenn diese sexuellen Wünschen nicht angesprochen werden und unbekannt bleiben.

Äußern Sie Ihre eigenen sexuellen Wünsche und Bedürfnisse, fragen Sie aber auch nach und hören Sie gut zu. Überwinden Sie die Scheu. Denn in der Sexualität zwischen zwei erwachsenen, zustimmungsfähigen Menschen ist alles erlaubt und alles möglich, was gegenseitig gewollt ist. Voraussetzung, um zueinander zu finden, ist jedoch, zu wissen, was der anderen Person gefällt und wie Sie selbst dies erleben.

Eine perfekte Übereinstimmung der wechselseitigen sexuellen Wünsche, Bedürfnisse und Erlebnisweisen wird es selten geben. Lassen Sie sich dadurch nicht irritieren. Nicht alles, was Ihnen gefällt, wird der anderen Person gefallen. Nicht alles, was der anderen Person gefällt, wird Ihrer Vorliebe entsprechen.

Auf der Grundlage von Sympathie, Zuneigung und Vertrauen ist es möglich, sexuell zu experimentieren und so zu einer Sexualität zu gelangen, die beiden Seiten gerecht wird. Hierzu gehört auch die direkte Klärung möglicher besonderer Wünsche oder Probleme, aber auch die Besprechung des Beziehungmodells. Geht es um eine monogame Beziehung oder soll eine konsensuelle Nicht-Monogamie vereinbart werden?

Sexuelle Funktionsstörungen sollten von Anfang an offengelegt werden. Je offener darüber gesprochen wird, desto mehr wird oft – wenn sie teilweise oder vorwiegend psychisch bedingt sind – ihre Intensität abnehmen. Vor allem aber gibt es so viele Möglichkeiten zur sexuellen Stimulation, dass keine befriedigende Sexualität an einer sexuellen Funktionsstörung zu scheitern braucht.

Hilfreich kann es auch sein, gemeinsam erotische Literatur zu lesen, um die eigenen Fantasien und das Gespräch miteinander anzuregen.

Auch im Bereich der Sexualität sind – wie überall – Kompromisse möglich, achten Sie aber auch auf Ihre Grenzen, wo es Ihre körperlich-seelische Integrität betrifft.

Radikale sexuelle Ehrlichkeit bedeutet nicht, dass Sex in einer Beziehung ein Muss ist. Es gibt Menschen, die asexuell sind oder aus anderen Gründen keine Sexualität möchten. Radikale sexuelle Ehrlichkeit bedeutet, auch hierüber offen zu sprechen.

Familie und Freundeskreis kennenlernen

So wichtig eine Partnerschaft ist, so gibt es auch noch andere bedeutsame soziale Bezüge – Bekannte, Arbeitskollegen, Freunde und Familie.

Tauschen Sie sich miteinander aus, wie intensiv Ihre Beziehung in das vorhandene soziale Bezugsfeld integriert werden soll. Eine völlige Trennung von Partnerschaft und dem sonstigen sozialen Bezugsfeld wird im Regelfall weder wünschenswert noch sinnvoll sein.

Zu Beziehungspartner:innen gehören auch ihre sozialen Bezüge. Eifersucht und Besitzergreifung sind hier fehl am Platz und der Versuch, Beziehungspartner:innen von ihrem sozialen Umfeld zu isolieren, wird der Partnerschaft meistens nicht guttun.

Am besten verlaufen Beziehungsaufbau und Beziehungsentwicklung vielmehr, wenn es gelingt, die eigenen Freunde zu gemeinsamen Freunden und die eigene Familie zur gemeinsamen Familie zu machen.

Zur Vertiefung von Aufbau und Erprobung einer Beziehung gehört daher typischerweise ebenfalls das Kennenlernen der Freunde und Familienangehörigen der Beziehungspartner:innen.

Zögern Sie nicht, Ihre werdende Beziehung Bekannten, Freunden und Familienangehörigen vorzustellen. Dies kann zu einer weiteren Vertiefung und zum Übergang von der Beziehungserprobung zur Bindung führen.

Zeigen sich hier Barrieren und Konfliktlinien, sollten Sie erneut das Gespräch hierüber suchen, um herauszufinden, inwiefern Konfliktlinien lösbar sind oder von einer Einbettung der Partnerschaft in diese Bezüge zumindest temporär Abstand genommen werden kann und sollte.

Die Haltung gegenüber eigenen Freunden und Familienangehörigen und der Wunsch nach der Integration einer Partnerschaft in das eigene soziale Umfeld sind wichtige partnerschaftliche Grundeinstellungen, die im Grundsatz übereinstimmen sollten.

Finden Sie hier keine Basis miteinander, könnten dauerhaft Konflikte oder Vorwürfe entstehen und die Beziehungszufriedenheit leiden. Dies mag daher durchaus ein Grund sein, von einer gemeinsamen Beziehung Abstand zu nehmen. In aller Regel wird es aber möglich sein, zu einem guten gemeinsamen Umgang mit dem wechselseitigen sozialen Umfeld zu finden.

Mut zur Veränderung

Mit einer neuen Beziehung werden Veränderungen in Ihr Leben treten. Seien Sie zu Veränderungen bereit und pochen Sie nicht auf der exakten Beibehaltung Ihres bisherigen Alltags.

Sie brauchen nicht Ihr gesamtes vorheriges Leben über Bord zu werfen, aber ebenfalls sollten Sie nicht erwarten, dass alles beim Alten bleibt.

Nutzen Sie die Zeit von Beziehungsaufbau und Beziehungserprobung, um über das künftige gemeinsame Leben zu sprechen, Ziele zu entwickeln, Pläne zu machen und wenigstens einige kleinere Veränderungen bereits möglichst zeitnah umzusetzen.

Sind gemeinsame Veränderungen möglich, stärkt dies die Zuversicht in die beginnende Beziehung. Wenn Sie feststellen, dass Liebe, Verständnis und Kompatibilität vorhanden sind, spricht übrigens auch nichts dagegen, schon bald zusammenzuziehen, wobei Sie aber in einer Beziehung mit getrennten Wohnungen am gleichen Ort oder in einer Fernbeziehung ebenfalls glücklich werden können.

Ist es die richtige Person?

Gewinnen Sie Klarheit, indem Sie sich die folgenden vier Fragen beantworten:

• Ist Zuneigung bei beiden Personen gegeben?

• Lassen sich gemeinsame Beziehungs- und Lebensziele erkennen?

• Sind beide Personen bindungsbereit?

• Sind beide Personen bereit für die Veränderungen, die mit einer gemeinsamen Beziehung einhergehen würden?

Beantworten Sie diese Fragen für sich selbst, suchen Sie aber auch das offene Gespräch, sodass Sie gemeinsam diese Fragen beantworten können.

Für eine tragfähige Beziehung sollten alle Beteiligten alle vier Fragen mit einem klaren Ja beantworten. Ist dies der Fall, bestehen sehr gute Aussichten für eine tragfähige Beziehung.

Stellen Sie andererseits fest, dass die emotionale Basis zweifelhaft oder nicht wechselseitig ist, dass es keine eindeutige Bindungsbereitschaft gibt, dass keine gemeinsamen Lebensziele gefunden werden oder ein Unwille gegenüber Veränderung besteht, sind die Aussichten für eine Beziehung miteinander nur gering.

Entscheiden Sie sich in diesem Fall für eine Trennung oder – wenn Ambivalenzen sich möglicherweise noch auflösen lassen – zumindest für eine Probezeit. In dieser Probezeit können alle Beteiligten in sich gehen, über die eigenen Wünsche und Möglichkeiten nachdenken und bei gemeinsamen Begegnungen herausfinden, ob miteinander ein Alltagsglück entsteht. Lassen Sie dies aber nicht endlos so weitergehen. Terminieren Sie die Probezeit lieber beispielsweise auf zwei bis drei Monate oder auch kürzer und treffen Sie dann eine Entscheidung für oder gegen eine gemeinsame Beziehung. Die Probezeit zeitlich zu begrenzen verhindert, dass Sie in eine zeitliche Endlosschleife hineinkommen, die psychisch belastend sein kann und zudem dazu führen kann, dass Sie andere aussichtsreiche Kontakte nicht wahrnehmen.

Ohne zeitliche Begrenzung mag bei Ihnen oder der anderen Person zudem eine gewisse Bequemlichkeit einsetzen, keine Entscheidung treffen zu müssen oder aber alle Eisen im Feuer behalten zu wollen, während tatsächlich bereits nach Alternativen gesucht wird.

Gegebenenfalls kann am Ende der Probezeit eine Bedenkzeit ohne weitere Treffen vereinbart werden, um zu einer Entscheidung zu gelangen. Auch diese sollte klar terminiert sein.

Warum sind emotionale Zuneigung, Bindungsbereitschaft, gemeinsame Beziehungs- und Lebensziele sowie Veränderungsbereitschaft erforderlich, um in eine Beziehung einzusteigen?

- **Zuneigung** ist die emotionale Basis und wesentliche Triebkraft einer Partnerschaft. Gründe wie Torschlusspanik oder rationale Erwägungen zu Vorteilen wie den finanziellen Aspekten einer Beziehung führen selten zu einem späteren echten Beziehungsglück. Gefühle brauchen nicht riesenhaft oder umwerfend zu sein, aber eine sich zur Liebe vertiefende Sympathie ist für den Einstieg in eine Beziehung eine absolute Voraussetzung. Und mag es in der Kennenlernphase noch Sympathie sein, sollte in der Phase des Beziehungsaufbaus daraus bereits Liebe werden.

- **Gemeinsame Ziele** verbinden Menschen, energetisieren sie und richten ihre Handlung auf eine gemeinsame Basis aus. Ziele motivieren und geben Hoffnung. Zudem macht der Prozess der Zielerreichung auch oft Freude. Überdies helfen gemeinsame Ziele, Rückschläge zu bewältigen. Wer Ziele hat, gibt nicht sofort auf, sondern bemüht sich, Hindernisse auszuräumen. Für eine tragfähige Partnerschaft sind gemeinsame Ziele ein guter Startpunkt, an denen freilich auch während der Beziehung immer wieder zu arbeiten sein wird.

- **Bindungsbereitschaft** richtet die Aufmerksamkeit auf eine bestehende Beziehung und deren Bewahrung. Sie reduziert damit die Wahrscheinlichkeit, sich durch mögliche Alternativen ablenken zu lassen und die Beziehung vorschnell in Frage zu stellen. Bindungsbereitschaft bedeutet, es miteinander ernst zu meinen und nicht jederzeit die Augen offen zu haben für einen vielleicht noch passenderen Menschen. Wer bindungsbereit ist, versucht, eine Beziehung zu verbessern, anstatt sich bei den ersten Problemen oder einer vermeintlichen attraktiveren anderen Wahl rasch zu trennen. Beidseitige Bindungsbereitschaft kann daher eine Beziehung über die Zeit stabilisieren.

- **Veränderungsbereitschaft** ist notwendig, wenn Menschen miteinander eine Beziehung beginnen. Aber auch im Verlauf einer Beziehung ist eine Flexibilität des wechselseitigen Verhaltens für die Beziehungszufriedenheit wichtig. Es geht darum, sich miteinander auf wechselnde Situationen und

Ereignisse einzustellen. So können immer wieder neue Möglichkeiten für die Aufrechterhaltung und Verbesserung des Beziehungsglücks erschlossen werden. Wer rastet, der rostet. Wenn nur eine Seite sich verändert, fehlt die Wechselseitigkeit, was auf Dauer zu Unzufriedenheit führt. Gemeinsame Veränderungsbereitschaft wirkt Prozessen von negativer Gewohnheitsbildung, Langeweile und Unzufriedenheit entgegen. Gemeinsame Veränderungsbereitschaft dynamisiert eine Beziehung und hält sie lebendig.

Sagen Sie Ja zur Bindung

Wenn Sie sich mit der Entwicklung der Beziehung wohlfühlen, sollten Sie keine Angst haben, auch die Entscheidung für die Bindung zu treffen. Denn Liebe ist nicht nur Gefühl und Leidenschaft, sondern auch die rationale Entscheidung, mit einem Menschen zusammen sein und zusammen bleiben zu wollen – in guten wie in schlechten Zeiten.

Sprechen Sie miteinander über Ihren Wunsch, zusammen zu sein. Wenn beide Seiten in der Lage sind, sich die Sicherheit zu geben, füreinander da zu sein, hat Ihre Beziehung bereits begonnen. Sagen Sie jetzt einfach nur noch Ja.

Beenden Sie die Online-Partnersuche

Bisher hatten Sie bereits neue Vorschläge und bestehende Kontakte ausgesetzt und Ihre Finger von den Dating-Apps gelassen. Sie haben sich für einen Menschen entschieden. Nun ist der Zeitpunkt gekommen, um sich von der Online-Partnersuche endgültig zu verabschieden.

So setzen Sie für sich und Ihre Beziehung das klare Zeichen, dass die Entscheidung gefallen ist. Sprechen Sie gemeinsam darüber oder klicken Sie zusammen den Kündigungs-Button – es sei denn, Sie suchen gemeinsam eine polyamoröse Beziehung.

Für Sie geht es jetzt nicht mehr um Partnersuche, sondern darum, sich ganz auf den weiteren Aufbau und die Entwicklung der neuen Beziehung zu konzentrieren.

Machen Sie es offiziell

Was öffentlich gesagt wird, entfaltet Bindewirkung. Machen Sie daher Ihre Partnerschaft offiziell. Indem spätestens jetzt die Bekannten, Freunde und Familienangehörigen von der neuen Beziehung erfahren, wird die Bindung weiter gestärkt und die Partnerschaft auch offiziell in den Alltag integriert.

Und wenn es anders kommt?

Im besten Fall ist die Online-Partnersuche nun für Sie Geschichte und mit einer neuen Partnerschaft beginnt ein neuer Lebensabschnitt mit all seinen Herausforderungen.

Aber nicht immer laufen die Dinge im Leben so, wie wir es uns wünschen. Oftmals bedarf es mehrerer Anläufe, bis wir unsere Ziele erreichen.

Auf jedem Abschnitt der Partnersuche und auch während aller Abschnitte von Beziehungserprobung und Beziehungsaufbau können sich Hindernisse in den Weg stellen, die eine Umkehr erforderlich machen. Auch wenn Sie schon dachten, Sie hätten die richtige Person gefunden, mag sich später noch herausstellen, dass dies ein Irrtum war.

Gerade in den Anfängen einer erst beginnenden Beziehung kann es, ähnlich wie beim ersten Treffen, erneut zu einer Desillusionierung kommen. Womöglich zeigt sich, dass Alltag, Beziehungsmodelle oder Lebensziele doch nicht zueinander passen.

Akzeptieren Sie, was Sie nicht ändern können, und seien Sie nicht enttäuscht. Lassen Sie sich von temporären Rückschlägen nicht entmutigen, sondern bleiben Sie weiterhin aktiv bei der Online-Partnersuche dabei.

Wenn es noch nicht das Richtige gewesen sein sollte, gehen Sie jetzt ein Kapitel mit Ihrer Partnersuche zurück und machen Sie dort weiter, wo Sie aufgehört hatten, als Sie sich zur Vertiefung des aktuellen Kontaktes entschieden hatten.

Denken Sie aber auch noch einmal darüber nach, ob Sie aus der neuen Erfahrung etwas lernen und womöglich Ihre Suchkriterien oder Ihr Dating-Verhalten verbessern können. Oft sind nämlich temporäre Rückschläge unsere besten Lehrer.

Womöglich werden Sie im Verlauf Ihrer Partnersuche sogar mehrfach an diese Stelle zurückkommen, um sodann nicht mit Ernüchterung, sondern mit Optimismus und Initiative noch einmal erneut mit der Partnersuche durchzustarten.

Wenn Sie aber bereits jetzt an dem Punkt sind, wo die Hindernisse ausgeräumt sind, herzlichen Glückwunsch!

So bleibt die Liebe bestehen

Die Partnersuche ist erfolgreich beendet. Nun geht es darum, die Liebe zu erhalten und zu entwickeln. Denn Stillstand gibt es im Liebesleben ebenso wenig wie in allen anderen Bereichen menschlichen Verhaltens und Erlebens.

Warum bestehen einige Beziehungen lebenslang, während bei anderen die Liebe irgendwann zu Ende geht? In diesem Kapitel erfahren Sie, was Beziehungspartner:innen tun können, um ihre Liebe zu erhalten.

In einer Beziehung geht es darum, sich fortwährend miteinander darum zu bemühen, dass beide Seiten in einer Beziehung glücklich werden und glücklich bleiben. In diesem Sinne ist Beziehung auch immer Beziehungsarbeit.

Die folgenden achtzehn Tipps, die teilweise auch zusammenhängen, sollen Ihnen helfen, diese Beziehungsarbeit gemeinsam zu leisten.

Beziehung ist lernen und wir lernen lebenslang. Sprechen Sie in der Beziehung miteinander und lesen Sie beispielsweise zusammen dieses Kapitel. Machen Sie es sich gemeinsam zur Gewohnheit, immer wieder zu üben, liebevoll und zugewandt miteinander umzugehen, bestehende Konflikte und Probleme zu klären und zu lösen, Perfektionsansprüche zu reduzieren, einander Fehler zu verzeihen, Kompromisse zu finden, den Fokus auf das Positive zu legen, Ziele herauszuarbeiten und Veränderungen anzugehen. Gelingt Ihnen dies, werden Sie mit einer zufriedenen und dauerhaften Beziehung belohnt werden.

Dies sind die 18 Strategien, mit der Sie die Liebe erhalten können:

Liebe zeigen

Liebe will in einer Partnerschaft ausgesprochen und gezeigt werden. Je stärker die Liebe gezeigt wird, desto mehr wird sie gestärkt. Sagen Sie einander, dass Sie sich lieben, miteinander glücklich sind und zusammenbleiben möchten. Je deutlicher Beziehungspartner:innen dies machen, desto eher wird die Beziehung tatsächlich Bestand haben. Romantische Gefühle zum Ausdruck zu bringen, ist insofern einer der besten Beziehungsstabilisatoren.

Gemeinsame Aktivitäten

«Gemeinsame Freude ist doppelte Freude» – richten Sie Ihre Beziehung nach diesem Motto aus. Suchen Sie nach Gemeinsamkeiten im Alltag, von denen Sie sich gemeinsam anregen lassen und die Sie beide genießen können.

Aktivitäten in der Partnerschaft wirken Einsamkeit und Langeweile entgegen. Gemeinsames positives Erleben verstärkt Sympathie, Liebe und Zusammenhalt. Gleichzeitig wird es Ihnen so auch leichter fallen, von so manchen weniger schönen Kleinigkeiten abzusehen.

Entdecken Sie Hobbys und Interessen, die Sie gerne gemeinsam durchführen möchten. Bauen Sie sich einen gemeinsamen Freundeskreis auf, pflegen Sie gemeinsam Familienbeziehungen und wagen Sie es, gemeinsam Neues auszuprobieren und so immer wieder aufs Neue gemeinsame Erlebensressourcen zu erschließen.

Tauschen Sie sich darüber aus, was Ihnen gefällt und was Sie interessieren würde. Lassen Sie sich anregen durch Listen von Hobbys oder die Berichte aus Freundeskreis, Familie, Büchern oder dem Internet. Wer sucht, der findet. Wenn Sie beide Ihren Teil einbringen, wird es Ihnen gelingen, gemeinsame Aktivitäten in Ihren Alltag zu bringen, die Ihre Alltagszufriedenheit, Lebenszufriedenheit und Beziehungszufriedenheit stärken.

Zärtlichkeit und erfüllte Sexualität

Zärtlichkeit, körperliche Nähe und Erotik fördern die Beziehungsqualität. Je zärtlicher Beziehungspartner:innen miteinander umgehen und je aktiver sie ihr Sexualleben gestalten, desto seltener trennen sie sich. Sich in den Arm nehmen, küssen, streicheln, über sexuelle Interessen offen sprechen und diese gemeinsam, experimentierfreudig auszuleben, fördert die Beziehungstiefe sowie die wechselseitige Beziehungszufriedenheit und Lebenszufriedenheit.

Je besser Beziehungspartner:innen es schaffen, körperliche Nähe, Zärtlichkeit, Leidenschaft und Erotik in der Beziehung zu entwickeln und zu erhalten, desto zufriedener werden sie mit ihrer Beziehung werden. Phasen abnehmender Leidenschaft sind normal, aber Leidenschaft will und kann immer wieder entflammt werden.

Auch der Wechsel von Orten und Praktiken kann hilfreich sein. Und wenn dies von beiden gewünscht wird, spricht auch nichts dagegen, Dritte in die gemeinsame Sexualität mit einzubeziehen, z. B. durch den Besuch eines Swinger-Clubs oder andere Formen konsensueller Nicht-Monogamie.

Bei beidseitig gewünschten asexuellen Beziehungen kann Zärtlichkeit Sexualität übrigens vollauf ersetzen.

Effektiv kommunizieren

Kommunikation endet nicht, wenn die Beziehung bereits gefunden wurde, sondern sich fortdauernd um eine offene Kommunikation zu bemühen, ist für eine partnerschaftliche Beziehung das A und O.

Kommunikation darf keine Einbahnstraße sein. Es geht nicht um Mitteilungen, Forderungen oder Durchsagen, sondern um Wechselseitigkeit, Reden, Zuhören und Klären.

Wie bereits bei Kennenlernen und Beziehungsaufbau geht es also weiterhin darum, sich über die gegenseitigen Gefühle, Wünsche, Bedürfnisse und Wahrnehmungen in einer angstfreien Atmosphäre offen austauschen zu können, wo nicht mit Vorwürfen, Druck oder Beschimpfungen auf eine Selbstöffnung reagiert wird.

Achten Sie darauf, nicht nur über sich selbst zu sprechen, sondern weiterhin Interesse an den Gefühlen, Wünschen, Bedürfnissen und Wahrnehmungen Ihres Beziehungspartners zu zeigen.

Eine der wichtigsten Lernaufgaben für Paare ist es, selbst bei Enttäuschungen und unangenehmen Botschaften von Vorwürfen, Abwertungen und Schuldzuweisungen Abstand zu nehmen. Fangen Beziehungspartner:innen erst an, sich gegenseitig für unerwünschte Äußerungen zu bestrafen, kann sich dies schnell zu einem Teufelskreis steigern. Vor allem aber hören Beziehungspartner:innen auf, offen und authentisch miteinander zu reden, wenn sie Angst vor der Reaktion der anderen Person haben müssen.

Nehmen beide Seiten eine Grundhaltung ein, in der es nicht um Vorwürfe und Abwertung, sondern um Verstehen und Klärung geht, können Beziehungen gedeihen und selbst schwierige Situationen bestehen.

Natürlich geht es beim Kommunizieren nicht nur um den sprachlich-logischen Austausch von Informationen: Kommunikationsprozesse haben auch eine emotionale Komponente. Arbeiten Sie beide daran, selbst bei schweren Themen eine liebevoll-zugewandte Haltung einzunehmen und diese auch nonverbal zu zeigen. Treffen Sie hierzu Vereinbarungen und erinnern Sie einander freundlich, wenn einmal der einen oder anderen Seite die Umsetzung nicht ganz gelingt.

Konflikte klären und lösen

Es hilft nichts, bei Problemen oder Konflikten den Kopf in den Sand zu stecken. Konfliktvermeidung führt dazu, dass unbefriedigende Situationen fortbestehen, woraus eine dauerhafte Frustration, Hilflosigkeit und Verbitterung entstehen kann.

Konfliktklärung muss oft über reine Kommunikation hinausgehen. Es geht nicht nur um eine offene Aussprache, sondern darum, den Konflikt zu erkennen, sich widersprechende Bedürfnisse oder Ansichten herauszuarbeiten und auf dieser Basis zu einer Lösung zu gelangen.

Lösungen können darin bestehen, dass eine Seite vom Standpunkt der anderen Person ehrlich überzeugt wird. Achten Sie aber darauf, dass weder Sie noch die andere Person grundsätzlich eine Haltung der Nachgiebigkeit und der Zurückstellung eigener Bedürfnisse einnimmt. Nur wenn wirklich die Überzeugung besteht, dass die Position des Beziehungspartners oder der Beziehungspartnerin korrekt beziehungsweise besser geeignet ist als die eigene Position, macht es Sinn, diese Position an die Position der Beziehungspartner:innen anzupassen.

Oftmals werden Lösungen die Form eines Kompromisses haben. Beide treffen sich in der Mitte oder entscheiden sich für ein „sowohl als auch", was bedeutet, dass manchmal die eine Seite und manchmal die andere Seite zum Zuge kommt. Wichtig ist, solche Kompromisse ernst zu nehmen und durch freundliche Erinnerung und liebevolle Zuwendung an ihrer Einhaltung zu arbeiten.

Konflikte können ebenfalls ein Hinweis auf Unzufriedenheit mit der Alltagsgestaltung sein. Viel wichtiger als der konkrete Anlass kann es hier sein, an gemeinsamen Aktivitäten oder Lebenszielen und einer interessanteren Gestaltung des Alltags zu arbeiten. In diesem Sinne können Konflikte auch Signale für Umdenken, Veränderung und eine aktualisierte Lebensplanung sein.

Manchmal mag es sinnvoll sein, die Klärung des Konflikts bewusst aufzuschieben. Eine Aufschiebung ist dann sinnvoll, wenn die Bedingungen für eine Veränderung noch nicht gegeben sind oder eine oder beide Seiten Bedenkzeit brauchen. Vielleicht wird eine grundlegende Veränderung angestrebt, beispielsweise ein Umzug, ein Arbeitsplatzwechsel oder eine Auswanderung. Vielleicht liegt eine Erkrankung vor. In diesen Fällen kann es hilfreich sein, zunächst abzuwarten.

Allerdings sollten Abwarten und Aufschieben außerhalb dieser besonderen Situationen keineswegs zur Gewohnheit werden, da sich sonst eine dysfunktionale Konfliktvermeidung im Gewand des Abwartens tarnen mag und sich so tatsächlich Frustration und Verbitterung akkumulieren können.

Keinen Sinn machen Schreien, Schimpfen, permanente Vorwürfe, dauernde Trennungsdrohungen oder gar körperliche Gewalt. Je mehr zu solchen schädlichen Konfliktstrategien gegriffen wird, desto unglücklicher wird die Beziehung werden.

Allerdings ist auch hier zwischen einzelnen Vorfällen angesichts von Überforderung, Hilflosigkeit und Verzweiflung und einem dauerhaften Muster zu unterscheiden. Kommt es zu einem destruktiven Konflikt, ist es die entscheidende Aufgabe, diesen durch Mitgefühl und die Einnahme der Perspektive des anderen einer konstruktiven Konfliktklärung zuzuführen.

Lösungsorientiert denken und handeln

Es hilft nichts, nur allgemein zu klagen, Probleme brauchen Lösungen.

Partnerschaftskonflikte sind spezifische Arten von Problemen. Zudem können jedoch noch viele weitere Probleme auftreten, die in einer Beziehung letztlich immer alle Seiten betreffen:
• Finanzielle Probleme, berufliche Probleme, gesundheitliche Probleme, Probleme mit der Herkunftsfamilie – die Liste ließe sich umfassend fortsetzen.

Es ist richtig, sich über Probleme auszutauschen. Wichtig ist aber, hier nicht stehenzubleiben. Bei der Besprechung von Problemen sollte der Fokus auf der Lösung liegen. Überlegen Sie gemeinsam, was getan werden kann, um eine unschöne Situation zu verändern. Hierzu gehört auch, eine Grundhaltung zu entwickeln, bei der Probleme und Krisen nicht als Katastrophen, sondern als Herausforderungen angenommen und gemeistert werden können.

Hilfreich ist ein Problemlösungsansatz, bei dem Sie gemeinsam den unerwünschten Ist-Zustand und den gewünschten Zielzustand herausarbeiten und so die Barrieren identifizieren, die es erschweren oder unmöglich machen, zum Ziel zu gelangen. Haben Sie die Barrieren erst identifiziert, wird es Ihnen leichter fallen, über mögliche Lösungsstrategien nachzudenken. Oft kann ein Brainstorming Wunder wirken, bei dem Sie gemeinsam nach Lösungsmöglichkeiten suchen. Aus diesen Lösungsstrategien können Sie die am besten passende

Strategie auswählen. Ist diese erkannt, geht es darum, sich an die Umsetzung zu machen und, wenn der Erfolg möglicherweise weiterhin ausbleibt, die Lösungsstrategie zu wechseln. Schließlich gibt es Probleme, die tatsächlich nicht zu ändern sind. Ist dies der Fall, liegt die Lösung in der Akzeptanz. Viele Probleme verlieren ihren Druck erzeugenden Charakter, wenn Akzeptanz an die Stelle von Widerstand tritt.

Hüten sollten Sie sich allerdings davor, Probleme zu akzeptieren, die in Wirklichkeit veränderbar sind. Hieraus kann nämlich wieder schnell ein Muster werden, welches es Ihnen erschwert, echte Zufriedenheit zu entwickeln.

Partnerschaft bedeutet „gemeinsames Leben", egal, ob Sie zusammengezogen sind oder in getrennten Wohnungen oder in einer Fernbeziehung leben. Paare, die das gemeinsame Leben auch als einen Problemlösungsprozess begreifen, haben die besten Aussichten, dieses gemeinsame Leben aufrechtzuerhalten und positiv weiterzuentwickeln.

Das Positive in den Mittelpunkt stellen

Ein Glas mag halb voll oder halb leer sein, das kommt auf die Perspektive der Betrachter an. Wenn Sie und Ihre Beziehungspartner:innen den Fokus auf das Positive in Ihrer Beziehung lenken, werden Sie das Glück in der Partnerschaft besser erhalten können.

Es geht nicht darum, Konflikte oder Probleme zu verdrängen. Dies ist im Gegenteil schädlich. Ebenso schädlich ist es jedoch, das Augenmerk vorwiegend auf das Negative zu richten und das Positive zu übersehen.

Dies ist eine schlechte Angewohnheit, die wir als Menschen schnell entwickeln:

Wir ärgern uns darüber, wenn ein Zug zu spät kommt, freuen uns aber nicht, wenn er pünktlich kommt. Im Alltag nehmen wir viel zu oft vorwiegend die Ärgernisse und Irritationen wahr, übersehen aber die unzähligen Abläufe, die gut laufen. Bei manchen Menschen kann dies so weit gehen, dass es ihnen schwerfällt, überhaupt positive Sinneswahrnehmungen zu machen.

Helfen können hier Genussübungen, bei denen völlig unabhängig von möglichen Problemen ganz bewusst auf positive Sinneswahrnehmungen wie Geschmack, Geruch oder Berührung geachtet wird. Solch ein Training können Beziehungspartner:innen übrigens auch gemeinsam durchführen und es kann sexuelltaktile Aspekte beinhalten.

Entscheidend für die Beziehungszufriedenheit ist es, eine Grundhaltung einzunehmen, die die positiven Aspekte des Alltags und der Beziehung ausreichend wertschätzt. Machen Sie sich klar, was Ihnen an der Beziehung und der anderen Person gefällt und bringen Sie dies zum Ausdruck. Machen Sie es sich zur Gewohnheit, nicht nur Gespräche über Probleme und Konflikte zu führen, sondern auch über Ihre Zufriedenheit mit der Beziehung, Ihre Erfolge und Errungenschaften. Dies wird es Ihnen auch leichter machen, tatsächlich bestehende Konflikte und Probleme anzusprechen und zu klären, ohne die Beziehung in Frage zu stellen und sich gegenseitig zu verletzen.

Kompromisse sind notwendig

Es wurde schon mehrfach angesprochen, dass es die perfekte Passung nicht gibt. So hoch auch die Kompatibilität zwischen Beziehungspartner:innen sein mag, keine Beziehung wird dauerhaft in allen Aspekten in Balance sein.

Kompromisse im Rahmen der Problem- und Konfliktklärung sind nicht nur das kleinere Übel, sondern sie können Ihnen sogar dabei helfen, eigene Vorstellungen und Muster zu hinterfragen und zu flexibilisieren und dadurch Ihre Persönlichkeitsentwicklung zu fördern. Wären alle Perspektiven in einer

Beziehung immer gleich, würden Sie sich nur gegenseitig bestätigen und es fände keine Entwicklung statt.

In diesem Sinne können, so wichtig eine gute Grundübereinstimmung auch ist, Unterschiede eine positive, vorantreibende Funktion ausüben, die es beiden Beziehungspartner:innen ermöglicht, eigene Positionen zu überdenken und durch emotional bejahte und akzeptierte Kompromisse zu verändern.

Die Bereitschaft und Fähigkeit, in einer Beziehung Kompromisse einzugehen, verbessert die Beziehungszufriedenheit und erhöht die Aussichten, dass die Beziehung dauerhaft bestehen bleiben wird.

Für die Kompromissbereitschaft ist es notwendig, eigene Perfektionsansprüche zu reduzieren und zu erkennen, dass Unvollständigkeit zum menschlichen Dasein und Miteinander gehört. Perfektionismus führt zu Rigidität, Unzufriedenheit und Unverträglichkeit, wodurch eine Partnerschaft belastet wird. Fehlertoleranz ermöglicht Gelassenheit, Loslassen und Toleranz. So können Kompromisse leichter geschlossen werden.

Auch wenn die romantische Liebe meistens glücklicher ist als die pragmatische Liebe, haben pragmatische Überlegungen in einer Beziehung ihren Wert. Zu diesen gehört auch die Akzeptanz. Wenn eine Beziehung insgesamt zufriedenstellend ist, mag es sinnvoll sein, die eine oder andere Marotte eines Beziehungspartners in Kauf zu nehmen oder von dem einen oder anderen Wunschbild etwas Abstand zu nehmen.

Toleranz für die Fehler und Schwächen des anderen fördert die Verbundenheit.

Veränderungsbereit bleiben

Nicht oft genug kann die Bedeutung der wechselseitigen Veränderungsbereitschaft betont werden. Denn mit ihrer Hilfe können Paare Monotonie, langweilige Routine und das Einschlafen ihrer Beziehung verhindern.

Eine Beziehung bleibt niemals gleich. Suchen Sie daher nach Veränderungsmöglichkeiten, bringen Sie immer wieder Spannung in das gemeinsame Leben. Starten Sie neue private oder berufliche Projekte und halten Sie Ausschau danach, was für eine weitere Verbesserung der Beziehung und Ihrer gemeinsamen Lebenszufriedenheit getan werden kann.

Tauschen Sie sich in der Beziehung darüber aus, womit Sie zufrieden sind und was Sie beibehalten wollen, aber auch darüber, was Sie anders gestalten wollen. Manchmal kann es auch darum gehen, bereits eingetretene Veränderungen zu akzeptieren, anstatt durch Festhalten an alten Mustern und Erwartungen Frustration, Enttäuschung oder gar Verärgerung zu entwickeln.

Der Charakter einer Beziehung mag sich ebenfalls ändern. So beginnen viele Beziehungen hochgradig romantisch, entwickeln sich im Verlauf aber zunehmend freundschaftlich. Auch wenn Romantik und Leidenschaft immer wieder entflammbar sind, ist die tiefe Verbundenheit der freundschaftlich-kameradschaftlichen Liebe fraglos nichts, was dem Beziehungsglück im Wege steht. Die freundschaftliche Verbundenheit annehmen und wertschätzen zu können und gleichzeitig gemeinsam neue Ideen zu entwickeln, wird Ihre Beziehung am Laufen halten.

Arbeit an Lebenszielen

Ziele sind ein wichtiger Anreiz, um Verhaltensweisen beizubehalten oder sie zu verändern. Wer Ziele hat, ist meistens glücklicher als jemand, der keine Lebensziele benennen kann. Paare, die gemeinsame Ziele haben, werden glücklicher als Paare, die ihre Partnerschaft im Wesentlichen ziellos führen.

Sprechen Sie darüber, wie Sie kurzfristig, mittelfristig und langfristig gerne leben wollen. Scheuen Sie nicht vor anspruchsvollen Zielen zurück, die Ihrem Leben den Glanz von Abenteuer und Verwegenheit verleihen können – wobei ein Realitätsbezug dennoch bestehen sollte.

Ziele werden nicht nur einmal definiert, sondern sind immer wieder zu klären, zu ergänzen und zu verändern. Wer gemeinsame Lebensziele hat, für den lohnt es sich, zusammenzubleiben und nicht bereits bei dem ersten Hindernis die Flinte ins Korn zu werfen und aus einer Beziehung zu fliehen.

Gemeinsame moralische Werte leben

Paare, die durch feste ethische Prinzipien miteinander verbunden sind, sind zufriedener als Paare, die keinerlei ethischer Werte miteinander teilen. Die entscheidende Herausforderung ist nicht nur, Werte verbal zu vertreten, sondern gemeinsam in die Praxis umzusetzen.

Eine Partnerschaft auf Grundlage einer gemeinsam praktizierten Ethik wird zu einem Lebensprojekt, welches nicht bei kleineren Stürmen oder Wogen ins Trudeln gerät und sich selbst bei großen Verwerfungen eher behaupten kann als eine Beziehung, die abseits moralischer Werte gelebt wird.

Aus gemeinsamen Werten ergibt sich Sinn. Sinnerleben gibt uns wiederum die Fähigkeit zur Resilienz, wenn wir mit Problemen, Krisen und Herausforderungen konfrontiert werden.

Moralische Werte können sich auf viele Bereiche beziehen. Sie können politisch-gesellschaftliche, religiöse oder auf den einzelnen Menschen und seine Handlungsprinzipien ausgerichtete Aspekte beinhalten.

Wir leben in Zeiten des menschengemachten Klimawandels, der rücksichtslosen Zerstörung unserer natürlichen Lebensgrundlagen sowie des ebenso rücksichtslosen Umganges mit der Tierwelt, mit der wir Lebenswillen und Leidensfähigkeit teilen. In solchen Zeiten mit all ihren Verwerfungen sowie denen, die noch kommen werden, kann eine Ethik der Nachhaltigkeit maßgeblich dazu beitragen, Beziehungen in Lebensprojekte zu transformieren und sie so zu erhalten.

Entdecken Sie in einer Beziehung immer wieder aufs Neue, was Sie ethisch-moralisch verbindet, und entwickeln Sie auf dieser Basis eine gemeinsame Lebensführung, die diesen Werten entspricht. So wird nicht nur Ihre Partnerschaft glücklich und sinnerfüllt, sondern Ihr ganzes Leben.

Füreinander einstehen

Liebe ist nicht nur für die guten Zeiten, sondern zeigt sich gerade dann, wenn es Beziehungspartner:innen schlecht geht. Setzen Sie nicht auf eine Schönwetterbeziehung, sondern seien Sie da, wenn Sie gebraucht werden.

Liebe ist weitaus mehr als Leidenschaft, Sex oder Begehren. Erinnern wir uns an die 30 Komponenten der Liebe nach Karandashev und Clapp (2014, 2016).

Die wirkliche, kameradschaftlich-romantische, vollständige Liebe schließt es ein, für den anderen sorgen zu wollen, sich gegenseitig schützen zu wollen und sich als Beziehungspartner:innen in der Not beizustehen .

Haben Sie keine Angst vor Agape, dem aufopferungsvollen Stil der Liebe, sondern nehmen Sie diese Komponente der Liebe als wichtigen Teil an, der mit zu einer vollständigen, wechselseitigen Liebe gehört. Ist die Liebe balanciert, kann füreinander einzustehen die Liebe nur vertiefen.

Stehen Sie sich also in Ihrer Beziehung bei Problemen und Belastungen bei, helfen Sie sich gegenseitig und seien Sie füreinander da.

Aktivieren Sie die spielerische Liebe

„Ich verliebe mich öfter für kurze Zeit", lautet eine Abfrage aus dem *Marburger Einstellungs-Inventar für Liebesstile* (Bierhoff et al., 1993). So verwundert es nicht, dass diese spielerische Form der Liebe meistens nicht lange hält.

Aber auch wenn eine solche Form der spielerischen Liebe kurzlebig ist, lässt sich doch einiges von ihr lernen. Sich in gemeinsamen Momenten immer wieder auf das Positive in der Gegenwart auszurichten und miteinander zu flirten, selbst wenn die Beziehung schon lange besteht, hat eine belebende Wirkung. Solche spielerischen Elemente in einer verbindlichen Beziehung können zu mehr Leichtigkeit beitragen.

Liebe im vollständigen Sinn ist ein tiefes und manchmal – wenn Probleme auftreten – auch schweres Gefühl. Dies muss Sie jedoch nicht davon abhalten, in Ihrer Beziehung auch die spielerischen, genussorientierten und flirtenden Komponenten zu aktivieren.

Humor, Witz, Verrücktheit, Komplimente und Flirten gehören nicht nur an den Beziehungsanfang, sondern können eine Partnerschaft lebenslang begleiten. Achten Sie darauf, diesen spielerischen Charakter der Liebe bei aller Ernsthaftigkeit des Lebens in Ihrer Beziehung zu erhalten oder immer wieder aufs Neue aufflackern zu lassen.

Beziehungstage und Partnertage einlegen

In der Routine des Alltags vergessen Beziehungspartner:innen oft, den wechselseitigen Bedürfnissen genügend gerecht zu werden. Die Anforderungen des Alltags können nicht gänzlich außer Kraft gesetzt werden. Aber wenn Sie darauf achten, werden Sie in jeder Lebenskonstellation Freiräume für Ihre Beziehung entdecken und schaffen können.

Planen Sie feste Beziehungstage ein, bei denen allein Ihre Beziehung den Fokus des Alltages bildet. Tun Sie an diesen Tagen etwas, was Ihnen beiden gefällt. Städtetouren oder Kurzurlaube in der Natur seien nur als zwei Beispiele genannt. Genau so können sich Beziehungstage zu Hause abspielen.

Gartenarbeit, Waldspaziergänge, Schwimmbad und Sauna – die Möglichkeiten sind unbegrenzt. Auch bei kleinem Geldbeutel lassen sich ohne Weiteres gemeinsame Aktivitäten finden, schließlich ist beispielsweise die Natur nach wie vor kostenlos. Nicht immer sind alle Wünsche und Bedürfnisse von Beziehungspartner:innen gleich. Manchmal geht die Achtsamkeit füreinander im Alltag verloren. Hier können Partnertage helfen, bei denen jeweils eine Seite ganz im Vordergrund steht. Natürlich sollten solche Partnertage abwechselnd eingeplant werden.

Beziehungstage oder Partnertage können feste wiederkehrende Tage sein – zum Beispiel der Sonntag – oder auch irregulärer festgelegt werden. Die Logik des Beziehungstages ist es, gemeinsam Positives zu unternehmen und sich von nichts anderem ablenken oder runterziehen zu lassen. Die Logik des Partnertages ist es, sich auf die Bedürfnisse von Beziehungspartner:innen zu konzentrieren und diese an diesem Tag soweit als möglich zur Geltung bringen. Da die Tage abwechseln, kommen alle Seiten zum Zuge und die notwendige Wechselseitigkeit wird gewährleistet.

Je nach Beziehungstyp und Alltag mögen Beziehungstage oder Partnertage gewählt werden. Selbstverständlich können auch beide Arten von Tagen eingerichtet werden.

Der Vorteil solcher besonderen Tage ist es, dass mit dieser einfachen Methode Unzufriedenheit und eingefahrene Muster durchbrochen werden und Beziehungen zu neuer Frische finden können.

Lässt sich ein ganzer Tag nicht einrichten, können selbstverständlich auch – je nach Ihrer Lebenssituation – Abende oder Vormittage gewählt werden.

Freiheit geben

Ihre Beziehung besteht, weil Sie sich wechselseitig einander verbunden fühlen und Ihre Partnerschaft ein gemeinsames Lebensprojekt ist. Gemeinsame Aktivitäten und eine geteilte Lebensplanung sind für eine Beziehung zentral.

Dennoch brauchen Menschen ihre Freiräume. Das Ausmaß, in dem in Beziehungen Wert auf Unabhängigkeit oder Gemeinsamkeit gelegt wird, unterscheidet sich zwischen Menschen. Bei der Partnerwahl sollten Sie bereits darauf geachtet haben, dass keine unvereinbaren Gegensätze zueinanderfinden. Gelegentliche Freiräume braucht jedoch jeder.

Die Bedürfnisse nach Freiheit und Unabhängigkeit können sich im Verlauf einer Beziehung verändern oder temporär schwanken. Es kann ein verstärktes Bedürfnis nach Zusammensein oder ein vermehrtes Bedürfnis nach eigenen Aktivitäten, die getrennt von Beziehungspartner:innen unternommen werden, entstehen.

Die Veränderungen oder Schwankungen der Bedürfnisse nach Nähe oder Eigenständigkeit mögen bei Beziehungspartner:innen in gleicher Weise ablaufen oder auch gegenläufig sein. Sprechen Sie diese Situation an und treffen Sie Vereinbarungen, die allen Seiten gerecht werden. Auch gegenläufige Bedürfnisse können umgesetzt werden, beispielsweise indem an einem Tag die räumliche Nähe erhöht und an einem anderen Tag mehr Raum für eigenständige Aktivitäten gegeben wird.

Sich genügend Freiheit zu geben, ist in gewisser Weise das Pendant zu gemeinsamen Aktivitäten und es ist von gleicher Wichtigkeit. Achten Sie darauf, sich wechselseitig ausreichende Möglichkeiten für Ihre Eigenständigkeiten einzuräumen. Unterlassen Sie vor allem jede Form von Besitzergreifung und Freiheitsbeschränkung in Form von Kontrollen und Verboten. Kontrolle signalisiert Misstrauen und Freiheitsbeschränkung löst oft Widerstand aus.

Bei Kontrolle und Reglementierung kommt es zur Reaktanz, unter der die Psychologie den frustrationsbedingten Wunsch versteht, das Gegenteil dessen zu tun, was der andere verlangt. Im Ergebnis mag daraus auch ein Verlust an Offenheit und Transparenz resultieren. So können sogar Doppelleben entstehen, an denen Beziehungen später zerbrechen.

Begehen Sie nicht den Irrtum zu glauben, dass Vertrauen gut, aber Kontrolle besser sei. Wenn Sie den Weg von Kontrolle und Reglementierung beschreiten, verschlechtern Sie die Beziehungsqualität und haben vielleicht gar den Weg zum Beziehungs-Aus eingeschlagen.

Achten Sie auf Ihre Grenzen

Bei aller Kompromissbereitschaft gibt es Grenzen, die Sie auch in einer und für eine Partnerschaft nicht überschreiten sollten. Keine Beziehung darf Ihre seelische oder körperliche Integrität und Gesundheit gefährden.

Machen Sie sich Ihre Grenzen bewusst und sprechen Sie es deutlich an, was für Sie unverzichtbar ist und was Sie nicht bereit sind, hinzunehmen.

Wer seine eigenen Grenzen kennt und sie mit dem Anderen bespricht, wird am ehesten gemeinsam glücklich werden.

Suchen Sie sich Hilfe

Bekannte, Freunde und Familienangehörige können Sie als Paar dabei unterstützen, wenn die Beziehung in eine Krise gerät. Wichtig ist, dass diese positiv zur Beziehung eingestellt sind und eine ausgeglichene Position einnehmen.

Wenn dies nicht mehr hilft, kann oft noch professionelle Unterstützung helfen. Viele Paare in Krisen können mithilfe von Paarberatung oder Partnertherapie ihre Schwierigkeiten überwinden und ihre Partnerschaft auf ein neues Fundament stellen.

Sprechen Sie miteinander, wenn Sie den Eindruck haben, dass Sie es nicht mehr allein aus einer Krise herausschaffen und eine professionelle Unterstützung hilfreich sein könnte.

Verzeihen gehört zur Liebe

Jeder Mensch macht Fehler. Auch in einer Beziehung wird jeder Mensch manchmal mehr oder weniger gegen Absprachen und Vereinbarungen verstoßen. Mithilfe einer verzeihenden Grundhaltung können Beziehungspartner:innen verhindern, dass ihre Beziehung an solchen Fehlern und Verstößen zerbricht.

Belasten Sie sich und Ihre Beziehung nicht mit Verbitterung oder Vorwürfen, die sich auf vergangenes Verhalten beziehen. Verzeihen Sie stattdessen Übertritte und Fehler und zeigen Sie gerade damit Beziehungspartner:innen Ihre Liebe.

Bitten Sie um Verzeihung, wenn Sie sich falsch verhalten haben, und nehmen Sie Abstand von Rechthaberei oder dem Beziehungsgift „Angriff ist die beste Verteidigung".

Die Vergangenheit ist anzuerkennen, aber es sollte nicht permanent in ihr gekramt werden und schon gar nicht sollten daraus Verbitterung oder ständige Vorwürfe entstehen. Damit nehmen Sie nur sich und Ihren Beziehungspartner:innen die Freude an der Beziehung und am gemeinsamen Alltag.

Fehler sind nicht dazu da, um wiederholt zu werden, in einer Beziehung sollten sie aber verziehen werden. Sie werden noch lange miteinander glücklich sein, wenn Ihnen dies gelingt.

Nachwort

War es notwendig, diesen Ratgeber zum Online-Dating zu schreiben? Wäre es nicht besser gewesen, die Partnersuche der Spontaneität der Menschen zu überlassen? Ein Blick auf die vielen unfreiwilligen Singles, desaströsen Partnerwahlen und zerrütteten Beziehungen spricht dagegen. Beim Online-Dating kommen überdies noch verschwendete Zeit, herausgeworfenes Geld und psychische Verletzungen aufgrund falscher Suchstrategien oder eines nicht effektiven Kommunikationsverhaltens hinzu. Ganz zu schweigen von denjenigen, die Opfer von Lug und Betrug, Catfishing, Love-Scammern oder sexuellen Übergriffen werden. Andere wiederum verlieren sich in virtuellem Chatten oder unverbindlichen Begegnungen und entfernen sich unterdessen unbemerkt, aber immer mehr von ihrem ursprünglichen Ziel einer langfristigen Beziehung.

All dies ist unnötig. Denn Online-Dating – richtig ausgeführt – kann ein sehr effektiver Weg sein, um den passenden Menschen für eine glückliche und stabile Beziehung zu finden. Genau dies wollte ich mit diesem Ratgeber deutlich machen.

Romantische Liebe ist möglich und sie bleibt nach wie vor – trotz aller gesellschaftlichen und technologischen Veränderungen – für die große Mehrheit der Menschen einer der wichtigsten Faktoren ihres Lebensglücks. Für viele andere ist es die Sehnsucht nach diesem Glück, welche sie online weiterhin nach der Liebe suchen lässt.

Die Strukturen und Algorithmen des Online-Datings sind für die meisten Menschen jedoch schwer durchschaubar. Hier wollte ich mit diesem Ratgeber ein wenig Licht in das Dunkel bringen und dadurch die Wahl einer geeigneten Plattform erleichtern.

Ich hoffe ebenfalls, dass dieser Ratgeber seinen Leser:innen Anlass gibt, Liebe und Partnerschaft offener und vielgestaltiger zu betrachten. Allzu oft wiederholen wir immer wieder die gleichen Muster oder ahmen nach, was andere uns vorgeben. Mit diesem Ratgeber wollte ich die Vielfältigkeit der Liebe aufzeigen und belegen. Beziehungen können monogam oder nicht-monogam sein. Beziehungspartner:innen können zusammen wohnen, sich für getrennte Wohnungen am gleichen Ort oder eine Fernbeziehung entscheiden. In allen diesen Beziehungsmodellen lassen sich Stabilität und Zufriedenheit erreichen.

Die wichtigste Empfehlung dieses Ratgebers ist aber die Aufforderung zu radikaler Ehrlichkeit. Diese ist Voraussetzung und Methode zugleich, um partnerschaftliche Beziehungen zu finden, zu begründen, aufrechtzuerhalten und weiterzuentwickeln. Radikale Ehrlichkeit mit sich selbst und anderen sollte die gesamte Partnersuche begleiten und auch nach der Partnerfindung nicht enden.

Damit schließt sich der Kreis und wir kehren zurück zur Spontaneität: Radikale Ehrlichkeit ist Voraussetzung für eine Spontaneität, wo Menschen sich nicht mehr präsentieren, sondern sich ganz spontan so verhalten und zeigen, wie sie tatsächlich sind.

Zum Autor

Guido F. Gebauer studierte Psychologie an den Universitäten Trier, Berlin und Cambridge. Er promovierte an der Universität Cambridge über die Zusammenhänge zwischen unbewusstem Lernen und Intelligenz. Im Anschluss daran absolvierte er eine rechtspsychologische Ausbildung, war in der forensischen Psychiatrie tätig und arbeitete zehn Jahre als Gerichtsgutachter. 2006 gründete er die psychologische Kennenlern-Plattform Gleichklang, die er seither mit Seksan Ammawat leitet.

Fussnotenverzeichnis

1   Unter einer konsensuellen Nicht-Monogamie versteht man Vereinbarungen, die Sexualität mit dritten Personen außerhalb der Beziehung ermöglichen.

2   Bei polyamorösen Beziehungen handelt es sich um Liebesbeziehungen zwischen mehr als zwei Personen.

3   Gebauer, G. F. (2017, 30. März). Umfrage: Liebe zwischen Fleischessern und Veganern. Vegan.eu. Abgerufen am 02.09.2021, von https://www.vegan.eu/liebeveganfleischesser/.

4   Beziehungen mit häufigen Trennungen und Wiederversöhnungen.

5   Gebauer, G. F. (2020, 5. Juli). Über Treue, Begehren, Monogamie und Polyamorie. Blog Gleichklang.de. Abgerufen am 02.09.2021, von https://www.psychologie-partnersuche.de/allgemein/ueber-treue-begehren-monogamie-und-polyamorie/.

6   Bittner, L. (aktualisiert am 2021, 25. August). Größenunterschiede bei Paaren – „Ich habe voll Angst, dass der Typ klein ist". FAZ.NET. Abgerufen am 30.08.2021, von https://www.faz.net/aktuell/stil/leib-seele/ich-du-er-sie-es/groessenunterschied-bei-der-partnerwahl-wie-entscheidend-ist-er-17489029.html.

7   Vom Autor erhaltene E-Mail-Zuschrift.

8   Vom Autor erhaltene Facebook-Zuschrift.

9   Hinge. (2016, 7. Oktober). Swiping For Love in All The Wrong Places. Medium. Abgerufen am 03.09.2021, von https://medium.com/@Hinge/swiping-for-love-in-all-the-wrong-places-21a681109505.

10   Tindernightmares. (2021, 28. März). Are you a rare steak? Cause I'd eat you if you were still bleeding [Instagram-Post]. Instagram. Abgerufen am 3. September 2021, von https://www.instagram.com/p/CMI5712l9j4/.

11   Tindernightmares. (2021, 28. Februar). You look like you would ruin my life … [Instagram-Post]. Instagram. Abgerufen am 3. September 2021, von https://www.instagram.com/p/CK9w17gFvo2/.

12   Tindernightmares. (2020, 22. Dezember). Roses are red. Violets kinda suck. You're well fit. Let's go fuck. [Instagram-Post]. Instagram. Abgerufen am 3. September 2021, von https://www.instagram.com/p/CJEdSNElZYn/.

13 Tweten, A. (o. D.). Byefelipe. Instagram. Abgerufen am 3. September 2021, von https://www.instagram.com/byefelipe/.

14 Thompson, L. (2018). "I can be your Tinder nightmare": Harassment and misogyny in the online sexual marketplace. Feminism & Psychology, 28(1), 69–89. https://doi.org/10.1177/0959353517720226

15 Die Prozente addieren sich nicht zu 100 %, weil mehrere Verantwortliche benannt werden konnten.

16 Statista. (2021, April 15). Tinder MAU user ratio in the U.S. 2021, by gender. Abgerufen am 27. August 2021, von https://www.statista.com/statistics/975925/us-tinder-user-ratio-gender/.

17 Ogury. (2018). Dating App Study. Ogury. Abgerufen am 27. August 2021, von https://ogury.com/wp-content/uploads/2019/05/Dating-Study_Oct-Dec-2018.pdf.

18 Statista. (2021, Januar 27). Tinder user engagement in the United States 2020, by age group. Abgerufen am 27. August 2021, von https://www.statista.com/statistics/466842/tinder-age-engagement-distribution-usa/.

19 Statista. (2021, Januar 27). Grindr usage reach in the United States 2018, by age group. Abgerufen am 27. August 2021, von https://www.statista.com/statistics/814764/share-of-us-internet-users-who-use-grindr-by-age/.

20 Böhm, M. (2018, 3. Mai). Tinder und Co. „Beim Onlinedating ist die Hemmschwelle niedriger." Spiegel Netzwelt. Abgerufen am 02. September 2021, von https://www.spiegel.de/netzwelt/apps/tinder-und-co-beim-online-dating-ist-die-hemmschwelle-niedriger-a-1205552.html.

21 Dittmar, F. (o. D.). Wie ist die Altersstruktur bei Parship? Frederic Dittmar (Coach). Abgerufen am 16. Dezember 2021, von https://web.archive.org/web/20200812031848/https://frederic-dittmar.de/single/parship/wie-ist-die-altersstruktur-bei-parship/.

22 Statista. (2021, 10. November). Durchschnittsalter bei Online-Partnervermittlungen nach Geschlecht 2016. Abgerufen am 16. Dezember 2021, von https://de.statista.com/statistik/daten/studie/614162/umfrage/durchschnittsalter-bei-online-partnervermittlungen-nach-geschlecht/

23 PE Digital GmbH. (o. D.). Beste Bedingungen für deine Partnersuche. Parship. Abgerufen am 16. Dezember 2021, von https://www.parship.de/tour/

24 PE Digital GmbH. (o. D.). Elitepartner – Wie funktioniert eigentlich die Partnerbörse mit Niveau? Beziehungsweise-Magazin. Abgerufen am 28. August 2021, von https://www.beziehungsweise-magazin.de/singles/suchen-finden/wie-funktioniert-eigentlich-die-partnerboerse-elitepartner/

25 Statista. (2021, 10. November). Durchschnittsalter bei Online-Partner-vermittlungen nach Geschlecht 2016. Abgerufen am 16. Dezember 2021, von https://de.statista.com/statistik/daten/studie/614162/umfrage/ durchschnittsalter-bei-online-partnervermittlungen-nach-geschlecht/.

26 PE Digital GmbH. (o. D.-b). WER IST BEI ELITEPARTNER? ElitePartner. Abgerufen am 16. Dezember 2021, von https://www.elitepartner.de/tour/

27 Gebauer, G. F. (2016, 18. Dezember). Gleichklang und Tinder: Wie unter-scheiden sich die Nutzer? Blog Gleichklang.de. Abgerufen am 03. September 2021, von https://www.psychologie-partnersuche.de/gleichklang-informiert/ gleichklang-tinder-motive/.

28 Original auf Englisch: "'More Alike than Different' a qualitative exploration of the relational experiences of multicultural couples in Turkey." (Boratav et al., 2021)

29 STRG_F. (2020, 2. Juni). Undercover als Chatschreiberin: Falsche Flirts auf Dating-Plattformen [Video]. YouTube. Abgerufen am 03.09.2021, von https://youtu.be/tttHVfn_joo.

30 Verbraucherzentrale Bundesverband. (2021, 12. Februar). Parship muss loslassen – vzbv prüft Musterfeststellungsklage und sucht dafür Betroffene [Pressemeldung]. Abgerufen am 03.09.2021, von https://www.vzbv.de/pressemitteilungen/parship-muss-loslassen.

31 Verbraucherzentrale Hamburg. (2021, Januar 29). PARTNERVERMITTLUNG – Parship und der Wertersatz. VZHH. Abgerufen am 03.09.2021, von https://www.vzhh.de/themen/einkauf-reise-freizeit/partnervermittlung/parship-der-wertersatz.

32 Die Online-Partnervermittlung Parship hat vor Kurzem die Möglichkeit eingeführt, nach Mann und Frau zu suchen (Stand Januar 2022).

33 Horcher, N. (2020, 20. Dezember). Online-Dating: Wie Bisexuelle unsichtbar gemacht werden. DerStandard. Abgerufen am 28.08.2021, von https://www.derstandard.de/story/2000122598649/online-dating-wie-bisexuelle-unsichtbar-gemacht-werden.

34 Metaflake. (o. D.). Singlebörsen Vergleich. Singlebörsen-Vergleich.de. Abgerufen am 3. September 2021, von https://www.singleboersen-vergleich.de/.

35 Gebauer, G. F. (2015, 18. November). Erfolg beim Onine-Dating: Der freie Text ist entscheidend! Blog Gleichklang.de. Abgerufen am 03. September 2021, von https://www.psychologie-partnersuche.de/gleichklang-informiert/freier_text/.

36 Gebauer, G. F. (2020, 8. November). Was ist die richtige Erstnachricht? Blog Gleichklang.de. Abgerufen am 02.09.2021, von https://www.psychologie-partnersuche.de/allgemein/was-ist-die-richtige-erstnachricht/.

37 Hickey, W. (2013, 16. Juli). One Chart That Shows How Women Are At A Huge Advantage When It Comes To Online Dating. Businessinsider. Abgerufen am 03.09.2021, von https://www.businessinsider.com/likelihood-of-getting-a-response-in-online-dating-men-vs-women-2013-7.

38 Gebauer, G. F. (2017, 08. Mai). Warum reagieren Menschen bei der Partnersuche oder nicht? Blog Gleichklang.de. Abgerufen am 05. September 2021, von https://www.psychologie-partnersuche.de/allgemein/3568/.

39 Tinder. (2021, 25. März). The Future of Dating Is Fluid – What the last year on Tinder tells us about the next decade of dating [Pressemeldung]. Abgerufen am 05.09.2021, von https://www.tinderpressroom.com/futureofdating.

40 Bitkom e. V. (2021, 4. März). Dating per Video mittlerweile genauso wichtig wie persönliche Dates [Pressemeldung]. Abgerufen am 03.09.2021, von https://www.bitkom.org/Presse/Presseinformation/Dating-per-Video-mittlerweile-genauso-wichtig-wie-persoenliche-Dates.

41 Cis bezieht sich auf die Übereinstimmung zwischen der geschlechtlichen Identität und dem biologischen Geschlecht.

42 Gebauer, G. F. (2016, 05. Februar). Gleichklang-Umfrage: Sexuelle Übergriffe. Blog Gleichklang.de. Abgerufen am 06. September 2021, von https://www.psychologie-partnersuche.de/umfragen-studien/sexuelle-uebergriffe-dating/.

Literaturverzeichnis

Abramova, O., Baumann, A., Krasnova, H. & Buxmann, P. (2016). *Gender Differences in Online Dating: What Do We Know So Far? A Systematic Literature Review.* 49th Hawaii International Conference on System Sciences (HICSS), 3858-3867. *https://doi.org/10.1109/hicss.2016.481*

Acevedo, B. P. & Aron, A. (2009). *Does a long-term relationship kill romantic love? Review of General Psychology, 13(1),* 59–65. *https://doi.org/10.1037/a0014226*

Alba, G. (2021), *The effect of implicit (vs explicit) rejection on the behavioral intentions of online daters. Online Information Review, 45(5),* 930-945. *https://doi.org/10.1108/OIR-06-2020-0207*

Alves, H. (2018). *Sharing Rare Attitudes Attracts. Personality and Social Psychology Bulletin, 44(8),* 1270–1283. *https://doi.org/10.1177/0146167218766861*

Aretz, W., Demuth, I., Schmidt, K. & Vierlein, J. (2010). *Partner search in the digital age. Psychological characteristics of online-dating-service-users and its contribution to the explanation of different patterns of utilization. Journal of Business and Media Psychology, 1,* 8–16.

Atkins, S. (2019). *Online Dating Versus Face-to-Face Dating: A Comparison of Attachment Style and Relationship Success. (Dissertation). The Chicago School of Professional Psychology. https://www.proquest.com/openview/5e781a6c8cb49d0fd2fe320b626759cd/*

Ayuso, L. (2018). *What future awaits couples Living Apart Together (LAT)? The Sociological Review,* 1–19. *https://doi.org/10.1177/0038026118799053*

Bartels, A. & Zeki, S. (2000). *The neural basis of romantic love. NeuroReport: For Rapid Communication of Neuroscience Research, 11(17),* 3829–3834. *https://doi.org/10.1097/00001756-200011270-00046*

Bawin-Legros, B. & Gauthier, A. (2001). *Regulation of Intimacy and Love Semantics in Couples Living Apart Together. International Review of Sociology: Revue Internationale de Sociologie, 11(1),* 39-46. *http://dx.doi.org/10.1080/03906700020030983*

Bierhoff, H.-W., Grau, I. & Ludwig, A. (1993). *Marburger Einstellungs-Inventar für Liebesstile. MEIL. Hogrefe Verlag.*

Bitkom e.V. (2021, 4. März). *Dating per Video mittlerweile genauso wichtig wie persönliche Dates [Pressemeldung]*. Abgerufen am 03 09.2021, von https://www.bitkom.org/Presse/Presseinformation/Dating-per-Video-mittlerweile-genauso-wichtig-wie-persoenliche-Dates.

Bittner, L. (aktualisiert am 2021, 25. August). *Größenunterschiede bei Paaren – „Ich habe voll Angst, dass der Typ klein ist".* FAZ.NET. Abgerufen am 30.08.2021, von https://www.faz.net/aktuell/stil/leib-seele/ich-du-er-sie-es/groessenunterschied-bei-der-partnerwahl-wie-entscheidend-ist-er-17489029.html.

Böhm, M. (2018, 3. Mai). *Tinder und Co. „Beim Onlinedating ist die Hemmschwelle niedriger."* Spiegel Netzwelt. Abgerufen am 02. September 2021, von https://www.spiegel.de/netzwelt/apps/tinder-und-co-beim-online-dating-ist-die-hemmschwelle-niedriger-a-1205552.html.

Bogaert, A. F. (2004). *Asexuality: Prevalence and associated factors in a national probability sample.* The Journal of Sex Research, 41(3), 279–287. https://doi.org/10.1080/00224490409552235

Boothroyd, L. G., Jucker, J.-L., Thornborrow, T., Burton, R. A., Burt, D. M., Evans, E. H., Jamieson, M. A. & Tovée, M. J. (2020). *Television consumption drives perceptions of female body attractiveness in a population undergoing technological transition.* Journal of Personality and Social Psychology, 119(4), 839–860. https://doi.org/10.1037/pspi0000224

Boratav, H. B., Doğan, T. N., Söylemez, Y. & Saydam, S. Z. (2021). *"More Alike than Different" – a qualitative exploration of the relational experiences of multicultural couples in Turkey, Sexual and Relationship.* https://doi.org/10.1080/14681994.2021.1931095

Brand, R. J., Bonatsos, A., D'Orazio, R. & DeShong, H. (2012). *What is beautiful is good, even online: Correlations between photo attractiveness and text attractiveness in men's online dating profiles.* Computers in Human Behavior, 28(1), 166–170. https://doi.org/10.1016/j.chb.2011.08.023

Cacioppo, J. T., Cacioppo, S., Gonzaga, G. C., Ogburn, E. L. & Van der Weele, T. J. (2013). *Marital satisfaction and break-ups differ across on-line and off-line meeting venues.* Proceedings of the National Academy of Sciences, 110(25), 10135–10140. https://doi.org/10.1073/pnas.1222447110

Choi, E. P. H., Wong, J. Y. H. & Fong, D. Y. T. (2016). *An Emerging Risk Factor of Sexual Abuse.* Sexual Abuse: A Journal of Research and Treatment, 30, 343-366. https://doi.org/10.1177/1079063216672168

Choi, E. P. H., Wong, J. Y. H., Lo, H. H. M., Wong, W., Chio, J. H. M. & Fong, D. Y. T. (2016). *The Impacts of Using Smartphone Dating Applications on Sexual Risk Behaviours in College Students in Hong Kong.* PLOS ONE, 11(11), e0165394. https://doi.org/10.1371/journal.pone.0165394

Clune, S., Crossin, E. & Verghese, K. (2017). Systematic review of greenhouse gas emissions for different fresh food categories. Journal of Cleaner Production, 140, 766–783. https://doi.org/10.1016/j.jclepro.2016.04.082

Coduto, K. D., Lee-Won, R. J. & Baek, Y. M. (2019). Swiping for trouble: Problematic dating application use among psychosocially distraught individuals and the paths to negative outcomes. Journal of Social and Personal Relationships, 37(1), 212–232. https://doi.org/10.1177/0265407519861153

Coluccia, A., Pozza, A., Ferretti, F., Carabellese, F., Masti, A. & Gualtieri, G. (2020). Online Romance Scams: Relational Dynamics and Psychological Characteristics of the Victims and Scammers. A Scoping Review. Clin Pract Epidemiol Ment Health. 2020(16), 24–35. https://doi.org/10.2174/1745017902016010024

Coombe, J., Kong, F. Y. S., Bittleston, H., Williams, H., Tomnay, J., Vaisey, A., Malta, S., Jane L Goller, J. L., Meredith Temple-Smith, M., Bourchier, L., Lau, A., Chow, E. P. F. & Hocking, J. S. (2021). Love during lockdown: findings from an online survey examining the impact of COVID-19 on the sexual health of people living in Australia. Sexually Transmitted Infections, 97, 357–362. https://doi.org/10.1136/sextrans-2020-054688

Dailey, R. M., Zhang, Z. & Kearns, K. (2020). Exploring the role of sexual experiences in on-again/off-again dating relationships. Personal Relationships, 27(2), 460–483. https://doi.org/10.1111/pere.12323

Dargie, E., Blair, K. L., Goldfinger, C. & Pukall, C. F. (2015). Go Long! Predictors of Positive Relationship Outcomes in Long-Distance Dating Relationships. Journal of Sex & Marital Therapy, 41(2), 181–202. https://doi.org/10.1080/0092623X.2013.864367

De Vries, J. M. A. (2010). Impact of Self-Descriptions and Photographs on Mediated Dating Interest. Marriage & Family Review, 46(8), 538–562. https://doi.org/1080/01494929.2010.543038

De Vries, J. M. A., Swenson, L. & Walsh, R. P. (2008). Hot Picture or Great Self-Description. Marriage & Family Review, 42(3), 7–34. https://doi.org/10.1300/j002v42n03_02

Dittmar, F. (o. D.). Wie ist die Altersstruktur bei Parship? Frederic Dittmar (Coach). Abgerufen am 16. Dezember 2021, von https://web.archive.org/web/20200812031848/https://frederic-dittmar.de/single/parship/wie-ist-die-altersstruktur-bei-parship/.

Eastwick, P. W. & Finkel, E. J. (2008). Sex differences in mate preferences revisited: Do people know what they initially desire in a romantic partner? Journal of Personality and Social Psychology, 94(2), 245–264. https://doi.org/10.1037/0022-3514.94.2.245

Echevarria, S. G. (2021). Dating App Facilitated Sexual Violence: The Prevalence and Mental Health Effects. (Honors Undergraduate Teses), 926. University of Central Florida. https://stars.library.ucf.edu/honorstheses/926

Finkel, E. J., Eastwick, P. W., Karney, B. R., Reis, H. T. & Sprecher, S. (2012). Online Dating. Psychological Science in the Public Interest, 13(1), 3–66. https://doi.org/10.1177/1529100612436522

Freudenfeld, E. (2002). Liebesstile, Liebeskomponenten und Bedingungen für Glück und Trennung bei deutschen und mexikanischen Paaren: eine kulturvergleichende Studie. (Disseration). Universität Tübingen. https://publikationen.uni-tuebingen.de/xmlui/bitstream/handle/10900/47241/pdf/ELI-diss-Endfassung.pdf?sequence=1&isAllowed=y

Funk, L. M. & Kobayashi, K. M. (2014). From Motivations to Accounts: An Interpretive Analysis of "Living Apart Together" Relationships in Mid- to Later-Life Couples. Journal of Family Issues, 1–22. https://doi.org/10.1177/0192513X14529432

Garga, S., Thomas, M. T., Bhatia, A., Sullivan, A. John-Leader, F. & Pit, S. W. (2021). Motivations, dating app relationships, unintended consequences and change in sexual behaviour in dating app users at an Australian music festival. Harm Reduction Journal, 18(49). https://doi.org/10.1186/s12954-021-00493-5

Gatter, K. & Hodkinson, K. (2016). On the differences between Tinder™ versus online dating agencies: Questioning a myth An exploratory study. Cogent Psychology, 3(1), 1162414, https://doi.org/10.1080/23311908.2016.1162414

Gebauer, G. F. (2015, 18. November). Erfolg beim Online-Dating: Der freie Text ist entscheidend! Blog Gleichklang.de. Abgerufen am 03. September 2021, von https://www.psychologie-partnersuche.de/gleichklang-informiert/freier_text/.

Gebauer, G. F. (2016, 05. Februar). Gleichklang-Umfrage: Sexuelle Übergriffe. Blog Gleichklang.de. Abgerufen am 06. September 2021, von https://www.psychologie-partnersuche.de/umfragen-studien/sexuelle-uebergriffe-dating/.

Gebauer, G. F. (2016, 18. Dezember). Gleichklang und Tinder: Wie unterscheiden sich die Nutzer? Blog Gleichklang.de. Abgerufen am 03. September 2021, von https://www.psychologie-partnersuche.de/gleichklang-informiert/gleichklang-tinder-motive/.

Gebauer, G. F. (2017, 30. März). Umfrage: Liebe zwischen Fleischessern und Veganern. Vegan.eu. Abgerufen am 02.09.2021, von https://www.vegan.eu/liebeveganfleischesser/.

Gebauer, G. F. (2017, 27. Mai). Gleichklang-Paare: Hält die Liebe? Blog Gleichklang.de. Abgerufen am 28. August 2021, von https://www.psychologie-partnersuche.de/partnerschaft-liebe/gleichklang-paare-zusammen-getrennt-gluecklich-oder-ungluecklich/.

Gebauer, G. F. (2017, 08. Mai). *Warum reagieren Menschen bei der Partnersuche oder nicht?* Blog Gleichklang.de. Abgerufen am 05. September 2021, von https://www.psychologie-partnersuche.de/allgemein/3568/.

Gebauer, G. F. (2020, 5. Juli). *Über Treue, Begehren, Monogamie und Polyamorie.* Blog Gleichklang.de. Abgerufen am 03.09.2021, von https://www.psychologie-partnersuche.de/allgemein/ueber-treue-begehren-monogamie-und-polyamorie/.

Gebauer, G. F. (2020, 8. November). *Was ist die richtige Erstnachricht?* Blog Gleichklang.de. Abgerufen am 02.09.2021, von https://www.psychologie-partnersuche.de/allgemein/was-ist-die-richtige-erstnachricht/.

Glasser, C. L., Robnett, B. & Feliciano, C. (2009). *Internet Daters' Body Type Preferences: Race–Ethnic and Gender Differences.* Sex Roles, 61(1-2), 14–33. https://doi.org/10.1007/s11199-009-9604-x

Goldsmith, K. M. & Byers, S. (2018). *Perceived and reported romantic and sexual outcomes in long-distance and geographically close relationships.* The Canadian Journal of Human Sexuality, 27(2), 144–156. https://doi.org/10.3138/cjhs.2018-0016

Greitmeyer, T. (2010). *Effects of reciprocity on attraction: The role of a partner's physical attractiveness.* Personal Relationships, 17(2), 317–330. https://doi.org/10.1111/j.1475-6811.2010.01278.x

Grøntvedt, T. V., Kennair, L. E. O. & Bendixen, M. (2020). *How intercourse frequency is affected by relationship length, relationship quality, and sexual strategies using couple data.* Evolutionary Behavioral Sciences, 14(2), 147–159. https://doi.org/10.1037/ebs0000173

Guadagno, R. E., Okdie, B. M. & Kruse, S. A. (2012). *Dating deception: Gender, online dating, and exaggerated self-presentation.* Computers in Human Behavior, 28(2), 642–647. https://doi.org/10.1016/j.chb.2011.11.010

Hagemeyer, B., Schönbrodt, F. D., Neyer, F. J., Neberich, W. & Asendorpf, J. B. (2015). *When "Together" Means "Too Close": Agency Motives and Relationship Functioning in Coresident and Living-Apart-Together Couples.* Journal of Personality and Social Psychology, 2015, 109(5), 813–835. http://dx.doi.org/10.1037/pspi0000031

Hancock, J. T. & Toma, C. L. (2009). *Putting Your Best Face Forward: The Accuracy of Online Dating Photographs.* Journal of Communication, 59(2), 367–386. https://doi.org/10.1111/j.1460-2466.2009.01420.x

Hancock, J. T., Toma, C. & Ellison, N. (2007). *The truth about lying in online dating profiles.* SIGCHI conference on Human Factors in Computing Systems, 449-452. https://doi.org/10.114571240614.1240697

Hangen, F., Crasta, D. & Rogge, R. D. (2019). Delineating the Boundaries between Nonmonogamy and Infidelity: Bringing Consent Back Into Definitions of Consensual Nonmonogamy With Latent Profile Analysis. The Journal of Sex Research, 57(4), 438-457. https://doi.org/10.1080/00224499.2019.1669133

Hatfield, E. & Rapson, R. L. (1993). Love and attachment processes. In M. Lewis & J. M. Haviland (Eds.), Handbook of emotions (S. 595-604). New York: Guilford Press. http://www.elainehatfield.com/uploads/3/4/5/2/34523593/48._hatfield_rapson_1993.pdf

Hatfield, E. & Rapson, R. L. (1996). Stress and passionate love. In C. D. Spielberger & I. G. Sarason (Eds.), Stress and Emotion: Anxiety, Anger, and Curiosity, 16, 29-50. http://www.elainehatfield.com/uploads/3/4/5/2/34523593/57._hatfield_rapson_1996.pdf

Hatfield, E. & Rapson, R. L. (2008). Passionate love and sexual desire: Multi-disciplinary perspectives. In J. P. Forgas & J. Fitness (Eds.). Social relationships: Cognitive, affective, and motivational processes. The Sydney Symposium of Social Psychology (S. 21-38). New York: Psychology Press. http://www.elaine-hatfield.com/uploads/3/4/5/2/34523593/70._hatfield_rapson_2002.pdf

Hatfield, E. & Rapson, R. L. (2013). Companionate Love Scale. Measurement Instrument Database for the Social Science. https://www.midss.org/sites/default/files/companionate_love_scale.pdf

Head, A. (2019). The Impact of Mobile Dating Apps on Sexual Behavior and Self-Esteem in Young Women. (Dissertation). The Chicago School of Professional Psychology. https://www.proquest.com/openview/c32961e9a84b71e6ed3f06c4aba80c30/

Hickey, W. (2013, 16. Juli). One Chart That Shows How Women Are At A Huge Advantage When It Comes To Online Dating. Businessinsider. Abgerufen am 03.09.2021, von https://www.businessinsider.com/likelihood-of-getting-a-response-in-online-dating-men-vs-women-2013-7.

Horcher, N. (2020, 20. Dezember). Online-Dating: Wie Bisexuelle unsichtbar gemacht werden. DerStandard. Abgerufen am 28.08.2021, von https://www.derstandard.de/story/2000122598649/online-dating-wie-bisexuelle-unsichtbar-gemacht-werden.

Jänkälä, A., Lehmuskallio, A. & Takala, T. (2019). Photo use while dating: From forecasted photos in Tinder to creating copresence using other media. Human Technology, 15(2), 202–225. https://doi.org/10.17011/ht/urn.201906123156

Kala, L. (2017). Green and single: The role of green distinction among environmentalists. Human Affairs, 27(2). 192-204. https://doi.org/doi:10.1515/humaff-2017-0017

Karampatsos, J. M. (2011). A Marriage Between Two Perceptions: How Spirituality and Perceived Similarity Between Husbands and Wives Impacts Marital Satisfaction. (Dissertation). Loyola University Maryland. https://www.proquest.com/openview/ae8aa458fd37de058d962bd62bb68871/1.pdf

Karandashev, V. & Clapp, S. (2016). Psychometric Properties and Structures of Passionate and Companionate Love. Interpersona An International Journal on Personal Relationships, 10(1), 56-76. https://doi.org/10.5964/ijpr.v10i1.210

Karandashev, V. & Clapp, S. (2014). Multidimensional Architecture of Love: From Romantic Narratives to Psychometrics. Journal of Psycholinguistic Research. https://doi.org/10.1007/s10936-014-9311-9

Kast, V. (2009). Zeit der Trauer. Kreuz.

Kübler-Ross, E. (2014). Interviews mit Sterbenden. Verlag Herder GmbH.

Langenderfer-Magruder, L., Walls, n. E., Kattari, S. K., Whitfield, D. L. & Ramos, D. (2016). Sexual Victimization and Subsequent Police Reporting by Gender Identity Among Lesbian, Gay, Bisexual, Transgender, and Queer Adults. Violence and Victims, 31(2), 320–331. https://doi.org/10.1891/0886-6708.vv-d-14-00082

Langlois, J. H., Kalakanis, L., Rubenstein, A. J., Larson, A., Hallam, M. & Smoot, M. (2000). Maxims or myths of beauty A meta-analytic and theoretical review. Psychological Bulletin, 126(3), 390– 423. https://doi.org/10.1037//0033-2909.126.3.390

Lee, J. A. (1976). Lovestyles. Littlehampton Book Services Ltd.

Lloyd, K. & Pennington, W. (2020). Towards a Theoriy of Minimalism and Wellbeing. International Journal of Applied Positive Psychology, 5, 121-136. https://doi.org/10.1007/s41042-020-0030-y

Luo, S. (2017). Assortive mating and couple similarity: Patterns, mechanisms, and consequences. Social and Personality Psychology Compass, 11(8). e12337. https://doi.org/10.1111/spc3.12337

Lutz-Zois, C. J., Bradley, A. C., Mihalik, J. L. & Moorman-Eavers, E. R. (2006). Perceived similarity and relationship success among dating couples: An idiographic approach. Journal of Social and Personal Relationships, 23(6), 865–880. https://doi.org/10.1177/0265407506068267

Ma-Kellams, C., Wang, M. C. & Cardiel, H. (2017). Attractiveness and relationship longevity: Beauty is not what it is cracked up to be. Personal Relationships, 24(1), 146–161. https://doi.org/10.1111/pere.12173

Marcinechová, D. & Záhorcová, L. (2020). Sexual Satisfaction, Sexual Attitudes, and Shame in Relation to Religiosity. Sexuality & Culture, 24, 1913–1928. https://doi.org/10.1007/s12119-020-09727-3

McCrae, R. R. & John, O. P. (1992). An introduction to the five-factor model and its applications. Journal of Personality, 60(2), 175–215. https://doi.org/10.1111/j.1467-6494.1992.tb00970.x

McIntosh, W. D., Locker, L., Briley, K., Ryan, R. & Scott, A. J. (2011). What Do Older Adults Seek in Their Potential Romantic Partners? Evidence from Online Personal Ads. The International Journal of Aging and Human Development, 72(1), 67–82. https://doi.org/10.2190/AG.72.1.d

McNulty, J. K., Neff, L. A. & Karney, B. R. (2008). Beyond initial attraction – Physical attractiveness in newlywed marriage. Journal of Family Psychology, 22(1), 135–143. https://doi.org/10.1037/0893-3200.22.1.135

Meltzer, A. L., McNulty, J. K., Jackson, G. L. & Karney, B. R. (2014). Sex differences in the implications of partner physical attractiveness for the trajectory of marital satisfaction. Journal of Personality and Social Psychology, 106(3), 418–428. https://doi.org/10.1037/a0034424

Metaflake. (o. D.). Singlebörsen Vergleich. Singlebörsen-Vergleich.de. Abgerufen am 3. September 2021, von https://www.singleboersen-vergleich.de/.

Murray, S. H. & Milhausen, R. R. (2012). Sexual Desire and Relationship Duration in Young Men and Women. Journal of Sex & Marital Therapy, 38(1), 28–40. https://doi.org/10.1080/0092623x.2011.559637

Navarro, R., Larrañaga, E., Yubero, S. & Víllora, B. (2020). Ghosting and breadcrumbing: Prevalence and association with online dating behavior among young adults. Escritos de Psicología / Psychological Writings, 13(2), 46-59. https://doi.org/10.24310/espsiescpsi.v13i2.9960

Oettingen, G., Mayer, D. & Portnow, S. (2016). Pleasure Now, Pain Later: Positive Fantasies About the Future Predict Symptoms of Depression. Psychological Science, 27(3), 345–353. https://doi.org/10.1177/0956797615620783

Ogury. (2018). Dating App Study. ogury.com. Abgerufen am 28. August 2021, von https://ogury.com/wp-content/uploads/2019/05/Dating-Study_Oct-Dec-2018.pdf.

Park, Y. & MacDonald, G. (2019). Consistency between individuals' past and current romantic partners' own reports of their personalities. Proceedings of the National Academy of Sciences, 116(26), 12793–12797. https://doi.org/10.1073/pnas.1902937116

Pascoal, P. M., Narciso, I. de S. B. & Pereira, N. M. (2013). What is Sexual Satisfaction? Thematic Analysis of Lay People's Definitions. The Journal of Sex Research, 51(1), 22–30. https://doi.org/10.1080/00224499.2013.815149

Paul, A. (2014). Is Online Better Than Offline for Meeting Partners? Depends: Are You Looking to Marry or to Date? Cyberpsychology, Behavior, and Social Networking, 17(10), 664–667. https://doi.org/10.1089/cyber.2014.0302

PE Digital GmbH. (o. D.). Beste Bedingungen für deine Partnersuche. Parship. Abgerufen am 16. Dezember 2021, von https://www.parship.de/tour/

PE Digital GmbH. (o. D.). Elitepartner – Wie funktioniert eigentlich die Partnerbörse mit Niveau? Beziehungsweise-Magazin. Abgerufen am 28. August 2021, von https://www.beziehungsweise-magazin.de/singles/suchen-finden/wie-funktioniert-eigentlich-die-partnerboerse-elitepartner/.

PE Digital GmbH. (o. D.-b). WER IST BEI ELITEPARTNER? ElitePartner. Abgerufen am 16. Dezember 2021, von https://www.elitepartner.de/tour/

Penton-Voak, I. S., Rowe, A. C. & Williams, J. (2007). Through rose-tinted glasses: Relationship satisfaction and representations of partners' facial attractiveness. Journal of Evolutionary Psychology, 5(1), 169–181. https://doi.org/10.1556/jep.2007.1021

Perignon, M., Vieux, F., Soler, L.-G., Masset, G. & Darmon, N. (2016). Improving diet sustainability through evolution of food choices: review of epidemiological studies on the environmental impact of diets. Nutrition Reviews, 75(1), 2–17. https://doi.org/10.1093/nutrit/nuw043

Pieh, C., O'Rourke, T., Budimir, S. & Probst, Th. (2020). Relationship quality and mental health during COVID-19 lockdown. PLoS ONE, 2020. https://doi.org/10.1371/journal.pone.0238906

Poore, J. & Nemecek, T. (2018). Reducing food's environmental impacts through producers and consumers. Science, 360(6392), 987–992. https://doi.org/10.1126/science.aaq0216

Potts, A. & Parry, J. (2010). Vegan Sexuality: Challenging Heteronormative Masculinity through Meat-free Sex. Feminism & Psychology, 20(1), 53–72. https://doi.org/10.1177/0959353509351181

Previti, D. & Amato, P. R. (2004). Is Infidelity a Cause or a Consequence of Poor Marital Quality? Journal of Social and Personal Relationships, 21(2), 217–230. https://doi.org/10.1177/0265407504041384

Roels, R. & Janssen, E. (2020), Sexual and Relationship Satisfaction in Young, Heterosexual Couples: The Role of Sexual Frequency and Sexual Communication. The Journal of Sexual Medicine, 17(9), 1643-1652, https://doi.org/10.1016/j.jsxm.2020.06.013

Rosenbrock, H. (2012). Die antifeministische Männerrechtsbewegung – Denkweisen, Netzwerke und Onlinemobilisierung. Schriften des Gunda-Werner-Instituts, 8 (2. aktualisierte Auflage). https://www.boell.de/sites/default/files/antifeministische_maennerrechtsbewegung.pdf

Rosenfeld, M. J. (2018). *Are Tinder and Dating Apps Changing Dating and Mating in the USA?* In J. van Hook, S. M. McHale & V. King (Hrsg.), *Families and Technology (National Symposium on Family Issues, Bd. 9, S. 103–117).* Springer, Cham. https://doi.org/10.1007/978-3-319-95540-7_6

Rosenfeld, M. J. & Thomas, R. J. (2012). *Searching for a Mate. American Sociological Review, 77(4), 523–547.* https://doi.org/10.1177/0003122412448050

Rosenfeld, M. J., Thomas, R. J. & Hausen, S. (2019). *Disintermediating your friends: How online dating in the United States displaces other ways of meeting. PNAS, 116(36),* 17753-17758 https://doi.org/10.1073/pnas.1908630116

Rubel, A. N. & Bogaert, A. F. (2014). *Consensual Nonmonogamy: Psychological Well-Being and Relationship Quality Correlates. The Journal of Sex Research, 52(9), 961–982.* https://doi.org/10.1080/00224499.2014.94272

Schafer, M. H. & Kwon, S. (2017). *Religious Heterogamy and Partnership Quality in Later Life. The Journals of Gerontology: Series B.* https://doi.org/10.1093/geronb/gbx072

Schwabeland-Tuschy, A. K. (2017). *Liebe per Mausklick. Unterscheiden sich online und face-to-face initiierte Paarbeziehungen? (Dissertation). Bergische Universität Wuppertal.* http://elpub.bib.uni-wuppertal.de/edocs/dokumente/fbg/psychologie/diss2017/schwabelandtuschy/dg1702.pdf

Schwarz, S. & Hassebrauck, M. (2012). *Sex and Age Differences in Mate-Selection Preferences. Human Nature, 23(4), 447– 466.* https://doi.org/10.1007/s12110-012-9152-x

Sharabi, L. L. & Caughlin, J. P. (2017). *What predicts first date success? A longitudinal study of modality switching in online dating. Personal Relationships, 24(2), 370–391.* https://doi.org/doi:10.1111/pere.12188

Sharabi, L. L. & Caughlin, J. P. (2018). *Deception in online dating: Significance and implications for the first offline date. New Media & Society, 1(1), 229–247.* https://doi.org/10.1177/1461444818792425

Sharabi, L. L. & Dykstra-DeVette, T. A. (2019). *From first email to first date: Strategies for initiating relationships in online dating. Journal of Social and Personal Relationships, 36(11-12).* https://doi.org/10.1177/0265407518822780

Shilo, G. & Mor, Z. (2020). *COVID-19 and the Changes in the Sexual Behavior of Men Who Have Sex With Men: Results of an Online Survey. The Journal of Sexual Medicine, 17(10), 1827-1834.* https://doi.org/10.1016/j.jsxm.2020.07.085

Smith, S. G., Zhang, X., Basile, K. C., Merrick, M. T., Wang, J., Kresnow, M. & Chen, J. (2018). *The National Intimate Partner and Sexual Violence Survey. NISVS: 2015 Data Brief – Updated Release. Atlanta, GA: National Center for Injury Prevention and Control, Centers for Disease Control and Prevention. Abgerufen am 03.09.2021, von* https://www.cdc.gov/violenceprevention/pdf/2015data-brief508.pdf

Sobieraj, S. & Humphreys, L. (2021). *The Tinder Games: Collective mobile dating app use and gender conforming behavior. Mobile Media & Communication.* https://doi.org/10.1177/20501579211005001

Sohn, K. (2016). *Does a taller husband make his wife happier? Personality and Individual Differences, 91, 14–21.* https://doi.org/10.1016/j.paid.2015.11.039

Standing, L. G. (2004). *Halo Effect. In M. S. Lewis-Black, A. Bryman & T. F. Liao (Hrsg.), The SAGE Encyclopedia of Social Science Research Methods: Bd. 1 (S. 451–452). SAGE Publications, Inc.*

Statista. (2021, Januar 27). *Grindr usage reach in the United States 2018, by age group. Abgerufen am 27. August 2021, von* https://www.statista.com/statistics/814764/share-of-us-internet-users-who-use-grindr-by-age/.

Statista. (2021, Januar 27). *Tinder user engagement in the United States 2020, by age group. Abgerufen am 27. August 2021, von* https://www.statista.com/statistics/466842/tinder-age-engagement-distribution-usa/.

Statista. (2021, April 15). *Tinder MAU user ratio in the U.S. 2021, by gender. Abgerufen am 27. August 2021, von* https://www.statista.com/statistics/975925/us-tinder-user-ratio-gender/.

Statista. (2021, 10. November). *Durchschnittsalter bei Online-Partnervermittlungen nach Geschlecht 2016. Abgerufen am 16. Dezember 2021, von* https://de.statista.com/statistik/daten/studie/614162/umfrage/durchschnittsalter-bei-online-partnervermittlungen-nach-geschlecht/.

STRG_F. (2020, 2. Juni). *Undercover als Chatschreiberin: Falsche Flirts auf Dating-Plattformen [Video]. YouTube. Abgerufen am 03.09.2021, von* https://youtu.be/tttHVfn_joo.

Sumter, S. R., Vandenbosch, L. & Ligtenberg, L. (2017). *Love me Tinder: Untangling emerging adults' motivations for using the dating application Tinder. Telematics and Informatics, 34(1), 67–78.* http://dx.doi.org/10.1016/j.tele.2016.04.009

Stulp, G., Buunk, A. P. & Pollet, T. V. (2013). *Women want taller men more than men want shorter women. Personality and Individual Diffences, 54(8), 877-883.* https://doi.org/10.1016/j.paid.2012.12.019

Swami, V., Stieger, S., Haubner, T., Voracek, M. & Furnham, A. (2009). *Evaluating the Physical Attractiveness of Oneself and One's Romantic Partner. Journal of Individual Differences, 30(1), 35–43.* https://doi.org/10.1027/1614-0001.30.1.35

Swami, V., Waters, L. & Furnham, A. (2010). *Perceptions and meta-perceptions of self and partner physical attractiveness. Personality and Individual Differences, 49(7), 811–814.* https://doi.org/10.1016/j.paid.2010.06.011

Timmermans, E. & Courtois, C. (2018). From swiping to casual sex and/or committed relationships: Exploring the experiences of Tinder users. The Information Society, 34(2), 59–70. https://doi.org/10.1080/01972243.2017.1414093

Timmermans, E., Hermans, A.-M., & Opree, S. J. (2020). Gone with the wind: Exploring mobile daters' ghosting experiences. Journal of Social and Personal Relationships, 1-19. https://doi.org/10.1177/0265407520970287

Tinder. (2021, 25. März). The Future of Dating Is Fluid – What the last year on Tinder tells us about the next decade of dating [Pressemeldung]. Abgerufen am 05.09.2021, von https://www.tinderpressroom.com/futureofdating.

Tindernightmares. (2020, 22. Dezember). Roses are red. Violets kinda suck. You're well fit. Let's go fuck. [Instagram-Post]. Instagram. https://www.instagram.com/p/CJEdSNElZYn/

Tindernightmares. (2021, 28. Februar). You look like you wold ruin my life... [Instagram-Post]. Instagram. https://www.instagram.com/p/CK9w17gFvo2/

Tindernightmares. (2021, 28. März). Are you a rare steak? Cause I'd eat you if you were still bleeding [Instagram-Post]. Instagram. https://www.instagram.com/p/CMI5712l9j4/

Toma, C. L., Hancock, J. T. & Ellison, N. B. (2008). Separating Fact From Fiction: An Examination of Deceptive Self-Presentation in Online Dating Profiles. Personality and Social Psychology Bulletin, 34(8), 1023–1036. https://doi.org/10.1177/0146167208318067

Tweten, A. (o. D.). byefelipe. Instagram. Abgerufen am 3. September 2021, von https://www.instagram.com/byefelipe/.

Van der Zanden, T., Schouten, A. P., Mos, M. B. J. & Krahmer, E. J. (2020). Impression formation on online dating sites: Effects of language errors in profile texts on perceptions of profile owners' attractiveness. Journal of Social and Personal Relationships, 37(3), 758–778. https://doi.org/10.1177/0265407519878787

Verbraucherzentrale Bundesverband. (2021, 12. Februar). Parship muss loslassen – vzbv prüft Musterfeststellungsklage und sucht dafür Betroffene [Pressemeldung]. Abgerufen am 03.09.2021, von https://www.vzbv.de/pressemitteilungen/parship-muss-loslassen.

Verbraucherzentrale Hamburg. (2021, Januar 29). PARTNERVERMITTLUNG – Parship und der Wertersatz. VZHH. Abgerufen am 03.09.2021, von https://www.vzhh.de/themen/einkauf-reise-freizeit/partnervermittlung/parship-der-wertersatz.

Walters, M. L., Chen J. & Breiding, M. J. (2013). The National Intimate Partner and Sexual Violence Survey (NISVS): 2010 Findings on Victimization by Sexual Orientation. Atlanta, GA: National Center for Injury Prevention and Control, Centers for Disease Control and Prevention. https://www.cdc.gov/violenceprevention/pdf/nisvs_sofindings.pdf

Weidmann, R., Schönbrodt, F. D., Ledermann, T. & Grob, A. (2017). *Concurrent and longitudinal dyadic polynomial regression analyses of Big Five traits and relationship satisfaction: Does similarity matter? Journal of Research in Personality, 70, 6–15. https://doi.org/10.1016/j.jrp.2017.04.003*

Williams, L. M. & Lawler, M. G. (2003). *Marital Satisfaction and Religious Heterogamy. Journal of Family Issues, 24(8), 1070–1092. https://doi.org/10.1177/0192513x03256497*

Wu, P. L. & Chiou, W. B. (2009). *More options lead to more searching and worse choices in finding partners for romantic relationships online: An experimental study. CyberPsychology & Behavior, 12(3), 315–318. https://doi.org/10.1089/cpb.2008.0182*

Wu, R., Liu, Z., Guo, Q., Cai, M. & Zhou, J. (2019). *Couple Similarity on Personality, Moral Identity and Spirituality Predict Life Satisfaction of Spouses and Their Offspring. Journal of Happiness Studies. https://doi.org/10.1007/s10902-019-00108-8*

Yancey, G. & Emerson, M. O. (2014). *Does Height Matter? An Examination of Height Preferences in Romantic Coupling. Journal of Family Issues, 37(1), 53–73. doi:10.1177/0192513x13519256*

Young, D. G. & Caplan, S. E. (2010). *Online Dating and Conjugal Bereavement. Death Studies, 34(7), 575–605. https://doi.org/10.1080/07481181003761542*

Zhan, J., Liu, M., Garrod, O. G. B., Daube, C., Ince, R. A. A., Jack, R. E. & Schyns, P. G. (2021). *Modeling individual preferences reveals that face beauty is not universally perceived across cultures. Current Biology, 31, 2243–2252. https://doi.org/10.1016/j.cub.2021.03.013*

Zhao, S. & Zhang, J. (2019). *Can perception be altered by change of reference? A test of the Social Reference Theory utilizing college students' judgments of attractiveness. The Journal of General Psychology, 147(4), 398-413. https://doi.org/10.1080/00221309.2019.1690973*

Zsok, F., Haucke, M., de Wit, C. Y. & Barelds, D. P. H. (2017). *What kind of love is love at first sight? An empirical investigation. Personal Relationships, 24(4), 869–885. https://doi.org/10.1111/pere.12218*

Toxische Männlichkeit – erkennen, reflektieren, verändern

Sebastian Tippe. 316 Seiten, Paperback | eBook

Toxische Männlichkeit beginnt bei alltäglichem Verhalten: dem permanenten Unterbrechen von Frauen, dem Ausgeben der Ideen von Frauen als die eigenen, der Fokussierung auf eigene sexuelle Bedürfnisse. Sie hat auch einen negativen Einfluss auf die Gesundheit und Lebenserwartung von Männern, indem sie das Risikoverhalten, den Missbrauch von Suchtmitteln und die Suizidrate erhöht. Dazu kommt Gewalt gegen Frauen in Form von Stalking, Übergriffigkeiten, Vergewaltigungen, Pornografie, Prostitution und Femizide.

Toxische Männlichkeit ist ein gesamtgesellschaftliches Problem: aufgrund ihrer Sozialisation entwickeln Männer Denk- und Verhaltensmuster, mit denen sie Frauen, weiteren marginalisierten Menschen sowie sich selbst enorm schaden. Während patriarchale Strukturen Männern Macht und Privilegien verschaffen, verwehren sie Frauen diese gleichzeitig.

Dieses Buch bietet einen umfassenden Überblick über die gesellschaftlichen Bereiche, in denen toxische Männlichkeit deutlich wird. Der Autor Sebastian Tippe stellt Reflexions- und Lösungsmöglichkeiten für Männer vor, die sie dabei unterstützen können, eigene problematische Anteile zu bearbeiten. Er formuliert seine Forderungen an Politik und Bildung und präsentiert pädagogisches Handwerkszeug der feministischen Jungenarbeit für Eltern und Fachleute sowie Erfahrungsberichte für praktische Einblicke.

Das eigene Maß –
zwischen Essen, Hungern und Idealen

Margrit Hasselmann/Irina Rasimus 272 Seiten, Paperback | eBook

Die Themen Essen und Figur sind Dauerbrenner: Wir diskutieren im Freundes- oder Kollegenkreis die neueste Diät, Ernährungsumstellungen oder den ultimativen Fitness-Tipp – und sind doch nie zufrieden mit den Ergebnissen. Wir zählen Punkte, essen in Intervallen, lassen dieses oder jenes weg – womöglich bis zum nächsten Essanfall. Warum haben viele Menschen Probleme mit einem intuitiven, gesunden und genussvollen Essverhalten? Woran liegt es, dass schon Kinder immer früher ein unbedarftes Gefühl zu ihrem eigenen Körper verlieren?

Dieses Buch wirft einen systemischen Blick auf unser Verhältnis zum Essen und zu unserem Körper. Denn das Scheitern an unseren Ansprüchen ist viel weniger ein persönliches Versagen, als uns die Diätindustrie weismachen will. Die Autorinnen beschreiben die vielfältigen Einflüsse auf Essgewohnheiten und Körperzufriedenheit und wie sie sich in verschiedenen Lebensphasen – in der Jugend, nach einer Schwangerschaft, in der Lebensmitte – auswirken können.

Welche Funktion hat Essen in unserem Leben? Wie können wir die damit verbundenen Konflikte besser verstehen und anders bewältigen? Diesen Fragen gehen die Autorinnen nach und zeigen, wie ein gelassenerer Umgang mit den Themen Essen und Körper gelingen kann.